广东社会科学丛书

丛书主编
郭跃文　江中孝

哲学的理论范式与实践观照

主　编　刘慧玲

暨南大学出版社
JINAN UNIVERSITY PRESS
中国·广州

图书在版编目（CIP）数据

哲学的理论范式与实践观照/刘慧玲主编. —广州：暨南大学出版社，2022.12
（广东社会科学丛书/郭跃文，江中孝主编）
ISBN 978 - 7 - 5668 - 3604 - 5

Ⅰ.①哲…　Ⅱ.①刘…　Ⅲ.①哲学理论—研究　Ⅳ.①B0

中国版本图书馆 CIP 数据核字（2022）第 245971 号

哲学的理论范式与实践观照
ZHEXUE DE LILUN FANSHI YU SHIJIAN GUANZHAO
主　编：刘慧玲
··

出 版 人：张晋升
策划编辑：冯　琳　梁月秋
责任编辑：孙劲贤　林玉翠
责任校对：刘舜怡　陈皓琳
责任印制：周一丹　郑玉婷

出版发行：暨南大学出版社（511443）
电　　话：总编室（8620）37332601
　　　　　营销部（8620）37332680　37332681　37332682　37332683
传　　真：（8620）37332660（办公室）　37332684（营销部）
网　　址：http：//www.jnupress.com
排　　版：广州尚文数码科技有限公司
印　　刷：广州市友盛彩印有限公司
开　　本：787mm×1092mm　1/16
印　　张：14.5
字　　数：318 千
版　　次：2022 年 12 月第 1 版
印　　次：2022 年 12 月第 1 次
定　　价：60.00 元

（暨大版图书如有印装质量问题，请与出版社总编室联系调换）

前　言

　　论文集《哲学的理论范式与实践观照》是改革开放 40 余年来《广东社会科学》哲学栏目所发文章的精选。"实践是检验真理的唯一标准"的大讨论构成了改革开放的思想起始点，也开启了哲学研究的新篇章，哲学作为时代精神的精华，突显了对人的思想解放与时代的引领作用。

　　本书梳理了认识论、价值论与主体性问题，中西哲学的现代性等问题的理论研究和现代化的中国之路及其特色的现实研究。内容包括哲学基本问题与马克思主义认识论的主要课题、马克思主义哲学方法的逻辑建构、马克思的"社会"理论与当代中国的社会实践。从对历史唯物主义的重释与辩护，到分析发展中的社会与社会发展哲学，以及探讨西方现代文化的普遍性表述与哲学反思，都突出了原创性、时代性、现实性。学者们立足生存论、存在论、实践哲学，以及新时代、新思想、新特征这些新视域，阐释了对哲学理论和现实问题的新理解。这些研究，将会推动我们对思想理论的深入理解，对我们探索具有中国特色的社会主义现代化建设道路具有重要的理论意义与现实意义。

编　者

2022 年 8 月

目 录

CONTENTS

作为学术范式的"马魂、中体、西用"*

洪晓楠　蔡后奇

"范式"一词，最早是由美国科学哲学家库恩（Thomas Samuel Kuhn）提出并系统阐释的。库恩指出，范式是科学共同体的成员进行研究、指导活动的公认模式，是科学研究的"基质性"要素，"取得了一个范式，取得了范式所容许的那类更深奥的研究，是任何一个科学领域在发展中达到成熟的标志"[①]。库恩对"范式"这一概念的系统性诠释，其作用主要体现在以下三点：第一，范式的价值引领性。范式决定着学术共同体的研究方向和理论旨归，在共同性价值的照耀下发现"什么样的问题有待解决"[②] 的理论盲区。第二，范式的原则规定性。范式是科学共同体的方法论原则，是架构学术框架和诠释结构的逻辑生长点，决定着共同体如何同质性地看待、理解特定的研究对象。第三，范式是最刚性的评价标准。它作为标准，衡量着特定领域问题合理性和方法选择性，决定着科学研究的问题导向和意义的生成域。总体说来，库恩认为："范式是一个成熟的科学共同体在某段时间内所接纳的研究方法、问题领域和解题标准的源头活水。"[③] 不仅科学共同体如此，只要是学术共同体都普遍适用该定义。各人文学科历来存在着不同的学术流派，各自传承着不同的学术传统，学术流派在历史中的沉浮更迭，意味着学术研究范式的转换与更新。所以，学界（尤其是人文社科界）在库恩的"范式"一词的基础上，自觉地生长出"学术范式"一词。学术范式是指学术共同体所有

* 本文为国家社会科学基金重点项目"扎实推进社会主义文化强国建设研究"（13AZD016）、大连理工大学科研业务费科研专题项目（DUT18RW505、DUT17RC－3－047）阶段性成果。原载于《广东社会科学》2019 年第 1 期。

① ［美］托马斯·库恩著，金吾伦、胡新和译：《科学革命的结构》，北京：北京大学出版社，2003 年，第 10 页。

② ［美］托马斯·库恩著，金吾伦、胡新和译：《科学革命的结构》，北京：北京大学出版社，2003 年，第 24 页。

③ ［美］托马斯·库恩著，金吾伦、胡新和译：《科学革命的结构》，北京：北京大学出版社，2003 年，第 95 页。

成员都共同认可和遵守的信念、价值、方法、话语等的规范体现，是共同体成员在长期的共同探索、交流和碰撞中形成的。就当代中国文化研究领域而言，"马魂、中体、西用"作为一种学术范式，在时间的流变、实践的积淀和学界的探索中被慢慢规定下来。"马魂、中体、西用"之所以能成为当代中国文化研究主导的学术范式，是因为它在西学东渐漫长的"体、用"之争中逐步凸显出巨大的逻辑优势和理论创新性。然而，学术范式的形成并不意味着其历史使命的完成，恰恰是开启未来的新逻辑支点，有待解决新的问题。随着"中华民族迎来了从站起来、富起来到强起来的伟大飞跃"，当代中国文化发展进入繁荣时期，文化发展的机遇和风险并存，作为学术范式的"马魂、中体、西用"如何与时俱进地拓展研究视域以把握机遇，深化对学术范式的研究以规避风险，总体性推进以统摄未来，这是本文所要研究的重点问题。

一、文化"体用"的范式转换与"马魂、中体、西用"的形成逻辑

方克立先生提出"马学为魂、中学为体、西学为用、三流合一、综合创新"，充分吸收和继承了张申府先生的文化"三流合一"论和张岱年先生的文化"综合创新"论，三位学者经过数十年前赴后继的努力探索，在百年之久的文化"体用"之争和"体用"范式转换的迷宫中，以客观理性的实践精神和现实态度逐步总结出具有时代特征、民族特征和实践特征的范式。

从历史的视角来看，在西学东渐四百余年的发展历程中，中西文化的对话和交流先后经历了"中模西材"（徐光启）、"中本西术"（冯桂芬）、"中本西末"（郑观应）、"中体西用"（张之洞）等不同形态。自张之洞以来，"体、用"作为中西文化交流的学术范式被确立，并产生了巨大的影响。尤其是近百年以来，不同派别依据不同的文化立场，在"体、用"之争中生成"中体西用论"（现代新儒家、当代新儒家）、"儒体西用论"（贺麟）、"西体西用论"（全盘西化论者、充分世界化论者）、"西体中用论"（李泽厚）、"中西互为体用论"（傅伟勋）① 等诸多形态。但是上述诸多文化的"体用"范畴，都没有超越"体用"二元之争内在的自拘性，诸多学者只是把马克思主义当成"西学"的范畴加以框定，没有认识到马克思主义超越"西学"资本主义文化属性的价值指向，湮没了马克思主义应有的主导性光辉。而以张申府、张岱年、方克立等为代表的学者，正视中国现代语境中马克思主义、中国文化、西方文化共在的客观实际，先后形成"文化'三流合一'论"（张申府）、"文化'综合创新'论"（张岱年）、"马魂、中体、西用论"（方克立），勾勒出中国马克思主义文化观的逻辑演进脉络，并在当代语境中确立了"马学为魂、中学为体、西学为用、三流合一、综合创新"这一范式结构。

---

① 洪晓楠：《马克思主义"综合创新"派的文化体用观》，《哲学研究》，2012 年第 8 期，第 19 页。

在马克思主义、中国文化和西方文化的交融碰撞的时代背景之下，张申府早在1932 年就提出过马、中、西"三流合一"的主张，"百提（罗素的名，今译作伯特兰）、伊里奇（列宁的父称）、仲尼，三流合一"[①]，这标志着文化"三流合一"论的形成。后在 1941 年提出"孔子、列宁、罗素，合而一之"[②]，将"三流合一"论深化。张申府认为，孔子代表着的"礼、义、仁、智、信"等人生理想是中国古代最好的传统；列宁代表着的"唯物辩证法"和共产主义社会理想是新方法论和世界观开启的传统；罗素代表着的逻辑和科学的思辨是西方文化最好的传统，"三流合一"对中国可以开启新的中国哲学，对世界可以开创新的世界学统。张申府的"三流合一"论在当时特殊的时代背景下高扬了马克思主义应有的光辉，批判了自由西化派将西方文化视为文明的巅峰而"甘于为奴"的文化主张，也批判了对待中国传统文化或全盘颠覆或彻底回归的两种极端主张，倡导在马、中、西的交流和互渗中探求文化之出路，表现出极为可贵的探索精神。但是，文化"三流合一"论在当时并没有成为公认的学术范式，相反，它饱受来自文化保守主义、自由主义西化派和部分马克思主义学者的批判。除了当时社会处于政治文化势力的决战期、不同派别的学者更关注不同文化思潮之间对立的外因之外，其受批判的最为主要的原因是"三流合一"论内部缺乏现实实践的视域，缺乏对国情、世情的精准把握，没有凸显出何种文化观处于引领性地位。尤其是对马克思主义的简单化处理，使马克思主义在"三流合一"论中失却了指导地位，三者之间的"合流"并没有真正实现。

在 20 世纪 40 年代，张申府之弟张岱年，继承和发展了其兄的"三流合一"主张，并解决了该理论内部的不合理之处，其主要体现在三个方面：第一，张岱年提出"兼和"文化哲学，为"三流合一"论奠定了哲学基础。"兼和"哲学主要是以唯物辩证法为主导，兼和文化多样性（中国传统文化中的健康部分、西方文化中具有永久价值的部分）和创造性（开出社会主义新文化）在动态发展进程中的均衡、聚拢和融合，初步建构出中国马克思主义的文化哲学体系，从而使"三流合一"论不再是简单的聚合关系，呈现出动态融合的新的理论场景。第二，张岱年在张申府"孔子、列宁、罗素""三流合一"的基础上，提出"唯物、理想、解析"的"综合于一"论，以马克思主义的唯物论为文化支点，统摄中国传统优秀文化中的"理想"和西方文化中的"解析"。这就凸显出马克思主义的主导性地位，克服了张申府的"三流合一"论因失却主导力量而盲目解决内部矛盾的弊端。第三，张岱年将张申府的"三流合一"论和"综合创造"论有机结合在一起，以更广大的历史视域和现实关怀系统诠释了文化的世界性和民族性、文化整体综合性和部分分析性、文化的延续性和突变性之间的张力关系，在马、中、西的辩证综合中创造文化的新形态，坚定指出中国文化的发展方向是迈向社会主义

---

① 张申府：《编余》，《大公报·世界思潮》，1932 年 10 月 22 日第 8 版。

② 张申府：《家常话》，《张申府文集》（第 3 卷），石家庄：河北人民出版社，2005 年，第 434 页。

新文化。这就从文化哲学的高度上回答了"三流"如何"合一",使马、中、西三种文化形态在综合的基础上得以创新,从而改善了张申府的"三流合一"论因缺乏创新力而呈现出的结构松散的境地。改革开放以后,新一轮的文化大碰撞重新引发三大思潮的大争论,文化盲从论、文化自卑论、文化自大论喧嚣尘上,中国文化该往何处去成为时代的突出问题。在此背景下,1987 年,张岱年重新提出了文化"综合创新"论,倡导"在马克思列宁主义原则的指导下,以社会主义价值观来综合中西文化之所长而创新中国文化"①,此后又提出马克思主义和中国优秀传统文化之间的四种模式:并重模式、结合模式、"主导—支流"模式、"体、用"模式,指出马克思主义是主导性之"体",中国优秀传统文化是主体性之"体",西方科技乃为"用"。方克立在张岱年先生的基础上,提出"古为今用、洋为中用、批判继承、综合创新"的 16 字诀,至此将文化"综合创新"论发展到一个新的高度。但是该理论仍有无法解决的问题,即形式二元("体、用")和内容三元(马、中、西)之间的矛盾并没有彻底消除,没有建构出圆润通融的文化生命体,西方科学技术并非西方文化之全貌,这些问题直到方克立提出"马魂、中体、西用"论才得以解决。

方克立在 2006 年正式提出了"马学为魂、中学为体、西学为用、三流合一、综合创新",中国文化主导的学术范式才正式确立。自此建构出形式三元("魂、体、用")和内容三元(马、中、西)的文化辩证体系,"马学为魂"明确指出了马克思主义在中国特色社会主义文化体系中的最高原则和主导性地位,是在文化建构的境遇中贯彻马克思主义"活的灵魂"。"中学为体"中的"中学",方克立将之拓展为中国文化的生命整体,随之将张岱年先生"中华民族主体论"的研究范式转换为"中国文化主体论",从更宏大的视域、更高级的层次上辨析出传统文化语境中的"体、用"范式的多重内涵,避免了因理论近视而陷入"体、用"概念的迷宫,也能在更具整体性的关怀中实现"马魂、中体、西用"的总体性统摄。在"西学为用"的层次上,张岱年只是将西学归之为科学技术,方克立则将之拓展为"西方文化和其他民族文化中一切有利于中国文化健康发展的合理因素",是"马魂""中体"的"他山之石"和"道体器用"之"用"。由此可见,方克立是在更宏大的关怀中以"综合创新"为路径,走向"三流合一",同时也更具有解决现实问题的针对性。比如,方克立先生认为"'马魂、中体、西用'是习近平文化思想的宗纲"②,习近平总书记在哲学社会科学工作座谈会上指出"坚持以马克思主义为指导","按照立足中国、借鉴国外,挖掘历史、把握当代,关怀人类、面向未来的思路,着力构建中国特色哲学社会科学,在指导思想、学科体系、学术体

---

① 张岱年:《综合、创新,建立社会主义新文化》,《张岱年全集》(第 6 卷),石家庄:河北人民出版社,1996 年,第 253 - 254 页。

② 方克立:《"马魂、中体、西用"是习近平文化思想的宗纲》,《思想理论教育导刊》,2015 年第 5 期,第 52 页。

系、话语体系等方面充分体现中国特色、中国风格、中国气派",① 这也和"马魂、中体、西用"具有同质性的架构。由此可见，不论从理论的层面，还是从实践的层面，"马魂、中体、西用"已经作为一种学术范式被广泛认同，并产生了巨大的影响力和实践价值。

二、"马魂、中体、西用"作为当代学术范式的内在结构

"马魂、中体、西用"作为当代中国文化的研究范式，解决的主要是当代中国文化在社会急剧转型过程中凸显出的问题，其中最为重要的问题是用马克思主义的"批判之'魂'"，正视、批判"西用"之流弊和中国传统文化中的糟粕成分过度融合的问题，故"马魂、中体、西用"在当代中国的社会生活中表现出"一元、三维、六向度"的整体性结构。"一元"指的是中国马克思主义在"综合创新"中不断呈现的文明新形态。"三维"指的是马克思主义、中国传统文化、西方文化在不同维度提供的实践智慧。"六向度"是指马克思主义的建构性向度、马克思主义的批判性向度；中国传统文化的积极成分、中国传统文化的消极因子；西方文化的理性的经验、西方文化的"理性的诡计"。

第一，"马魂"在对"中体""西用"的总体性统摄中，表现为指导性和批判性的双重结构属性。"马魂"的指导性主要体现在宏观方面，即"以马克思主义和社会主义的思想体系为指导原则"②，"马魂"的批判性主要体现在微观方面，即对中国传统文化和西方文化中不合时宜的成分要进行深入的批判，尤其是当下表现出的"伪善"心理在市场经济中的无度蔓延。"马魂"的指导性已成体系，故无须赘言，我们在此重点阐释"马魂"的批判性，以实现"马魂"的总体化建构。

"批判性"是"马学之魂"。在马克思和恩格斯的文本之中，"批判"一词是高频词汇之一，并且是马克思和恩格斯的方法论基石，他们将批判性视为扬弃旧世界和创造新世界的内在动力。批判不仅是在意识的领域对文化虚体进行批判，更要对政治、经济等文化实体结构进行批判，"我指的就是要对现存的一切进行无情的批判"③。对此，我们也要将批判作为一种方法论的自觉，不能将批判性的领域仅仅局限在资本主义语境之内，还应包括对传统文化的批判和反思，甚至包括对马克思主义的自我批判，即对我们自身文化建设过程中不合时宜的现象进行必要的哲学反思。就马克思主义"综合创新"派的文化观而言，"马学为魂、中学为体、西学为用、三流合一、综合创新"④ 作为一种理论创新，其实质是对过去"体用"观理论体系的总体性批判，而我们如果只将这

① 习近平：《在哲学社会科学工作座谈会上的讲话》，《人民日报》，2016 年 5 月 19 日第 2 版。
② 方克立：《关于文化体用问题》，《社会科学战线》，2006 年第 4 期，第 17 页。
③ 《马克思恩格斯全集》（第 1 卷），北京：人民出版社，1956 年，第 416 页。
④ 洪晓楠：《马克思主义"综合创新"派的文化体用观》，《哲学研究》，2012 年第 8 期，第 19 页。

种"批判"止步于新理论的形成阶段，而在新理论的发展阶段失却了这种批判性，那么，马克思主义"综合创新"派也将失去自身发展的动力而沦落在教条主义的陷阱之中，这是我们需要注意的首要问题。同时，我们还要格外注意作为"马学之魂"批判性的现实维度，"批判的武器当然不能代替武器的批判，物质力量只能用物质力量来摧毁"①。我们自觉运用这一范式，积极践行社会主义核心价值观、建设文化强国、建构中国特色哲学社会科学是应对西方所谓的"普世价值"和文化殖民的"批判的武器"，还需将"武器的批判"应用于社会生产实践领域，在"综合创新"的基础上生长出一种不同于西方的具有中国特色的现代性，在此基础之上建构中国特色强国来"解构'西方话语垄断'"②。所以，在当下具体的精神生产和物质生产领域，作为"马学之魂"的批判性万不可丢，还需要将之提升到哲学的高度，使马克思主义"综合创新"派在"批判的武器"所表征的文化虚体和"武器的批判"所寓形的文化实体的双重维度中实现自身的批判。唯有如此，"马魂、中体、西用"才能作为开放性的范式，被用来真正地解决现实问题，以"马魂"为指导的"三流合一"也能实现辩证互动，使批判性成为辩证的动力。"马魂"通过批判"中体"暗含"伪善"的理论坍塌，实现民族主体的真正实体化，通过批判"西用"的消极性并创造性地学习其积极因素，实现从"阅读主体"到"创造主体"的转化。在具体的实践境域中坚持"马克思主义在'马中西'交互贯通中始终处于核心地位"③，使以"马魂"为指导的"三流合一"这一文化景观得以最大程度地涌现，从而在对"马魂、中体、西用"这一范式的运用中，建构出形态更高、更为健康合理的文化生态观。

第二，我们对于"马魂、中体、西用"这一学术范式中的"中体"认知，既要"以有着数千年历史积淀的自强不息、变化日新、厚德载物、有容乃大的中华民族文化为生命主体、创造主体和接受主体"④，充分吸收中国传统文化资源中的积极成分，还要防止传统文化中的消极成分的时代性丛生，采取辩证的方法总体审视中国传统文化。尤其是要谨防传统文化中的消极成分对积极成分的腐蚀，更要谨防传统文化中的消极成分和西方文化流弊部分的率先融合对"中体"现代化的空心化侵蚀。新近频发的公共安全事件，都是传统文化张力结构中的消极因子被无限放大而造成的文化主体塌陷的结果。从这个意义上讲，文化传统的消极因子是横亘在人民大众和"西学为用"健康本土化之间的隔层，同时也是人民大众和"中学为体"健康现代化之间的隔层，它从更深的层次上制约着当下的文化实践和文化发展。

---

① 《马克思恩格斯选集》（第 1 卷），北京：人民出版社，1995 年，第 9 页。

② 田鹏颖：《在解构"西方话语"中建构中国话语体系》，《马克思主义研究》，2016 年第 6 期，第 138 页。

③ 陈学明、陈详勤、姜国敏：《论中国道路蕴含的"马中西"三大资源及其交互贯通》，《上海师范大学学报（哲学社会科学版）》，2015 年第 6 期，第 17 页。

④ 方克立：《关于文化体用问题》，《社会科学战线》，2006 年第 4 期，第 17 页。

所以我们对于马克思主义"综合创新"派文本语境中的"中体"的诠释，不能仅以词句表面的华丽璀璨的表达作为建构新形态文化的逻辑起点，否则可能会造成表象的坍塌。我们不仅要把作为历史正能量的优秀成分弘扬于当下，还要正视、审思、批判历史阴暗处的文化负值，即我们不仅要看到华夏文化的实践境遇和"自强不息、变化日新、厚德载物、有容乃大"等璀璨词句下的文化心理结构，还要看到与之形成辩证镜像的"诚者天道"但"天道不可言说只可意会"的由主观唯心主义架构出的主体自欺与道德伪善、"民胞物与"力所不逮生成的"圈里圈外"、"己所不欲勿施于人"的道德辐射有限性等诸多理论塌陷和实践虚空而形成的文化矛盾空间。总之，弘扬历史正能量的优秀成分，审视文化负值，此二者共同构成文化荣光与文化阴影的辩证法，此二维同为"马魂、中体、西用"这一范式中的"中体"所统摄的对象。

"马魂、中体、西用"这一范式的自觉运用，能使我们正视文化总体的言说背后的积极性力量和消极性力量，正视二者共同生发于当下，并在马克思主义的批判性视域下消除传统朦胧语境中的自欺、伪善空间，唯有如此，传统文化的积极因子才能成为无理论虚空、无诠释塌陷、无逻辑错位的价值实体，并在此意义上约束"西学为用"所招致的肆无忌惮的物化膨胀。所以，在马克思主义综合创新派的文化语境中，应力图避免对作为"中华民族文化"的"生命主体""创造主体"和"接受主体"表象化、扁平化的诠释路径，而应采取一种立体的视域，从而展现其背后积极力量与消极力量的张力结构的辩证全景，应正视中国传统文化背后的动态流变的多重冲突、辩证的张力结构。因此，我们不仅需要在总体化、连续化的宏观视域中凝塑华夏文化的主体性，而且要针对华夏文化主体背后涌动的非主要矛盾冲突，果断采取线性认知的中断、暗虚文化的解构、消极意义的去弊等方式，令多元冲突的文化张力展开，"尊重传统而不盲从传统"①，以此来实现华夏主体的去虚空化、去伪善化，夯实传统文化积极因子的生发语境，从而让"传统与当下创造性地结合"的意义最大程度地生发。最终成为"经过近现代变革和转型的，走向未来、走向世界的中国文化生命整体"②。

第三，我们对于"马魂、中体、西用"这一学术范式中的"西用"认知，也要采取一种全面的认知态度。既要"以西方文化和其他民族文化中的一切积极成果、合理成分为学习、借鉴的对象"③，同时还要对其文化的流弊成分有着深入的认知。一则是因为西方文化和其他民族文化中一切积极成果"为我所用"只是一种理想的愿景，现实情形是我们在学习、借鉴的时候，他者文化的流弊部分也会如影随形，"西用"所包含的理性的经验与"理性的诡计"同时寄身于器物层。二则是"西用"有着内在的不安

---

① 方克立：《"马魂、中体、西用"是习近平文化思想的宗纲》，《思想理论教育导刊》，2015年第5期，第56页。

② 方克立：《关于文化体用问题》，《社会科学战线》，2006年第4期。

③ 方克立：《关于文化体用问题》，《社会科学战线》，2006年第4期，第17页。

分状态，在中国落地生根之后，"西用"不再满足于"器物层"，渐渐从文化器物层上升到制度层，再慢慢位移至观念层面和思想意识层面。在我国长期的文化实践中，西方的科学技术、管理经验等作为器物之"用"，已经逐渐挣脱形而下"用"的范畴，释放内在的工具理性和意识形态意蕴，逐步向作为"形而上"的"体"进行蔓延和渗透。这是需要我们重点警醒的部分。三则是"西用"之"理性的诡计"的存在形式，不是以显而易见的不合理形式呈现出来的，而是以一种微观叙事的暂时合理形式呈现出来的，有诸多"西用"之流弊是在不知不觉的情况下发生的，待到发现和警醒时，其已经演变成一种影响较大的社会思潮。诸如西方的消费盛景曾一度是我国文化产业学习的对象，但在链条化的符号大生产中，国内人们关注精神家园的目光被遮蔽，在"形而下"的世界中沉沦为商品的终端。并且消费主义内含的资本逻辑，无限放大了人们文化心理结构中的"伪善"成分，"唯物是从"使人们鲜有对道德伦理的自觉践行。四则是在系列化的以"西"为"用"时，易堕入"拿来主义"的陷阱，影响自身主体性的建构。

"马魂、中体、西用"这一学术范式，应对"西用"的积极成分和消极成分有着总体性的观照。这一学术范式本为实践智慧的现实形态，能采取深入批判、主体借鉴和前景前瞻并存的"巧用"，是实践该范式的前结构。马克思主义批判性的高纯度过滤以及"马魂"和"中体"创造性结合实现的当代主体性建构，保证对"西用"有着充分驾驭能力，并能提供一定的前瞻和防风险并重的战略定力。所以该范式所主张的"西学为用"的理论内涵远不止于只取优点的"表层结构"，对于作为总体性的"西学"的"深层结构"也有着自身理性的认知和批判。唯有此，"西学为用"的理论旨归才能真正生发。"西学为用"的"深层结构"的内在逻辑尚需从以下两个维度中展开：其一，在文化建构的过程中，我们要实现对"西学为用"从"学之以鱼"到"学之以渔"的逻辑转向，且要在充分学习"西用"之"渔"的实践基础上推演出"西用"即将涌现出的新路，在此意义上对西方大地生长、涌现和言说出来的"西用"进行总体的超越，实现自身主体性的建构（新近发生的美国制裁"中兴"事件便是力证）。其二，从创造诠释学的视域来看，完全理解"西用"的最高形式，是实现"国人对'西用'应当说什么"。即从"西用"在华夏大地上的言说之物中道出国人之"应说"，这既是在"视域融合"基础上的继承，同时也是在更高形态上的"视域转换"中契合新语境、解决新问题，从而实现"西用"的自我化、本土化和与时俱进的文化建构。

综上所述，"马魂、中体、西用"作为一种学术范式，是一种在动态实践中解决问题的核心基质。该范式不尽然是在马克思主义的指导下吸收中国优秀传统文化、借鉴西方优质文化，还要包括在马克思主义批判精神的指引下批判中西文化之流弊，"强'魂'、健'体'、巧'用'"也是这一范式内在的张力结构。所以我们将"马克思主义的指导性—中国传统文化中的积极因子—西方文化中的积极成分"的"三维结构"，拓展为"马克思主义的肯定性和批判性—中国传统文化中的积极成分和糟粕成分—西方文化中的积极成分和糟粕成分",即视域更为宽广的"六向度结构",充分发挥"马魂、中体、西用"作为学术范式的价值引领性,正视文化融合过程中的张力结构,谨防中国传统文化心理中的道德"伪善"成分和西方文化"器物"层所蕴含的"理性的诡计"巧妙嫁接所生成的文化虚空,在时代性的高度上重建马克思主义的文化批判视域,以此方式来夯实三大文化生态中本身存在的认知张力,真正实现以马克思主义为指导的"三流合一、综合创新"。

三、"马魂、中体、西用"作为学术范式的当代运用

方克立先生认为,从学术范式的角度来说,所谓的"马学为魂",就是以马克思主义为当代中国学术研究的基本理论立场、观点和方法,坚持辩证唯物主义的世界观、历史观、价值观和方法论。所谓"中学为体",就是以我们正在做的事情为中心,以中国的历史和现实为主要研究对象,以民族振兴、国家富强为研究目的,以中国文化为主要学术资源,以本民族话语为表达方式。所谓"西学为用",就是以其他民族的文化为"他山之石",为精神资源,为学习借鉴、比较会通的对象。[①] 从历史发展的脉络来看,"马魂、中体、西用"作为学术范式,在中国现代文化观的演进过程中,已经内化为一种文化自觉。方先生指出:"我曾经提到过郭沫若、范文澜、侯外庐等老一辈马克思主义学者的名字,也提到过我老师辈的张岱年、冯契、任继愈等先生的名字,还提到过比我年龄略长的陈先达、罗国杰、方立天等同辈学者的名字,他们走的都是一条'马魂、中体、西用'的学术道路。这条道路将被一代一代学术传承者走得越来越宽广,并且有可能建立起一种主导的学术范式。"[②] 从现实发生论的视角来看,在当代中国哲学社会科学领域,"马魂、中体、西用"渐渐内化为一种理论自觉,逐渐成为学界普遍认同的学术范式。哲学界以李翔海、洪晓楠、张允熠、周可真、杜运辉等学者为代表,积极倡导"马魂、中体、西用"的时代性建构。洪晓楠还将"综合创新"的理念运用到科学文化哲学研究领域,提出了科学文化哲学的研究纲领;谢青松撰写了多篇文章,指出"马魂、中体、西用"开创了当代中国文化研究的新范式。经济学界以杨承训及其学术团队为代表,多年来坚持以"马魂、中体、西用"为范式,作为中国特色经济学的建构原则和发展方向。文艺理论界以董学文为代表,指出"马魂、中体、西用"在文学理论中的指导作用。行政管理学领域以陈寒鸣为代表,倡导依照"马魂、中体、西用"的思路建构当代中国特色的行政管理学。还有众多学者倡导把"马魂、中体、西用"作为学术范式运用在当代中国的思想史、军事学、伦理学、法学、教育学等领域,自觉

① 方克立:《关于文化体用问题》,《社会科学战线》,2006年第4期。
② 钟义见:《"马魂、中体、西用"是我们的文化旗帜——访中国社会科学院学部委员方克立教授》,《中国社会科学报》,2014年5月5日第A05版。

地以"马魂、中体、西用"为学术基质建构中国特色哲学社会科学的话语体系。基于此,"马魂、中体、西用"作为学术范式,充分展现了范式的价值引领性("马学为魂")、原则规定性("运作主体""生命主体""创造主体""接受主体"),范式作为评价标准(西学之"用"的本土契合度)的具体所指和丰富内涵,也在各个学科中被渐渐规定和挖掘出来。总而言之,"马魂、中体、西用"作为学术范式在中国的学界渐渐被认同,被自觉地运用于中国特色哲学社会科学的各个领域和学科的建构过程中,汇聚成学术共同体,在诸多领域和关键问题中发挥了极为重要的基质性作用,尤其是为当代中国文化的发展指明了方向,作为"现实道路"① 被规定下来。

"马魂、中体、西用"作为学术范式,要获得现实的生命力,必须用于解决实际问题。这一范式的积极作用不仅仅在于将文化的正能量系统化,更在于正视时代发展、场域转换、社会转型中不可避免出现的负能量,并能行之有效地克服,这是范式的基质性作用、整体性视域、方法论聚焦的应有之义。所以,在当下社会转型的关键时期和深化时期,"马魂、中体、西用"这一学术范式被延展为"一元、三维、六向度"的张力结构,既有积极的正能量引导,充分发挥范式的价值引领性作用,更要通过对负面问题的正面关照,探索负面问题的转换方式,使其成为新的生产域。当下中国处于社会的急剧转型期,新时代的文化处于创新培育期,我们在此倡导的"马魂、中体、西用"的"一元、三维、六向度"的范式张力,并非有意建构一种僵硬的体系,而是通过一种问题意识激活这一范式的辩证结构,在综合性视野的审思下实现创新性的改善。所以,就"马魂、中体、西用"这一范式的具体运用而言,是以问题意识为切入点,通过对当代中西文化碰撞、融合过程中出现的诸如资本逻辑对道德底线的无限下放、消费社会对于欲望的无尽放逐、网络多元主体对集体主义传统的彻底撕裂、全球化的依赖关系中被放大无数倍的"拿来主义"等具体问题的批判和反思,加大中国马克思主义批判性的力度和重新建构的深度,在更高的视界和更深层次的立体空间中审思中西文化对话域中出现的问题链,孕育创生出新的"创造主体"。此为这一范式应有的循环周期。中国发展过程中层出不穷的新问题,不仅不能扼杀这一范式的现实生命力,反而能在对新问题的预见和解决中,推动着这一范式走向未来,这正是作为学术范式的"马魂、中体、西用"的开放性所在。只有以问题意识为切入点,在具体的运用中,聚焦于如何推动中国文化的创造性转化和创新性发展,共同整合"马中西"的思想资源,吸纳不同学术派别的合理声音,在对话和交流中深化学术共识,体现文化研究的"最大公约数",学术共同体的规模才会越来越大,学术共识才会愈来愈多,尤其是"马魂、中体、西用"可以作为建构中国特色哲学社会科学的可供借鉴的学术范式,在哲学社会科学的具体问题研究中,充分发挥其基质性的作用,与时俱进地拓展研究视域以把握机遇,补齐文化

---

① 方克立:《"马魂、中体、西用":中国文化发展的现实道路》,《北京大学学报》,2010 年第 4 期,第 16 页。

短板，在综合创新、批判反思的全方位视域下建构出新时代的文化自信，实现中华民族的伟大复兴。

"马魂、中体、西用"作为学术范式，在具体运用中的实践愿景是"三流合一"，实践路径为"综合创新"。所谓"三流合一"，并不是简单地将三种文化资源变相叠加、糅杂在一起成为理论混合态，也不是将三大文化资源条理清晰地陈列在一起，遇到问题就去翻看以寻找答案的万能宝典，这绝非"马魂、中体、西用"这一学术范式的合理应用。所以"三流"如何"合一"需要追问，"三流合一"之后呈现出何种形态需要解答。我们认为，"三流"需要在解决具体的文化实践问题中才能渐次"合一"，将"马魂、中体、西用"的"六向度"结构内化为一种流转不息的文化生命体，遇到问题通过分析感知到"六向度"中的哪个环节出现了需要解决的社会痛点，追问以下问题："西学为用"是否超越了"器用"的范畴？是否犯有"教条主义"的错误？"中学"之"体"是否自觉运用？是否犯有"拿来主义"的错误？马克思主义的批判精神是否深入贯彻？马克思主义的指导性是否得以弘扬？我们是否提出了解决问题的原创性方法？这种方法能否上升为一种新形态的实践智慧？通过渐次的总结、提炼、升华和概括，慢慢将"马魂、中体、西用"在实践中实现视域融合，创造出一种饱含"中国特色、中国风格、中国气派"的文明新形态，这才是"三流合一"应呈现的形态。达成"三流合一"的实践路径是"综合创新"，所谓"综合"不仅要把作为指导思想的马克思主义、中西文化中的优良成分综合在一起，更要采取一种更为立体的视角，将马克思主义的批判性、中西文化之流弊以及二者的混合态考虑在内，"强'魂'、健'体'、巧'用'"才是应有的理论自觉。如此既有问题的呈现路径，也有理性的愿景指引，"综合"才能最大程度地呈现自身的理论空间。"综合"基础上的"创新"主要表现为中国马克思主义原创性的话语自觉建构、中国马克思主义批判精神的独创性实践，以此打破中国马克思主义的实践话语强势与学术话语弱势的不对等局面；对中国传统文化中的优良成分进行创造性转化，使之具有鲜明的新时代属性和开放属性；对中国传统文化中的"伪善"结构要进行创造性的批判，对恶性事件要通过刚性的法制建设弥补道德的虚空之处；对"西学"之积极成分实现创新性的发展，从"照着走"变为"自己走"；对于"西学"之流弊的"恶之花"本土化，要创造性地解决，在共性问题的痛点上生长出新形态的实践智慧。唯有此，人们才能实现习近平总书记所指出的"融通各种资源，不断推进知识创新、理论创新、方法创新"，这也是"马魂、中体、西用"这一学术范式最大的实践价值。

【作者简介】

洪晓楠，大连理工大学马克思主义学院教授、博士生导师；蔡后奇，大连理工大学马克思主义学院讲师。

马克思主义哲学体系多样化的基本依据*

高齐云

1988 年 7 月，由中国马克思主义哲学史学会和广东马克思主义哲学史研究会等单位共同发起，在广东省江门市举行了"马克思主义哲学体系的形成和发展"的学术研讨会。围绕着关于马克思主义哲学体系的再认识的问题，与会代表解放思想，各抒己见，展开自由争论。一方面，对长期以来存在的对于马克思主义哲学体系的僵化的理解，进行了批评性分析，指出这是当前影响马克思主义哲学自身和马克思主义哲学发展史的深入研究的重要障碍；另一方面，就如何科学地认识马克思主义哲学体系的形成和发展，展开了多方面的探讨，对深化马克思主义哲学史的研究提出了许多有益的新见解。在会上，笔者谈到应该承认马克思主义哲学是一个多样化的哲学体系，从结构上看，它包含着若干既相互联系又相对独立的哲学理论体系，从历史的发展看，它是由原生形态、次生形态、再生形态等组成的。这个见解引起了热烈的讨论，同意者进行了补充和论证，质疑者提出了问题并作出了评论。通过相互的交流和切磋，与会代表认为这次学术研讨会不仅阐明了对马克思主义哲学体系进行再认识的迫切必要性，而且开拓了研究马克思主义哲学体系的形成和发展的新思路，希望会后继续推进、深化这方面的研究。

马克思主义哲学具有多样化的体系，这不是主观的虚构或任意的解释，而是马克思主义哲学在其演变过程中客观地形成的。马克思主义哲学的演变是受多种因素制约的复杂过程，其中基本的因素有时间、地域和人物。考察这些因素对马克思主义哲学的演变的制约，就能够阐明马克思主义哲学形成多样化体系的必然性和基本依据，同时也可以进一步破除对马克思主义哲学体系的僵化理解。

---

* 本文原载于《广东社会科学》1989 年第 3 期。

一、马克思主义哲学在不同历史时代的演变，面临着不同的历史任务和理论课题

马克思主义哲学不仅要科学地认识世界，并且要革命地改造世界，这是它和以往各种旧哲学的根本区别。同时，它认为对世界的改造，不能像某些主观唯心论那样，只是片面地强调发挥自我意识、自由意志的作用，而要通过哲学和现实世界的相互作用。哲学和现实世界的相互作用，一方面是在实践的基础上科学地认识现实世界，并依据现实世界的运动规律和发展要求去提出、确立自身的理论，另一方面是以已确立的理论指导实践，用实践的力量去改造现实世界，并通过实践去验证、改造、完善哲学自身。在马克思主义哲学和现实世界的相互作用中，社会是关键性的要素和环节。一方面，由人们组成的社会群体，是进行认识、改造的主体，是相互作用中的能动者，另一方面，作为一定的经济、政治、意识等形态的总和而存在的社会机体，又是首先被改造的对象，是相互作用中的受动者。因此，马克思主义哲学同现实世界的相互作用，首要的是同社会现实、历史进程的相互作用。这种相互作用，首先表现在马克思主义哲学必须根据社会发展到一定阶段所提出的历史任务和进步要求，去选择、确定自身的主要理论课题并加以探讨、解决。

自马克思主义哲学孕育、产生以来，社会演变经历了若干既有共同性又有特殊性的历史阶段、历史时期。资本主义的演变从自由资本主义阶段进到垄断资本主义阶段，再进到社会化资本主义阶段。社会主义的演变从无产阶级解放的理论准备时期进到无产阶级取得政权的时期，再进到建设社会主义和社会主义改革的时期。在不同的历史阶段历史时期里，社会的经济、政治、文化、科学都具有明显的特点，并且形成特殊的要求。因此，马克思主义哲学在不同历史阶段历史时期所面临的历史任务和所要解决的主要理论课题，是有所不同的。

马克思、恩格斯处于自由资本主义阶段的后期，当时资本主义生产方式进入鼎盛，同时又开始出现危机，这种生产方式内部的根本对抗被暴露，促使对历史的发展提出新的要求。从资本主义生产方式的演变来看，需要解决这个生产方式产生的社会化生产和资本家私人占有之间、资产阶级和无产阶级之间的对抗，克服由此而造成的严重的社会危机，使社会实现有序的运作和进步。从整个人类社会的演变来看，需要用适应新的社会生产力发展要求的社会制度去取代原有的资本主义社会制度，使无产阶级和全人类从资本主义制度下解放出来。而改变资本主义制度和实现无产阶级的解放，就是这两方面的历史任务的联结点。伟大的革命家和思想家马克思、恩格斯在科学地认识、把握这些历史任务的同时，正确地选择、确定了与此相适应的主要理论课题，即揭示、阐明资本主义社会运动的特殊规律和人类社会运动的一般规律，探求、确定无产阶级解放以至人类解放的条件、方式和途径，并且以此为核心而创立科学的世界观和方法论的体系。这

其中，关键性的课题是揭示、阐明资本主义社会和人类社会发展的客观规律。只有这样，才能以科学的理论去教育、引导资本主义社会的无产阶级和劳动群众，使其认清自己的现状、前途和使命，为推翻资本主义制度和求得自身的解放，做好理论、思想的准备。因此，马克思、恩格斯在创建新世界观的过程中，突出了确立科学的社会历史观这个中心任务。

列宁处于垄断资本主义的前期，垄断把资本主义推向更高的发展阶段，给资本主义带来不少新的特点。垄断一方面使资本更加集中，另一方面又开始了资本的社会化；一方面竭力控制科技新成果，另一方面又为科技的发展及其新成果的应用提供更有利的条件；一方面加剧资本主义的不平衡和帝国主义国家之间、发达国家与落后国家之间的矛盾，另一方面又缓解了国内的阶级矛盾和经济危机。因而世界历史的运动呈现着曲折性，即成熟的资本主义国家得到较为稳定的发展，落后国家却陷入剧烈的矛盾冲突并孕育着革命形势。这样，历史的发展要求首先摆脱给人类造成深重灾难的帝国主义战争威胁和殖民奴役，实现被压迫的国家、民族的独立，进而取得无产阶级和人民群众的解放。列宁作为伟大的马克思主义者，自觉地认识并适应历史发展的曲折性和特殊要求，把揭示、阐明帝国主义的基本特征和掌握、应用落后国家在帝国主义时代实现社会主义的规律性，作为面临的主要理论课题。而要胜利地完成这一理论课题，就必须坚持从具体的实际出发，敢于冲破已有的理论观念，大胆提出新的结论。因此，列宁在理论探讨中，着力于锤炼和推进唯物主义认识论，并且以此为核心建构自己的哲学思想体系。

列宁曾经指出："因为具体的社会政治形势改变了，最近的直接行动任务也有过极大的改变，因此，马克思这一活的学说的各个不同方面也就不能不分别提到首要地位。"① 这一论述也确切地说明了在不同时代的不同社会条件下，马克思主义哲学演变的特殊性。

二、马克思主义哲学在不同国家的演变，受各个国家特殊的经济、政治条件和思想、文化传统的制约

马克思主义哲学的诞生，是人类哲学思维和人类认识发展的成果，而不是某个国家、民族的思想产物。马克思主义哲学作为现代无产阶级的科学的世界观，既有其哲学思想渊源，又同资本主义的成熟和现代无产阶级解放运动的实践紧密联系。恩格斯在谈到科学社会主义的产生时指出："科学社会主义的产生，一方面必须有德国的辩证法，但是同时也必须有英国和法国的发展了的经济关系和政治关系。……从这方面来看，科学社会主义不是专属德国的产物，而同样是国际的产物。"② 就马克思主义哲学的产生

---

① 《列宁选集》（第2卷），北京：人民出版社，1976年，第398页。
② 《马克思恩格斯选集》（第3卷），北京：人民出版社，1995年，第377-378页。

来看，恩格斯所阐述的观点也是同样适合的。因为只有依据当时英国、法国发展了的经济、政治关系和当时欧洲自然科学发展的新成果，坚持现代无产阶级解放运动的立场，才能对已有的哲学思想进行革命的和科学的批判，从而把握其中的积极成果，并进一步改造、发展为马克思主义哲学。仅就哲学思想的渊源来看，马克思主义哲学也不只是批判地继承了德国古典哲学。除此之外，马克思、恩格斯在创立新哲学过程中，还批判地继承了古代希腊哲学、近代英国和法国哲学的积极成果。总之，马克思主义哲学的产生是创造性地继承和发展人类哲学思想的伟大成果。

但是，马克思主义哲学的产生和它进一步在广大的时间和空间中的演变，又总是和具体的国家、民族相联系的。首先，马克思主义哲学在德国人中间产生。这同德国的辩证思维的高度发展分不开，特别同德国古典哲学逐步地和明确地形成的、关于人类历史和人类认识的发展是由低级到高级的运动过程的辩证法思想分不开。因为马克思、恩格斯创立新的哲学世界观，必须解决的主要理论课题，就是要揭示、阐明人类社会特别是资本主义社会发展的客观规律。马克思主义哲学产生后，一方面向较成熟的资本主义国家传播，在德、英、法、美、意、荷、奥等国演变；另一方面向不成熟的资本主义国家传播，在俄、波、保、罗等国演变。成熟的资本主义国家和不成熟的资本主义国家之间，在经济、政治、文化上都存在显著的差别，这些差别必定在马克思主义哲学的演变上表现出来。第三国际时期，卢卡奇哲学思想和柯尔施哲学思想的出现以及开展的对这些哲学思想的批判，必须从马克思主义哲学在不同的国家的不同的经济、政治、文化条件中发生的不同演变去考察，才能较为客观地认识与评价这种差异。后来，马克思主义哲学一方面通过苏俄的马克思主义哲学思想传向非资本主义的落后国家，形成了马克思主义哲学的一些新形态，如毛泽东哲学思想；另一方面又通过卢卡奇哲学思想等形态在发达资本主义国家发生影响，并衍化出某些西方马克思主义哲学观点，如法兰克福学派的社会批判理论。

对于卢卡奇哲学思想和柯尔施哲学思想，第三国际的批判者们都指责它们是"修正主义"，认为这是关系到对马克思、恩格斯的唯物主义作列宁主义解释还是沿着唯心主义方向背离马克思主义的哲学论战。显然，第三国际的理论家们看待这一论战的方法论存在一个大问题，即认为对马克思、恩格斯的唯物主义作列宁主义解释才是唯一正确的，而不同于列宁主义的解释则是唯心主义的。这样，实际上是以列宁哲学思想等同、取代马克思、恩格斯的唯物主义。可见，这种思想正是上述对马克思主义哲学的教条化和宗派式观点的最早表现之一。

第三国际理论家们对卢卡奇哲学思想和柯尔施哲学思想的批判，完全忽视了它们出现的历史前提，不了解、不承认它们是在不同于列宁哲学思想的经济、政治、文化条件下出现的。列宁哲学思想和卢卡奇、柯尔施哲学思想虽然都产生于帝国主义时代，但它们产生于不同的国家中，各自形成的具体社会条件有着显著的差别。首先，前者产生于不成熟的资本主义国家，形成于俄国革命酝酿和胜利的过程中；后者产生于成熟的资本主义国家，形成于欧洲国家工人起义连续失败之后。其次，前者面临的是落后的经济、政治、文化和工农群众的尖锐对立，大多数群众生活于贫困、动荡之中，他们的革命意识较易引发；后者面临的是资本主义经济、政治、文化对工人阶级既压迫又渗透的双重关系，大多数工人的生活相对稳定，工人阶级的阶级意识有待重新启蒙。最后，前者主要探讨不成熟的资本主义国家实现社会主义的规律性，着重解决在缺乏民主的条件下如何通过武装起义去夺取政权的问题；后者主要探讨成熟的资本主义国家实现社会主义的规律性，着重解决在资本主义政治制度较完备较稳固而工人起义不能取得胜利的条件下如何唤醒、组织整个工人阶级的问题。如此众多的差别，必然会反映到哲学问题的研究和哲学观点的形成上。不承认这些，是不符合马克思、恩格斯的唯物主义的。

三、马克思主义哲学通过不同载体而实现的演变，还受到不同个人的思想、文化素养的影响

马克思主义哲学在不同时代、不同国家的演变，是通过一定的载体（现实的个人）去实现的。没有或排除一定的个人的社会实践活动和哲学研究活动，马克思主义哲学的演变（包括它的产生）只能是虚幻的海市蜃楼。然而，现实的个人是社会存在物。首先，历史发展的一定时代形成的生产力和生产关系以及在此基础上建立的社会上层建筑，决定了现实的个人生存和活动的条件。其次，现实的个人又生活于具体的社会关系中，并受到这种社会关系的制约。最后，现实的个人作为有意识的存在物，还受到具体的国家、民族的思想文化传统和现实的思想、文化活动的制约。但是，人作为社会历史的主体，是能动的实践者、创造者。现实的个人一方面受到一定的物质条件、社会关系、文化状况的制约，另一方面又从事改变一定的物质条件、社会关系、文化状况的实践活动。这就是现实的个人所面临的基本矛盾，他在这个矛盾运动中能动地表现自己并得到一定的发展。

由于具体的个人所受到制约条件的内容有所不同，他们改变受制约条件的能力、活动、方式也有所不同，这又使不同的个人得到不同的发展和具有特殊的性质。因此，现实的个人既是一般的社会存在物，又是特殊的社会存在物。作为特殊的社会存在物，现实的个人的阶级地位、经济状况、社会交往、生活习性、文化素质、实践活动等都具有特殊性，由此形成的关于世界的观念、生活的观念、价值观念、思维模式、生活方式、价值取向等也具有特殊性。作为马克思主义哲学演变载体的具体的哲学家，正是受动者和能动者的统一，一般的社会存在物和特殊的社会存在物的统一。他们对马克思主义哲学演变的影响，正是受动和能动，一般和特殊共同作用的结果。因此，我们考察马克思主义哲学的演变，也必须研究作为马克思主义哲学演变载体的哲学家的特殊性的影响，这样，才能有助于阐明马克思主义哲学多样化体系的形成。

我们在上面谈到，同样活动于垄断资本主义时代的列宁和卢卡奇，对马克思主义哲

学的理解、阐述、发挥有着显著的区别。列宁强调马克思主义认识论，着重阐述以反映论为基础的唯物主义认识论，还探讨认识论、辩证法和逻辑的统一问题。卢卡奇强调马克思主义的辩证方法，着重阐述历史和思维中的总体性辩证法，同时致力于探讨现代社会历史进程中的主体和客体的辩证统一问题。制约这种差别的因素，除了他们在不同历史时期、不同国家、不同的活动条件外，还与他们各自在哲学上的独特境遇有关。

首先，在接受马克思主义哲学以前，他们各自所受的哲学影响不同。

列宁在接受马克思主义哲学之前，主要受俄国革命民主主义者，特别是车尔尼雪夫斯基的哲学思想的影响。在哲学上，车尔尼雪夫斯基自称是费尔巴哈的忠实信徒。他像费尔巴哈那样，把自己的哲学称为"人本学"或"人本主义"，把思维与存在的关系归结为人的精神对人脑和人的肉体的依赖关系，并且用直观的反映论的观点去解释认识论的问题。列宁通过车尔尼雪夫斯基接受的，正是费尔巴哈哲学的唯物主义基本观点。列宁接受马克思主义哲学，使他从总体上划分了费尔巴哈、车尔尼雪夫斯基的唯物主义和马克思主义唯物主义的原则界限。但当列宁尚未深入、系统地研究哲学和哲学史的问题时，则未能彻底把握它们在一些具体哲学观点上的区别。例如，在《唯物主义和经验批判主义》中，列宁强调认识论的反映论，把唯物主义理论归结为"思想反映对象的理论"①，认为物质第一性和感觉、思想、意识是按特殊方式组成的物质的高级产物，"这就是一般唯物主义的观点，特别是马克思和恩格斯的观点"②。显然，这种认识还没有把握、突出马克思、恩格斯的唯物主义在上述问题上的独特观点。正是由于在一些具体哲学问题上尚未把握两种唯物主义的区别，以致列宁称"费尔巴哈的观点是彻底的唯物主义观点"③，称"车尔尼雪夫斯基完全站在恩格斯的水平上"④。这就不能不使列宁这部著作所阐述的唯物主义思想，带有马克思主义之前的唯物主义的色彩。

卢卡奇在接受马克思主义哲学之前，主要是受德国古典哲学特别是黑格尔哲学的影响。黑格尔哲学的积极贡献在于系统的观念辩证法，他认为：绝对观念包含内部对立的主体—客体，由于对立的驱动而不断发生外化、异化；作为绝对观念的外化物、异化物，是被绝对观念的总体规定的，与此同时绝对观念又在异化和扬弃异化的过程中不断地认识自身和复归于自身，最终实现主体和客体的绝对统一。黑格尔关于主体—客体统一、总体性和异化等观点，给了卢卡奇以重大的影响。在接受马克思主义哲学以后，卢卡奇探讨、阐述马克思的辩证方法时，还认为马克思关于物化、总体性和主体客体相互作用的观点，都是受到黑格尔有关思想的启迪。他甚至用黑格尔混同外化与异化的错误观点，分析资本主义社会的商品拜物教现象，错误地把物化与异化等同起来。这样，就

① 《列宁全集》（第14卷），北京：人民出版社，1988年，第106页。
② 《列宁全集》（第14卷），北京：人民出版社，1988年，第45页。
③ 《列宁全集》（第14卷），北京：人民出版社，1988年，第156页。
④ 《列宁全集》（第14卷），北京：人民出版社，1988年，第381页。

不能不使卢卡奇的哲学思想带有黑格尔哲学的色彩。

其次，在接受、阐发马克思主义哲学的过程中，他们主要依据的马克思、恩格斯的著作有所不同。

列宁和卢卡奇都大量阅读、研究了当时已出版的马克思、恩格斯的重要著作，但他们阐发马克思主义哲学时主要依据的著作却各有不同。从列宁当时公开出版的哲学代表著作《唯物主义和经验批判主义》来看，大量地加以引用并作为依据的主要是恩格斯的著作，特别是《反杜林论》和《费尔巴哈论》。《唯物主义和经验批判主义》的第一章，主要依据的是《反杜林论》关于原则不是研究的出发点而是研究的最终的产物的观点，以及思维、意识是人脑的产物的观点。该书的第二章，主要依据的是《费尔巴哈论》关于哲学基本问题的论述和对唯心主义、不可知论的批判，还有《反杜林论》中关于思维的至上性与非至上性，真理与谬误的关系的论述。该书的第三章，主要依据《反杜林论》关于世界的统一性在于物质性的论述和关于时间与空间、原因与结果、自由与必然的关系的论述。恩格斯的《反杜林论》和《费尔巴哈论》包含丰富的哲学内容，就层次分析来看，一部分是一般哲学的问题和观点，另一部分是马克思主义哲学的问题和观点。例如，在物质与意识的问题上，认为世界是物质的、世界的统一性在于其物质性、意识是自然界长期发展的产物、意识是人脑的机能、意识是外部世界的反映等观点，是马克思主义之前的某些唯物主义哲学家已作肯定回答的，属于一般唯物主义的观点。恩格斯在上述著作中虽然大致论述了这些观点，但它们并不是马克思主义哲学唯物主义的特有观点。而阐明意识是人类社会实践的产物和意识的社会历史内容，才是马克思主义哲学的特有观点。从唯物主义认识论来看，反映论是一般唯物主义的观点，实践论和在其基础上阐明的认识的辩证性、历史性才是马克思主义哲学的特有观点。列宁《唯物主义和经验批判主义》中引用恩格斯阐述的有关观点时，未能完全把握一般唯物主义的观点和马克思主义哲学的特有观点的区别，这就限制了他对马克思主义哲学、特别是对马克思主义认识论的理解和阐述。

从卢卡奇的代表著作《历史和阶级意识》来看，作为理论依据的主要是马克思的著作，特别是他《关于费尔巴哈的提纲》和《资本论》等经济学著作。卢卡奇在1922年为《历史和阶级意识》所写的前言中，说明这本书是要使辩证方法的问题成为辩论、探讨的对象。因为这个方法的主要目的就在于认识现代，而卢卡奇正是要把握和应用这个方法来解释发达的资本主义国家的无产阶级革命和社会主义胜利的问题。卢卡奇抓住马克思的辩证方法，这是符合马克思在《资本论》第一卷第二版跋中对自己的科学方法的规定的。为此，卢卡奇探讨了马克思的辩证方法的实质。他认为马克思的辩证方法的实质和决定性范畴是总体性概念，这一结论是从马克思对政治经济学的研究中抽象出来的。与古典经济学家不同，马克思把资本主义经济看作一个整体，这个总体在其运动中制约着自己的各个部分。例如，资本主义方式下的商品生产具有与前资本主义的商品生产不同的特点，这是受资本主义生产方式总体规定的。在马克思看来，不仅历史是一个总体，思维也是一个总体。就是说，必须从思维的总体着眼，才能理解、把握思维的部分。马克思的从具体到抽象和从抽象到具体的方法，可以说蕴含着总体性观念。所以，卢卡奇认为总体性概念就是使每一个局部服从于历史和思维的整个统一。此外，卢卡奇还探讨了马克思的辩证方法的中心内容。在理论上，卢卡奇以马克思的《关于费尔巴哈的提纲》为依据，考察了德国古典唯心主义关于主体能动性的探讨，指出马克思通过创造性的批判揭示了历史过程中主体—客体的相互作用和统一。在实际上，卢卡奇研究了马克思所考察的无产阶级及其历史发展，认为无产阶级作为现实的主体—客体能够实现、体现主体客体的相互作用和统一。因此，卢卡奇把历史过程中主体和客体的相互作用、统一看作马克思的辩证方法的中心内容。卢卡奇还以马克思关于商品拜物教的论述为依据，对现代社会的物化、异化现象进行研究。他认为物化、异化是无产阶级作为主体—客体在资本主义社会运动中的主要表现，无产阶级要消灭异化，必须形成关于自身阶级地位和历史使命的阶级意识和以其为指导的改造活动。因此，卢卡奇的阐述中突出了历史辩证法和主体能动性的思想。可惜的是，卢卡奇对历史运动和主体能动性的现实基础缺乏足够的深刻的考察，这就有可能陷入另一种片面性。

最后，他们撰写各自的哲学代表著作时，在理论上所批判的对象也有所不同。

在这方面，列宁和卢卡奇都坚持理论与实践相结合的原则，在各自的著作中努力解答当时社会实践面临的重大理论问题，坚定地批判实践中出现的错误倾向。列宁的《唯物主义和经验批判主义》主要批判了经验批判主义及其对现代自然科学新成果的唯心主义解释。因此，它着重阐发唯物主义认识论，强调和突出唯物主义反映论。对此，已有很多论述。

卢卡奇的《历史和阶级意识》主要批判的是庸俗化的马克思主义，即对马克思关于经济因素在社会历史中的作用作出孤立、机械的理解，因而从机械论走向宿命论的错误倾向。这种庸俗化的马克思主义在理论上否定马克思的历史唯物主义（历史辩证法），而在实际上则否认发达的资本主义国家的无产阶级革命和社会主义胜利的可能性。卢卡奇的这本书在理论上正是要捍卫、阐发马克思的历史唯物主义（历史辩证法），在实际上则是要探讨、回答现代社会中无产阶级革命和社会主义胜利的可能性。因此，它着重阐发主体和客体相互作用的辩证法，强调和突出主体能动性的作用。

通过以上比较性分析，可以看到列宁和卢卡奇虽然生活于同一时代，但由于他们活动的时期、国家和个人环境的不同，他们的哲学思想的具体的内容、方法、重点、概念等都有所不同。不过这些不同并没有否定它们作为马克思主义哲学的共同性质，而只是表明它们是马克思主义哲学体系中不同的具体形态。因此，必须克服以列宁哲学思想为准绳去评判卢卡奇哲学思想的做法，破除对马克思主义哲学体系教条化僵化的理解，在马克思主义哲学体系中给予卢卡奇哲学思想一席之地。

总而言之，马克思主义哲学的发展，是一个受不同历史时代、不同民族传统、不同个人的思想文化素养等因素所制约的多样化发展过程。马克思创立的新哲学体系最早出现，是其后出现的马克思主义哲学体系的各种具体形态的基本的理论来源和理论依据，因而成为马克思主义哲学体系的原生形态。其后出现的各种具体形态，视其直接或间接地来源于原生形态，而被区分为次生形态或再生形态。我们研究马克思主义哲学体系中不同具体形态的多样性，其目的并不在于取消马克思主义哲学在本质上的共同性和科学性，而是要进一步弄清它的发展规律及其丰富内涵，从而更好地吸收马克思主义哲学发展史上的各种积极成果，为坚持和发展马克思主义哲学提供新的视野、新的思路。

【作者简介】

高齐云，中山大学哲学系教授。

整体性：当代中国马克思主义哲学研究的应然维度*

郑忆石

改革开放伊始，中国马克思主义哲学在反思既往研究中重宏观化和整体性的叙事方式的同时，十分强调研究的微观性、局部性等方法对于马克思主义哲学研究的重要性。然而，近一个时期以来，这种重抽丝剥茧而轻提纲挈领，重精雕细刻而轻总体把握，重管窥蠡测轻纵横寰宇的倾向，已经成为学界的一种研究时尚。我们并不反对这种微观的研究方式，相反，我们要承认这种独特的研究方式和研究视角，对于克服先前那种凌空蹈虚的研究方式和玄虚空幻的研究结论，对于从思维的抽象展现马克思主义哲学的本真，对于从多维视角呈现马克思主义哲学的全貌，对于从辩证的具象看清马克思主义哲学的个性，不仅价值明显而且功不可没。但是，物极必反，如果在马克思主义哲学的研究中，由偏重个别而走向否认整体、强调微观而走向否定宏观的极端，则将使中国马克思主义哲学研究难免陷入重枝节而漠视整体、见树木而不见森林的误区。因此，如何在看清树木的基础上，提炼出具有全局性、宏观性的问题，使中国的马克思主义哲学研究在宏观视野中知微见著，在微观视野中把握全貌，便是当代中国马克思主义哲学研究中亟须思考的一个问题。

一、重微轻宏：中国马克思主义哲学研究中的问题

考察当下的中国马克思主义哲学，我们可以发现，无论在理论研究的领域，还是在理论研究的范式中，都不同程度地存在重微观轻宏观、重个别轻整体的现象。

（1）理论研究领域中的这一问题，主要体现在：

①马克思主义哲学基本理论的研究，除了表现在基本理论的整体阐释在一个时期以

* 本文系上海市社会科学创新研究基地华东师范大学课题"文化观念与核心价值"阶段性成果。原载于《广东社会科学》2016 年第 3 期。

来仍然相对薄弱并且呈现泛本体论的倾向，更表现在以马克思哲学的某一方面或个别概念为基点，阐释马克思主义哲学的全部。因此，如何在否定先前"凌空蹈虚式"研究，即离开文本语境、历史线索的空洞原理研究的同时，避免现今"以史代论"的走向，即以文本考证、历史梳理，代替和消解基础理论研究和构建理论体系的必要性的另一极？如何在拓展马克思主义哲学本体论解读途径，深化其本体论研究的同时，避免泛本体论的理论倾向？这是马克思主义哲学基本理论研究中存在的主要问题。

②马克思主义哲学史的研究，集中表现为虽然成果不断涌现，却呈现出史论分离的状况，即或者是离开"文本"谈马克思，或者是只关心马克思说了什么的现象。因此，如何在借助近年来马克思文本研究成果的基础上，解决概念框架和叙述范式中的"重写马克思"，以获得新的历史逻辑？如何在这种"重写马克思"的个性化研究中，避免将马克思置于现代哲学范式，以及将包括恩格斯、列宁，以及中国化的马克思主义代表毛泽东、邓小平等置于近代哲学范式，从而割裂马克思主义哲学的内在理论逻辑？这便成为马克思主义哲学史研究中，必须面对的问题。

③国外马克思主义的研究，表现为虽然繁花似锦、多姿多彩，但过多关注人物而缺乏自觉的"问题意识"和纵横结合的思考维度；过多关注文本复述而缺乏现实关怀的维度；过于热衷"求新"而缺乏对理论与现实相结合的深度探究；过多借助西方哲学的主客体统一、主体性思维范式，而忽略唯物主义与唯心主义的能否超越、在何种领域与范围的超越；简单地以唯物史观为批判工具，而缺乏将批判置于全球化与现代性相交织的坐标中，资本逻辑批判与形而上学的批判等问题的存在，不能不成为国外马克思主义哲学研究深化的瓶颈。因此，在提升"问题意识"的转变中，如何突破将马克思主义哲学"西化""超越化"的"重围"，还马克思主义哲学本来面目？如何在强调马克思主义哲学的主体性的同时，坚持马克思主义哲学的物质客观性，以避免背离其基本理论质性？这便是当代中国马克思主义哲学研究中亟须重视的问题。

④马克思主义哲学中国化的研究，主要体现为分层次研究与立体性研究相结合的不足，即未将马克思主义哲学中国化文本的探讨、国外相关成果的批判借鉴、中国传统文化的批判吸取、总结改革开放以来的中国化马克思主义哲学经验教训等融为一体。而在马克思主义应用哲学的研究上，又存在分化有余而综合不足的问题。因此，对马克思主义哲学中国化的研究，在正确处理与意识形态宣传的关系中，如何进一步提高其学术含量？马克思主义应用哲学的研究，如何在分化、具体研究的基础上实现各学科之间的通融与综合？这是相关研究需要解决的问题。

（2）研究范式中的这一问题，主要体现在：

①"文本研究。"① 自20世纪80年代至今，基于弄清马克思主义哲学变革所在及其价值的思考，学界不断提出要回到马克思哲学"特殊语境"的要求，重读马克思文本的呼声

---

① 主要为一些马克思主义经典著作和马克思主义哲学史的研究者所倡导和从事。

和尝试从未间断。对于这类尝试，有学者以理论依据的不同，归结为"五种模式"论①；有学者以基本趋向的不同，得出了"三个支流"说②。尽管对于这类"以马解马"的文本解读尝试，学界存在不同评价，如认为这种"从马克思的原本中找出一句半句话，然后按照自己的观点进行所谓的重构重建"，"既曲解了马克思主义哲学，也很难在哲学上有所建树"，因此"不赞赏'以马解马'的方法"③；有着诸如在"能否'回到马克思'"的问题上的"客观马克思"和"主观马克思"之争；有着在"'回到马克思'的价值"问题上的"文本的深度解读"与"现实问题研究的弱化"之辩；等等。但是，毫无疑问的是，对马克思文本的深度解读，无论对于正确认识何谓"真正的马克思主义哲学"，还是对于规范和深化马克思主义的哲学研究，都意义重大而且影响深远。

然而，在这类"文本研究"中，也仍然存在着"重宏轻微"的问题。例如，在文本方面，限于马克思而忽略其他马克思主义经典作家如恩格斯、列宁、普列汉诺夫等人；在语境方面，重视国外马克思主义而忽略历史上的国际共产主义运动语境；等等。即便是对马克思哲学的文本研究，也有因过于注重微观层面、漠视宏观视角而产生两个极端倾向：或者以量化的自然科学标准去认识理论，将马克思的唯物史观视为凭借生产力发展的自然运作方式，而马克思对资本逻辑的批判，不过是充满实证分析色彩的经验理论而已；或者以预设的价值理想去规范现实，将马克思对共产主义的吁求，视为如同基督教的天国理想，而人类解放的目标，不过是个人从迷失的"世界体验"异乡之中，返归至上价值之旅的灵知主义。④ 因此，"文本研究"中，能否将马克思主义哲学"语境回归"的对象仅限于马克思本人？⑤ 马克思主义哲学的"语境未来"对象，能否仅仅聚焦于西方马克思主义或国外马克思主义？马克思哲学的文本解读，能否摆脱经验性的或者规范性的两极？文本解读的范式究竟有哪些，怎样才能达到相对合理的解读效果？等等。这便是学界深化"文本研究"中，需要进一步思考的问题。

---

① 西方马克思学的"两个马克思"模式，西方马克思主义人道派"人本主义异化论"模式，西方马克思主义科学派的"结构断裂论"模式，传统的列宁与苏联"量变进化说"模式，以及诸如国内学者的"两次转变论""两次逻辑论"模式，等等（参见张一兵：《回到马克思——经济学语境中的哲学话语》，南京：江苏人民出版社，1999年）。

② "重读马克思"，提出诸如马克思、恩格斯思想的差异问题；"重塑马克思"即重新考察马克思哲学与德国古典哲学的关系，重新思考其出场路径问题；"反观马克思"，即从西方马克思主义理论演变的考察中，反观马克思与现代西方哲学的关系以确定其理论属性（赵剑英、孙正聿：《中国化马克思主义哲学新形态》，北京：社会科学文献出版社，2006年，第8－9页）。

③ 陈先达：《处在夹缝中的哲学·代序》，北京：北京师范大学出版社，2004年，第15页。

④ 孙亮：《马克思主义哲学研究范式：一个批判性建构》，北京：知识产权出版社，2013年，第81－82页。

⑤ 尽管近年来也有学者强调需要注重恩格斯哲学原著的研究，但较之学界对马克思哲学的偏重，显得十分苍白乏力。而且，受西方马克思主义创始人卢卡奇的影响，这种研究也往往将关注点置于强调马克思与恩格斯的对立上。

②"对话研究。"① 自 20 世纪 80 年代至今，学界基于推进马克思主义哲学创新的渴望，在引进和研究国外马克思主义文本基础上，要求对"对话研究"作比较分析的探索从未中断。这类探索在使中国马克思主义哲学"同自己时代的现实世界接触并相互作用"②，从现当代西方哲学对实践智慧的存在论升华的吸取，从微观视角对人的心理、精神、文化层面（各种意识论、心理学）的独特关注，从语境化方法（语言学与逻辑分析）的强调，从对人类意识的始源境遇（现象学与诠释学）的把握中，为开启马克思主义哲学与现当代西方哲学的"对话"之门，实现两者之间的"视界融合"，以及在吸取现当代西方哲学的思想资源中，推进了马克思主义哲学的研究。

然而，在这类"对话研究"中，也仍然存在着"重宏轻微"的问题。如在对话进路上，作为"对话对象"的，主要限于现当代西方哲学而中国传统哲学缺位；在对话内容上，笼统强调现当代西方哲学的对话价值而缺乏辩证反思和具体分析。因此，中国化的马克思主义哲学在与现当代西方哲学的"对话"中，能否真正实现"视界融合"？"马、中、西"哲学之间能否真正实现"对话"？中国马克思主义哲学的民族文化身份认同问题，能否通过所谓的"对话"解决？等等。这便是学界推进"对话研究"中，不能不思考的问题。

③"问题研究。"③ 自 20 世纪 80 年代至今，基于发挥马克思主义哲学社会功能的需要，学界致力于在直面现实实践中提炼马克思主义哲学研究课题的风气日浓。这类研究在淡化和消解先前在马克思主义哲学研究中存在的理论与实践、观念与问题、具体与抽象之间的隔膜，"现实化"还是"思辨化"的纠结中，因抓住了中国、世界的发展过程中的具体问题，因从具体问题中抽象和提炼出涉及人类根本命运的哲学问题，因从回答这类问题中形成了哲学层面的观念和理论的共识，使得以"问题研究"为主导的研究范式，源于"问题"又高于"问题"，凸显了马克思主义哲学现实性与学理性相统一的特质，为马克思主义哲学焕发时代生命力，展示了新的研究路径。

然而，在这类"问题研究"中，也仍然有着"重宏轻微"的问题。如在问题域上，存在非此即彼或顾此失彼，即应以"以中国问题为重"还是应以"以世界问题为重"的疑问和诘难；在问题探讨中，存在无论是关注中国问题还是关注国际社会问题，都相对缺乏纵与横的比较维度，以及侧重于现象性描述而轻视学理性抽象等问题。因此，中国马克思主义哲学的"问题研究"中，能否在强调"中国问题"研究价值的同时，承认"外国问题"的研究价值，以及两者之间对比分析的重要性？能否在强化中国"模式、道路、文化、意识"的形而上探讨同时，肯定和重视"全球意识"，便是学界推进

①　主要为一些西方马克思主义、国外马克思主义、近现代西方哲学的研究者所倡导和从事。

②　［德］马克思：《科隆日报第 179 号的社论》，《马克思恩格斯全集》（第 1 卷），北京：人民出版社，1995 年，第 220 页。

③　主要为一些部门哲学、应用哲学的研究者所倡导和从事。

"问题研究"中，不能不关注的问题。

④ "形态研究。"① 自 20 世纪 80 年代至今，针对既往盛行的马克思主义哲学原理的表述形态中，流行的"以恩解马""以苏解马"教科书模式，以及割裂马克思主义哲学的理论形成史、发展史，简单抽取某一观点的"以偏概全"的弊病，学界一直在致力于通过"回归马克思"的哲学文本，实现超越传统教科书模式，并尝试重构马克思主义哲学新的理论形态。不可否认，学界的这类尝试，在借助马克思哲学的文本原典克服传统教科书模式的片面性，构建新的马克思主义哲学理论形态（如实践唯物主义等）方面硕果累累，且为探讨马克思主义的哲学新形态，打通了深入之径。

然而，在这类"形态研究"中，也仍然有着"重宏轻微"的问题。例如，在话语的表述方面，抽象思辨有余而具体形象不足；体系的构建方面，重范式创新而轻传统的传承；等等。因此，在形态研究中，能否因为重建马克思主义哲学的叙述体系，而完全否定"传统教科书"模式的价值？中国化马克思主义哲学新形态的构建中，视域的转换和拓展，究竟包括哪些范围和领域？② 中国化马克思主义哲学新形态的构建，学者与学界当有怎样的自觉和担当？这些仍然是学界需要认真思考的问题。

直面当下中国马克思主义哲学研究中重个别轻整体、重微观轻宏观的研究偏向，有必要重新认识马克思主义哲学研究的"整体性"原则。

二、整体性：马克思主义哲学研究的维度

作为一种哲学概念和哲学研究方法，"整体性"是西方概念论哲学长期发展之果。古希腊哲学因其将世界的本源本质归于某一抽象概念，而难以避免消解异质性的理论困境，因其强调"存在"的"没有过去和未来"③ 而具有静止性局限，因其强调"存在物是不动地局限在无始无终的巨大锁链之内"④ 而具有封闭性局限。更重要的，是这种整体性的思维方式，因其过于强调观念的同质性，而排除了将复杂性与异质性的思维方式用于理解丰富多彩的世界万象的危险，从而在对抽象概念的绝对推崇中，易落入以整体消解部分、由宏观代替微观的陷阱。然而，却又因其强调存在的"完整、唯一"性和

---

① 主要为一些马克思主义哲学原理和当代中国马克思主义哲学的研究者所倡导和从事。

② 对此，有从历史的角度，强调国际共运史、马克思主义哲学史、近现代西方哲学史、中国哲学史、世界文化史、中国文化史等；对于这一构建的作用，有从中国社会的实际角度，强调结合中国的现代化进程、中国自身文化传统对于这一构建的必要性；有从特点的角度，强调时代性、民族性、人类性、全球性对于这一构建的价值。

③ 北京大学哲学系外国哲学史教研室编译：《古希腊罗马哲学》，北京：商务印书馆，1961 年，第 52 页。

④ 北京大学哲学系外国哲学史教研室编译：《古希腊罗马哲学》，北京：商务印书馆，1961 年，第 53 页。

"整个联系"性①（如巴门尼德），因其强调理念是原型而具体事物是摹本、个体勇敢离不开整体美德、整体正义与公民正义是统一的（如柏拉图），因其主张"整体又不同于部分的东西"②，认为国家高于个人、家庭、村社，而个人只有在国家之中并作为国家的一部分才能发展他的能力（如亚里士多德）⑥，而以极其抽象的形式从方法论维度，提出和凸显了整体性作为一种哲学思维方式，对于系统把握研究对象的极端重要性。

德国古典哲学的集大成者黑格尔，则在以"绝对精神"延续古希腊哲学的"整体性"理路中，将其提炼为辩证思维方法的重要方面。在黑格尔看来，尽管整体是绝对精神的自我运动、自我发展与自我认识，但整体又涵盖具体与杂多，并在其演化过程中，与具体与杂多有着不可分割的内在联系；整体与部分，既相互区别又相互联系，部分中蕴含整体，部分即是整体，而整体，不过是高度分化并表现为世界万物的有机综合体；由于"真理作为具体的，它必定是在自身中展开其自身，而且必定是联系在一起和保持在一起的统一体，换言之，真理就是全体"⑦，因此，认识事物的本质，即是从个性、异质中，把握其共性和同质性，同时又从普遍性与整体性中，获得认识事物特殊性、偶然性的理性根基。不仅如此，黑格尔还从规律的角度，论证了自然界、人类社会、人类思维，是具有过程的整体性、统一性的问题。这样，尽管黑格尔的整体性思想深陷思辨哲学的窠臼，然而，他却从本体论、历史观的维度，阐明了"整体性"作为一种认识方法的辩证性，以及这一方法对于系统把握研究对象的重要性。

将黑格尔的辩证法"真正变成了赫尔岑所说的'革命代数学'"⑧的马克思，则不仅通过维护辩证法的本质"总体的观点"，即"把所有局部现象都看作是整体——被理解为思想和历史的统一的辩证过程——的因素"⑨，而且通过运用这一方法考察人类社会及其历史的具体结构、形态变迁，以及在这种结构与变迁中，所体现的局部与整体、宏观与微观之间的辩证关系，才真正破译了"历史之谜"。这一点，我们无论从马克思哲学的创立期，在《德意志意识形态》中通过历史科学的哲学概括，在对历史上的不同社会形态演变逻辑的宏观阐释，而实现了对人类社会历史的基础、动力、本质、规律的揭示，还是在马克思哲学的成熟期，在《资本论》中通过经济学的实证分析，在对资本主义社会结构与社会形态的纵横剖析，而实现了对人类社会及其历史发展的基础、动力、本质、规律的

---

① 北京大学哲学系外国哲学史教研室编译：《古希腊罗马哲学》，北京：商务印书馆，1961年，第52页。

② 北京大学哲学系外国哲学史教研室编译：《古希腊罗马哲学》，北京：商务印书馆，1961年，第263页。

⑥ 全增嘏：《西方哲学史》（上册），上海：上海人民出版社，1983年，第211页。

⑦ ［德］黑格尔著，贺麟译：《小逻辑》，北京：商务印书馆，1980年，第56页。

⑧ ［匈］卢卡奇著，杜章智、任立、燕宏远译：《历史与阶级意识》，北京：商务印书馆，2004年，第78页。

⑨ ［匈］卢卡奇著，杜章智、任立、燕宏远译：《历史与阶级意识》，北京：商务印书馆，2004年，第78页。

论证，都可以得到证明。因此，可以不夸张地说，离开整体与宏观的研究视角，马克思不可能发现唯物史观，也不可能创立并构建自己具有独特性的新哲学理论。

马克思之后的西方马克思主义，因各不相同的马克思哲学解读而形成了"千面马克思"的研究现实。然而，一个不可否认的基本事实，则是无论人本派还是科学派的西方马克思主义，都没有从根本上否认马克思哲学"整体性"（又称为"总体性"）的方法论价值，相反却对这一理论欣赏有加。这一点，我们无论从人本派的代表卢卡奇、葛兰西、柯尔施、萨特，还是从科学派代表阿尔都塞的相关理论中，都能得到证实。至于当下西方的各种后马克思、后马克思主义者们基于后现代主义的非逻各斯、非中心、非本质的研究趋向，虽然既肢解了马克思又提供了马克思研究的多元视角，却从反向表明，从整体维度重构"立体"马克思，无论对于恢复马克思哲学的理论形象，还是对于推进马克思主义哲学研究，都是十分必要的。

就马克思主义哲学而言，作为研究重要原则之一的"整体性"，要求对于研究对象的把握，应当立足于宏观与微观、整体与部分的辩证关系。

一方面，强调部分构成整体，部分体现整体。应当看到和承认，马克思主义哲学的整体性研究，是由各个学者的个性化研究实现的，哲学作为当下之思，"从来都不是一种对精神之外的材料的简单接受，而始终立足于自身的活动，立足于一种内部的再造，即通过创新性精神而获取的、按照根据与结论而进行的理性明察的内部再造"①，在对马克思主义哲学面临的各种问题的反思和探索中，不同学者基于不同的学科、观点、方法、语言表述、研究范式、思维逻辑而从事的马克思主义哲学研究，在构成马克思主义哲学研究的多元化、个性化的研究风格，实现马克思主义哲学理论创造之时，将哲学研究的整体性与个体性、宏观性与微观性、"哲学的创造性与哲学家的自我实现融为一体"②。因此，马克思主义的哲学研究，无疑需要种类繁多、异彩纷呈、多维角度的研究视角。

另一方面，整体统摄部分，整体高于部分。应当看到和承认，马克思主义哲学的整体性研究，又是通过"一总多分"③体现出来的。"一总"即作为指导思想的辩证唯物主义和历史唯物主义原理，"多分"即在这一基本理论、基本观点指导下，形成的马克思主义的经济哲学、政治哲学、法哲学、文化哲学、道德哲学、宗教哲学、艺术哲学、科学哲学、语言哲学、逻辑哲学，以及历史哲学、社会哲学、人的哲学、全球化哲学等分支哲学或应用哲学的研究。然而，无论何种具体研究，都存在着如何在对具体问题的研究中，提炼出带有全局性、本质性、基础性的问题，把握了这些基于整体性的问题，无论对于认识该研究的全貌，还是对于深化和拓展研究的内容与形式，都有着"寻路入境"的作用。

① [德] 胡塞尔著，倪梁康译：《哲学作为严格的科学》，北京：商务印书馆，2007年，第2页。
② 孙正聿、杨晓：《哲学研究的理论自觉》，《哲学研究》，2011年第3期。
③ 陈章亮：《六十年：现时代与哲学》，上海：上海人民出版社，2009年，第88页。

三、微宏并举：中国马克思主义哲学研究的应然之径

从"整体性"的研究维度着眼，当下中国马克思主义哲学研究，需要将研究对象置于主体与客体、对象与环境等复杂关系和多重结构中，从逻辑与历史、微观与宏观相统一的视域进行考察，以得出相对客观、全面的解答和评价。

就理论领域而言，应当基于马克思主义哲学是一个发展着的有机整体的理念，从系统的、综合的角度从事研究：①整体视域上，强调不同学科之间的融通，注重在分析马克思主义哲学的经济学、社会学、文化学、人类学、社会主义理论等要素，并揭示要素之间内在联系的同时，凸显马克思主义哲学的整体性。②基本方向上，强调不同内容的互补，注重在分析马克思主义基本原理、传播历史、发展过程、文献版本、中国化等方面，揭示相互之间内在关系的同时，显示马克思主义哲学的整体性。③现实观照中，强调理论与现实的结合，注重在提出和阐释理论问题时，在理论与实践的双向互动中，表明马克思主义哲学的整体性。④历史追溯中，强调理论与历史的结合，注重在阐述理论发展的历史时，在理论与历史的相互映照（如马克思主义哲学与国际共产主义运动的关系）、理论本身的历史逻辑（如马克思的思想、文本在早期、中期、晚期之间的联系）关系的分析中，揭示马克思主义哲学的整体性。

就理论范式而言，应当借助研究范式的转换、反思，创新意识的强化，注重研究的个性化、多样性与整体性的统一。

一是马克思主义哲学的"文本研究"，需要实现由相对"主观化"向相对"客观化"的转变，即以更为严谨的科学态度，在破除不合理学科疆界中，更多依据马克思主义经典作家的第一手文献，对马克思主义哲学理论作出更加接近历史真相的重新翻译和重新解读。为此，在对马克思的文本解读中，要注重结合其理论提出的历史背景、本人经历、理论来源、理论起点、理论逻辑、理论内涵，以图最大程度地还原文本、抓住马克思思想的精神实质；需要将朴素式阅读、症候式阅读、互文式阅读①相结合，在凸显解释活动复杂性的同时，坚持阅读的客观性；需要在文本研究与现实研究的互动中，强调二者的"结合"对于合理解读的重要性；②需要在扬弃一边倒的"以西解马"模式同时，一定程度上肯定传统马克思主义文本解读模式的合理性，以便使马克思主义哲学的文本研究，更为客观也更有科学依据。

二是马克思主义哲学的"对话研究"，需要实现由相对"向外"（强调与国际，实则与西方的接轨）向相对"对内"的转变，即在注重吸取西方文化、哲学的理论资源，借鉴其研究方法的同时，注重吸取中国传统哲学、传统文化的理论精华，如对人生尤其

---

① 张立波：《阅读马克思的三种方式》，《现代哲学》，2002 年第 3 期。

② 丰子义：《如何看待文本研究与现实问题研究》，《学术月刊》，2003 年第 1 期。

是内在生命的价值安顿、道德自觉、心性修养，人与自然和人与人之间的和谐境界等的关照，对于除却物欲化、功利化、拜金主义、极端个人主义等现代化之魅的价值，对于重塑中华民族"哲学自我"① 之魂的价值。同时，需要改善一段时期以来，只强调"对话"而缺乏对"对话"进行反思②的问题，因为没有反思的"对话"，除了可能陷入仅以其某一流派的观点、方法、框架"套用"或"反注"马克思主义哲学的陷阱，还有可能落入唯西方观点为真的窠臼。由此，得以使马克思主义哲学的对话研究，更接地气也更有吸引力。

三是马克思主义哲学的"问题研究"，既需要实现由相对"学院化"向相对"现实化"的转变，又需要回归马克思主义哲学的"原理"和原典，从而既通过深入挖掘马克思主义哲学的文本资源和基本理论，体现其分析现实问题的方法论价值，又紧扣当代中国的重大现实问题，在集中展开对中国马克思主义的标志性成果——中国特色社会主义理论体系及其哲学思想的研究中，拓展马克思主义哲学的理论视野，即在对比分析中国问题与外国问题、中国传统哲学文化与西方哲学文化的差异原因、原脉、当代影响中，促使中国马克思主义哲学的应用研究，在更有方向感和脚踏实地的同时，更具有国际视域。

四是马克思主义哲学的"形态研究"，要重建马克思主义哲学的叙述体系和话语方式，但不能因为传统教科书在模式上的某些缺陷，而完全否定其模式的价值，更不能因为模式的问题，而否定马克思主义哲学原理中，物质观、认识论、辩证法、历史观等基本理论，与马克思主义哲学的人学理论、价值理论、文化理论、社会发展理论之间，作为一个有机整体的内在联系。在发掘马克思主义哲学的实践唯物主义内蕴同时，承认它与辩证唯物主义、历史唯物主义的高度统一，在强调马克思主义哲学的批判特质③同时，看到它与无产阶级解放和人类解放的高度统一。

---

① 贺来：《中国哲学、西方哲学、马克思主义哲学：价值信念层面的对话》，《中国社会科学》，2008 年第 5 期。

② 针对 21 世纪以来学界流行的"马、中、西"哲学之间"对话"的时尚，有学者指出，它仍然表明中国马克思主义哲学的不自信，显示出中国马克思主义哲学与中国哲学的互为"他者"，因为既然是"对话"，当然只能是在"他者"之间进行，而这恰恰明确地表明，马克思主义哲学在中国经过了近百年的传播、发展与中国化之后，仍然没有成为中国哲学的一部分。解决中国马克思主义哲学所面临的民族文化身份认同问题，必须实现研究视域的大转换，即从 20 世纪中国哲学视域研究马克思主义哲学中国化，向马克思主义哲学与中国哲学的现代传统、马克思主义哲学与 20 世纪中国哲学思潮、马克思主义哲学与社会思潮，这三者之间关系研究的转换（参见李维武：《从 20 世纪中国哲学的视域看马克思主义哲学中国化》，《学术月刊》，2003 年第 11 期；《形态、问题与思潮：20 世纪中国哲学研究的方法论思考》，《学术月刊》，2004 年第 9 期；《20 世纪中国哲学传统与 21 世纪中国哲学发展》，《学术月刊》，2006 年第 3 期）。当然，也有学者明确反对"不能对话"的观点，认为"对话"是哲学"家族内部"不同形态之间的沟通和交流，其所揭示的，是整个人类的真理（参见张曙光：《开显"天地之大德"——中、西、马哲学对话旨趣之我见》，《学术月刊》，2008 年第 3 期）。

③ 如形而上学批判、意识形态批判、资本主义批判等。

改革开放 30 多年来，中国马克思主义的哲学研究，无论在理论领域还是在研究范式上，都实现了从封闭到开放的转型，为当下中国马克思主义哲学界推进这一研究，打下了坚实的基础。站在包容与自信的新研究平台，从整体性与个体性、宏观与微观相统一的维度继续这一研究，将为我们从学科对象、内在结构、功能方法的整体上推进马克思主义哲学，提供更为开阔的视野。

【作者简介】

郑忆石，华东师范大学哲学系教授、博士生导师。

哲学基本问题与马克思主义认识论的主要课题*

田 丰

恩格斯在《费尔巴哈论》中提出了哲学基本问题。联系恩格斯对旧认识论的批判以及他对马克思主义认识论的阐发，笔者认为，恩格斯对哲学基本问题的规定即是对马克思主义认识论主要课题的确定。

恩格斯把哲学基本问题划分为两个方面：思维和存在何者为本原的问题以及思维和存在的同一性问题。对于思维和存在的同一性问题，恩格斯作了多层次的剖析，把其分解为三个具体问题："我们关于我们周围世界的思想与这个世界本身的关系是怎样的？我们的思维能不能认识现实世界？我们能不能在我们关于现实世界的表象和概念中正确地反映现实？"这三句反问并不是同义反复，而是互相联系又相对独立，逐层深入的三个问题。第一个问题是为了说明主体和客体的关系，这是实现思维和存在的同一性的中介问题；第二个问题是为了说明主体的认识能力，这是实现思维和存在的同一性的可能性问题；第三个问题是为了说明主体的思维形式，这是实现思维和存在的同一性的具体途径问题。这三个具体问题与哲学基本问题的第一方面即思维和存在何者为本原的问题结合为一个有机整体，高度概括了认识论的基本内容，提出了马克思主义认识论体系的主要课题。

恩格斯对哲学基本问题的具体分析，确定了马克思主义认识论体系的主要课题，科学总结了欧洲近代哲学以及马克思和他本人早期认识论思想的成果。

思维和存在何者为本原？这是一切认识论都必须回答的理论前提。不同哲学在这个问题上的对立，必然表现在认识论领域，表现在认识对象、认识路线等一系列问题上的对立。恩格斯指出，由于黑格尔认为"精神、思想、观念是本原的东西，而现实世界只是观念的摹写"，因而在思维和存在的同一性问题上只能作出唯心主义的回答："我们在现实世界中所认识的，正是这个世界的思想内容，也就是那种使世界成为绝对观念的

---

* 本文原载于《广东社会科学》1987 年第 4 期。

逐渐实现的东西，这个绝对观念是从来就存在的，是不依赖于世界并且先于世界而在某处存在的，但是思维能够认识的那一开始就已经是思想内容的内容，这是十分明显的。"① 马克思主义认识论产生的过程，首先就是批判黑格尔唯心主义前提的过程，从《黑格尔法哲学批判》对逻辑神秘主义的揭露，到《1844年经济学哲学手稿》对自我意识异化观的扬弃，再到《神圣家族》对把概念实体化的思维唯心主义的批判，基本完成了与唯心主义世界观决裂的过程，为唯物主义认识论的创立扫清障碍、打好地基。因此，恩格斯在新康德主义者、新黑格尔主义者竭力取消康德的"物自体"思想时，坚持把物质和精神、思维和存在何者为本原的问题作为马克思主义认识论说明思维和存在的同一性的基本前提。

思维和存在是最广泛的抽象，是主体和客体的观念表现。在现实性上，它们只有通过主体和客体的相互作用才发生关系，构成矛盾统一体。只有从研究思维和存在何者为本原的问题进到研究主体和客体的关系问题，才能使思维和存在的含义及其相互关系从抽象走向具体，才能把握思维和存在的同一性的中介。正因为如此，近代哲学对主体和客体问题日益关注，在这个问题上的论争绵延不断。恩格斯在论述哲学基本问题时充分注意到主体和客体问题的重要性，对近代哲学的有关思想作了一番审视。

康德把人的认识对象即客体区分为"自在之物"和"现象"。"自在之物"刺激我们的感官而产生知觉表象即"现象"，但其本身又是在人的视野之外的、不可捉摸的彼岸世界。由于把人的认识对象分割为"现象"和"自在之物"，此岸世界和彼岸世界，康德的认识论体系存在不可克服的内在矛盾，导致对思维和存在的同一性的割裂。恩格斯认为康德哲学中最不值得保留的，就是他的"自在之物"不可捉摸的思想。

反之，恩格斯很赞赏黑格尔关于客体的观点。黑格尔指出，康德形而上学地把"自在之物"和"现象"对立起来，是其陷于不可知论的根源。黑格尔认为真正的客体并不是思维不能达到的彼岸世界，而就是现象，是显示着存在的本质的现象，他声称他的"现象"以世界的整个多样的丰富性为内容，把这些多样的规定性全部包括在它自身之中，"所以，这个内容可以完全没有存在，没有物或没有自在之物作为基础；这个内容对自己来说始终是它那样；它只不过从存在转到了外观而已"②。恩格斯摘录了黑格尔这一段话，并针对当时某些自然科学家推崇康德的"自在之物"不可知的思想指出："黑格尔在这里比起现代的自然科学家来，是一个更加坚决得多的唯物主义者。"③

马克思、恩格斯批判地继承了黑格尔有关思想的合理因素，加以唯物主义的改造，把主体和客体的关系界定为现实的人和周围世界的关系。马克思曾指出："只要我有一个对象，这个对象就以我作为它的对象。但是非对象性的存在物，是一种非现实的、非

① 《马克思恩格斯全集》（第21卷），北京：人民出版社，1985年，第816页。
② 《马克思恩格斯全集》（第20卷），北京：人民出版社，1971年，第585页。
③ 《马克思恩格斯全集》（第20卷），北京：人民出版社，1971年，第585页。

感性的，只是思想上的即只是虚构出来的存在物，是抽象的东西。说一个东西是感性的即现实的，这是说，它是感觉的对象，是感性的对象。"① 恩格斯和马克思一脉相承，强调认识对象和主体的联系，指出："我们的自然科学的极限，直到今天仍是我们的宇宙，而在我们的宇宙之外的无限多的宇宙，是我们认识自然界时所用不着的。"② 至于在我们的视野的范围之外的存在，尚是一个悬而未决的问题。因此，恩格斯把客体规定为"我们周围的世界"，主体和客体的关系就是人与其周围世界的关系，并进一步把人与其周围世界的关系问题作为解决思维和存在的同一性问题的中介。

思维和存在通过人与其周围世界的相互作用趋向同一，而人何以创造自己周围的世界，亦即主体何以创造客体？何以不断扩大客体的范围和功能？解决这些问题的需要，使恩格斯在提出主体和客体的关系问题后紧接着提出"我们的思维能不能认识现实世界"的问题，即主体的认识能力问题。而这个问题也正是近代哲学一直为之困扰的问题。

近代哲学的先驱们崇尚人的力量，理性的力量，因为"科学的辉煌胜利使人的自尊复活了"③。唯理论和经验论虽然在认识来源上存在分歧，但在坚信人的认识能力能够彻底把握客体上却是一致的，差别在于推崇感性还是推崇理性，二者都没有注意到要考察主体和客体的统一如何可能的问题，即主体认识能力问题。唯理论最终走向了独断论，经验论的归宿则是怀疑论。为什么对理性的信仰却导致对理性本身的否定？休谟的不可知论打破了独断主义的迷梦，正如罗素所说："休谟的哲学对也好，错也好，代表着 18 世纪重理精神的破产。"④ 对不可知论向传统哲学的诘难的思考，诱发了德国哲学的重大转向。

恩格斯指出，德国哲学革命是由康德开始的，他推翻了 17 世纪末欧洲大陆各大学所采用的莱布尼茨的形而上学体系。康德把莱布尼茨的唯理论斥责为武断，因为它在没有对人类的认识能力进行考察之前就预先断定人类无须经验之助，单凭理性就能对世界作出绝对无误的证明。怀疑论对人的认识的客观性全盘否定，实际上是对科学知识的根本否定，也行不通。所以康德在哲学史上第一次明确地提出哲学应当对人的认识能力进行一番"批判的"考察，检验人是否有能力正确反映客体，确定主体认识能力的范围和限度。恩格斯认为，把主体认识能力的研究作为哲学的任务，这不但是可能的，而且也是必要的。只有科学地解决人的认识能力问题，才能正确地说明主体的能动性，说明认识的具体机制，从而驳倒不可知论。然而，康德要求在实际的认识活动之前孤立地考察主体认识能力，在方法论上是错误的，必然导致对人类认识中的矛盾的不理解，以致

---

① ［德］马克思：《1844 年经济学哲学手稿》，北京：人民出版社，1985 年，第 127 页。
② 《马克思恩格斯全集》（第 20 卷），北京：人民出版社，1971 年，第 580 页。
③ ［英］罗素：《西方哲学史》（下卷），北京：商务印书馆，1976 年，第 58 页。
④ ［英］罗素：《西方哲学史》（下卷），北京：商务印书馆，1976 年，第 210 页。

贬低人的认识能力。因此，恩格斯在论述判断分类时指出："为了作出判断，不仅需要康德的'判断力'，而且还……"① 恩格斯没写完这句话，通过联系上下文，可以判定他既肯定了康德对认识能力的研究，又认为对认识能力的研究必须立足于实践，立足于经验。

恩格斯的这个思想源于黑格尔和马克思。黑格尔把康德对主体认识能力的考察看作是一个新发现，是哲学上的一个重大步骤，同时又批评康德在这个问题上的形而上学方法，并初步把实践的观点引进认识论，阐述了人类认识的辩证性。然而，他的"实践"是自我意识的异化。马克思唯物主义地改造了这一思想，在《1844 年经济学哲学手稿》中，致力于从物质生产劳动阐明人的认识能力。他指出劳动是人的认识能力形成的基础，是"人的本质力量打开了的书本"；认为人在劳动中能够把整个自然界化为自己无机的身体，充分肯定人的认识能力，斥责了资本的发展导致了人的片面和愚蠢，看到社会条件对人认识能力的影响。马克思的论述初步奠定了主体认识能力问题上的唯物论和辩证法基础，但正如他的思想体系当时尚未成熟一样，这些论述仍带有抽象、思辨的色彩，处于胚芽状态，有待补充、发展和深化。可见，主体认识能力问题是近代哲学发展过程中的一条重要线索，也是马克思主义创始人早期理论活动的一个方面。恩格斯准确地把握了哲学发展的这个趋势，从而把"我们的思维能不能认识世界"的问题作为思维和存在的同一性问题中的一个具体问题。

主体认识能力必定体现在思维形式的形成和运用上（这里所讲的思维形式不仅指概念、判断、推理等，也包括认识的形式、规律等认识辩证法）。思维形式的形成和运用最鲜明地区分了人类意识和动物意识。而且，近代科学的发展迫切要求对主体思维形式进行具体的研究。因此，恩格斯在提出主体认识能力的问题后，紧接着又提出我们能否在关于现实世界的表象和概念中正确地反映现实世界的问题。现实世界怎样转化为我们的表象？我们的表象又怎样上升为概念、理性？概念和理性能不能客观地准确地反映外在世界的本质和规律？不研究思维形式，就不能正确说明这些问题，不能说明实现思维和存在的同一性的具体途径。这个问题是近代哲学发展过程中的又一线索。

旧唯物主义经验论只限于证明一切思维和知识的内容都应当起源于感性的经验，甚至提出"凡是感觉中未有过的东西，即不存在于理智之中"的形而上学命题。这种认识论虽然坚持了认识起源于感性知觉的正确立场，但由于忽视了对思维形式的研究，无法说明人类知识的普遍性和必然性。恩格斯认为这是旧唯物主义经验论的重大缺陷，是不可知论得以产生的根源之一。休谟哲学实质上就是这种狭隘的感觉论贯彻到底的结果。

休谟通过否定因果范畴的客观内容来否定人类知识的客观性。他认为，人们认识任何事物都要运用因果范畴，但范畴是不能用感性经验加以证明的。因为认识的对象总是

---

① 《马克思恩格斯全集》（第 20 卷），北京：人民出版社，1971 年，第 568 页。

特殊的、个别的，我们在经验中只能看到两个对象的接近和接续关系，而看不到有什么必然的关系，看不到原因之中存在着产生一定结果的必然性。据此，休谟把因果必然性归结为人们的习惯信念，否定概念、理性反映事物的本质和规律的可能性。休谟的推论是离开实践基础的思辨，然而又确实给哲学提出了一个"表象怎样转化为概念，概念怎样反映客体"的难题。恩格斯由此指出："的确，单是某些自然现象的有规则的依次更换，就能产生因果观念；随太阳而来的热和光，但是在这里并没有任何证明，而且在这个范围内休谟的怀疑论说得很对：有规则地重复出现的 Post hoc〔在这以后〕决不能确立 Propter hoc〔由于这〕。"[①] 要彻底克服休谟的不可知论，一方面要以实践观点作为认识论的基本观点，另一方面又必须对思维形式本身进行探索。

康德率先提出了"先天综合判断如何可能"的问题，并为解决这个问题探讨了感性、知性、理性三种认识形式，但仍然是由于形而上学的思维方式，他割裂了思维内容和思维形式的有机统一，结果非但没有克服怀疑论，反而把怀疑论更理论化、系统化了。

对康德的不可知论，黑格尔和费尔巴哈从不同的角度予以批判和纠正。费尔巴哈总的说来仍囿于旧唯物主义经验论的观点，偏重于从思维内容的客观性来论证主体意识与外部世界相符合，忽视了从思维形式方面说明思维和存在的同一性。为此恩格斯含蓄地批评费尔巴哈对不可知论的驳斥"与其说是深刻的，不如说是机智的"。反之，恩格斯充分肯定黑格尔批判不可知论的成就，指出"对思维形式、逻辑范畴的研究，是有益的和必要的，而且从亚里士多德以来，只有黑格尔才系统地做到这一点"[②]。正是由于这一点，黑格尔才做到了在许多情况下和在极不相同的领域内，证明了思维过程同自然过程是类似的。[③] 所以，恩格斯说，对驳斥不可知论具有决定性的东西，已经由黑格尔说过了。同时又指出黑格尔是从唯心主义立场出发去研究思维形式的，在他那里思维和存在的同一性采取了头足倒置的形式。如何在新的历史条件下对黑格尔关于思维形式的思想进行唯物主义的改造，是推进认识论研究的需要。恩格斯根据认识论发展的内在要求，把思维形式问题作为哲学基本问题中一个十分重要的内容提出来，作为阐明思维和存在的同一性的具体途径。

从上可见，近代哲学，特别是德国古典哲学各流派之间的斗争，都围绕认识论问题而展开，思维和存在的关系问题是认识论的根本问题。恩格斯提出的哲学基本问题是对全部哲学，尤其是对欧洲近代哲学科学总结的产物，它内在地包含着思维和存在的同一性的前提、中介、可能性和具体途径四个方面的内容或课题。这四个课题既是近代欧洲哲学认识论发展的四条线索，也是马克思、恩格斯早期进行认识论探讨的四条线索。这

---

① 《马克思恩格斯全集》（第 20 卷），北京：人民出版社，1971 年，第 573 页。
② 《马克思恩格斯全集》（第 20 卷），北京：人民出版社，1971 年，第 588 页。
③ 《马克思恩格斯全集》（第 20 卷），北京：人民出版社，1971 年，第 610 页。

四条线索并非各自孤立地延伸，而是水乳交融、不可分割地交织在一起的，构成了一个有内在逻辑联系的有机整体。

恩格斯正是从这四个课题出发，全面阐发了马克思主义认识论原理。

在思维和存在何者为本原的问题上，恩格斯汲取了现代自然科学特别是生物进化论的成果，阐明了精神产生于物质的过程。他指出，物质在其生生不息的自我运动中，分化出有机界，又从有机界中分化出植物和动物，从最初的动物中，由于进一步的分化而发展出无数的纲、目、科、属、种，最后发展出神经系统获得最充分发展的那种形态，即脊椎动物的形态，最后由于劳动的作用，在脊椎动物中产生了人类，在它身上，自然界获得了自我意识。因此，物质世界的进化史充分说明，世界的统一性在于它的物质性。"物质不是精神的产物，而精神却是物质的最高产物。"恩格斯结合哲学和自然科学发展的成果，在马克思主义哲学史上第一次给物质下定义："实物、物质无非是各种实物的总和，而这个概念就是从这一总和中抽象出来的。"① 这个概念虽然还不十分规范化，但为后来列宁对物质的定义奠定了基础。

在主体和客体的关系这一问题上，恩格斯首先指出主体和客体是在劳动中同时产生的，无论主体和客体都是社会的产物、历史的产物。与动物不同，"动物的正常生存，是由它们当时所居住和所适应的环境造成的，人的生存条件，并不是他一从狭义的动物中分化出来就现成具有的，这些条件只是通过以后的历史的发展才能造成。人是唯一能够由于劳动而摆脱纯粹的动物状态的动物——他的正常状态是和他的意识相适应的而且是要由他自己创造出来的"②。其次，恩格斯论述了主体和客体关系的基本类型。根据劳动实践的特点，恩格斯把主客体之间的关系区分为人与自然、人与社会、人与自身三种类型，而且认为人与社会的关系决定人与自然、人与自身的关系。他预言，随着社会主义的胜利，客观世界的规律和思维规律将被人们正确认识和运用，人将"终于成为自己的社会结合的主人，从而也就成为自然界的主人，成为自己本身的主人——自由的人"③。最后，恩格斯阐明了主体客体之间的实践关系、认识关系和价值关系三者的相互作用、相互转化，指出人们在实践中"首先产生了对个别实际效益的条件的意识，而后来在处境较好的民族中间，则由此产生了对制约着这些效益的自然规律的理解。随着对自然规律的知识迅速增加，人对自然界施加反作用的手段也增加了"④。

在主体认识能力问题上，恩格斯全面发挥了马克思的有关思想，指出实践创造了人的认识器官，实践活动内化为人的思维活动，实践的需要推动着人的智力的发展，实践的结果证明了人的认识能力。在阐明认识能力问题上的唯物论的基础上，恩格斯还深入

① 《马克思恩格斯全集》（第20卷），北京：人民出版社，1971年，第578页。
② 《马克思恩格斯全集》（第20卷），北京：人民出版社，1971年，第535－536页。
③ 《马克思恩格斯全集》（第3卷），北京：人民出版社，1974年，第443页。
④ 《马克思恩格斯全集》（第20卷），北京：人民出版社，1971年，第374页。

探讨了这一问题上的辩证法。针对新康德主义和杜林主义在人的认识能力问题上的谬论，他充分论证了认识主体、主体的认识器官、认识的客体、认识的结果同样是有限和无限的统一，从而高度概括地指出：主体的认识能力，"按它的本性、使命、可能和历史的终极目的来说，是至上的和无限的，按它的个别实现和每次的实现来说，又是不至上的和有限的"①。认识中这种有限和无限的矛盾是所有智力进步的杠杆。

在主体思维形式的问题上，恩格斯首先揭示了认识的具体过程，把辩证的认识过程区分为个别—特殊——一般三个环节，其次，论述了认识的形式及其内在联系，指出："悟性和理性。黑格尔所规定的这个区别——依照这个区别，只有辩证的思维才是合理的——是有一定的意思的。"② 他赞同黑格尔把认识形式划分为感性、悟性和理性三个层次的思想。他认为悟性是感性的深化，又是理性的基础。"我们要是不知道这些细节，就看不清总画面。为了认识这些细节，我们不得不把它们从自然的或历史的联系中抽出来，从它们的特性、它们的特殊的原因和结果等方面来逐个地加以研究。"③ 最后，探讨了各种认识方法，如归纳和演绎、分析和综合、抽象和具体、假说、比较、理想化等，并且进一步探讨各种认识方法之间的逻辑关系，反对把各种认识方法机械地、不分高低地并列起来，认为从归纳和演绎，到分析和综合，再到抽象和具体，是一个由思维规律决定的从低级到高级，从简单到复杂的科学认识方法序列。

由此可见，恩格斯是根据哲学基本问题中蕴含的四个课题来展开全部认识论的论述的，从而实现了本体论和认识论的统一，认识论和辩证法的统一。无论是列宁还是毛泽东，他们对马克思主义认识论的丰富和发展，无不以哲学基本问题中的四个课题为出发点。当然，由于历史时代的不同，他们对这四个课题的阐述也各有侧重。

正是在这个意义上，可以说，恩格斯对哲学基本问题及其具体内容的规定，也就是对马克思主义认识论的基本问题和主要课题的规定，也就是对马克思主义认识论体系的基本架构的制定。今天，我们从各个不同的方面来丰富和发展马克思主义认识论，同样不能放弃哲学基本问题这个根本的出发点。

【作者简介】

田丰，广东省社会科学院研究员。

① 《马克思恩格斯全集》（第20卷），北京：人民出版社，1971年，第95页。
② 《马克思恩格斯全集》（第20卷），北京：人民出版社，1971年，第565页。
③ 《马克思恩格斯全集》（第20卷），北京：人民出版社，1971年，第28页。

西方现代文化的普遍性表述与哲学反思[*]

姜　华

当下中国发展崛起过程中所面对和遭遇的挑战与西方普遍主义的价值观的宣称有着内在的联系，这种宣称实际上是西方发达国家对自身文化普遍性认识的结果和表述，即"一个把自己和世界等同起来，把世界视为自身内部的经济、政治、法律和价值观念的体系"，使当代人类世界社会及文化发展日益面临一种"普遍价值的价值单一性或单一化"的趋势和问题。因此，如何基于马克思主义理论，揭示西方文化价值普遍性表述的内在深层的文化逻辑，对于应对来自西方文化的价值普遍性挑战，具有重要的理论价值和现实意义。

一、西方现代文化普遍性表述的内涵与形成

西方现代文化对自身普遍性的认识和表述，肇始于启蒙运动以来欧洲人的自我认知。其在 19 世纪以来随着西方现代性、全球性的扩张和发展，不断地扩大自己的文化内涵和外延，并在当前全球化和后现代时期获得了前所未有的"合法性"或普遍化。在某种程度上甚至可以说，它已经成为现当代世界的一种起主导作用的文化价值秩序，一种判断某地是否开化、是否文明的具有普遍性的价值标准。

这种西方世界文化概念，在西方启蒙运动以来的哲学话语中被确定下来。历经卢梭、康德、黑格尔、尼采、韦伯等思想家被逐步确立和建构起来。通过从抽象的个体、私有财产、权利、理性、市民社会、世界历史到目前的普遍性的国家形态、全球帝国的形态等诸概念在意识形态中的确立，现代西方文化的主体性作为资本主义文化精神，获得了一种"历史规律"的普遍性，获得了广泛的合法性或合理性。这种普遍性的自我

　　* 本文系国家社会科学基金项目"全球化和市场经济条件下中国文化冲突与文化整合机制探讨"（16BZX005）阶段性成果。原载于《广东社会科学》2017 年第 1 期。

认识和表述就是"包含着一种将价值、利益和意义领域里的西方关于自我的认识和表述作为客观历史领域里的普遍性强加给他人的过程，并将它作为改造整个世界，改造一切他人及其固有的文化、社会制度和习俗的一种理论依据"①。尤其是德国学者韦伯提出只有西方的精神生活才能内在地通向资本主义，也就是说只有西方的社会、文化、价值和心理结构才能孕育和产生资本主义精神，从而为资本主义的合法性和普遍性进行论证。这种理论表述实际上就是将现代世界历史看作西方的内部世界，把变化的世界据为己有，进而把西方的历史、资本主义看作是西方自身内在精神世界和文化世界的一个产物。而在这个过程中，消解了非西方地区和国家的历史文化及价值体系，使其追随资本主义现代性所规定的方式。在现代化和西方化的进程中，与西方对现代世界历史的内在化和普遍性表述相比，其他非西方世界的"他者"文化就从整体上被外在化和"他者化"了。

一般认为，通过康德、黑格尔、尼采及韦伯等西方思想家对西方现代文化的自我认识和表述，西方现代文化同时在物质和精神两个层面及在法律和公理基础上将自身赋予现代世界的普遍性建立起来。这种普遍性一方面宣称西方现代文化就是文化本身，是世界唯一的、普遍的文化，因为"它最符合人的本质，是最自然和最发达的"②，从而力图将"他者"进行"西方化"或"美国化"，这种片面的普遍化企图成为现代世界文化价值冲突的根源；另一方面又使西方现代文化的核心，即所谓的普世价值、普遍人权、个人自由等与基督教信仰之间形成了一种内在的逻辑，这就意味着非西方的国家因为不信上帝，也就没有信仰，因而也就是没有自由的国家，所以西方资本主义国家对他国政府的打击和军事干预，乃是西方自由精神和自由意识在历史世界中的实现。在他们的价值认识上，那些国家因为不信上帝，"所以他们不配享有、也更不能产生上帝面前人人平等的信仰，以及由基督教所保证的个人自由的信念，那些建立在异教基础上的国家，因此就不能被称为是自由国家乃至国家"③。这也就是以美国为首的西方发达资本主义国家在对待和解决世界上许多非西方国家和地区的矛盾冲突时，主要是通过干预而不是谈判的方式的原因所在，在其背后凸显了这种普遍主义的意识形态逻辑、文化自我认识及主张。

二、西方现代文化的普遍性表述的本质与发展趋势

具体说来，19 世纪以来西方世界的现代性扩张，借助的决不仅是一种生产力和生产模式，实质是资本主义社会形成了一种新的统治世界的方式，居于其中并起决定性作

---

① 张旭东：《全球化时代的文化认同》，北京：北京大学出版社，2006 年，第 30 页。
② 张旭东：《全球化时代的文化认同》，北京：北京大学出版社，2006 年，第 29 页。
③ 韩毓海：《五百年来谁著史》，北京：九州出版社，2011 年，第 346 页。

用的是这种现代社会发展模式及生产方式，凭借在技术、制度与价值观念等方面的优势，对非西方世界的国家和地区实行了强势的文化扩张和文化霸权。并且，通过帝国主义国家不断发动的战争、资本输出、金融垄断及资本主义世界体系对世界的支配，西方现代文化成为一种具有普遍主义意识的价值观。

1. 从本质而言，这个具有普遍性的西方现代文化或西方世界文化是一个把自己和世界等同起来的文化概念

把世界视为自身内部的经济、政治、法律和价值观念体系，这种文化概念以其普遍性和自我中心主义，排斥任何"异己"和"他者"自身独立发展其文明体系的合理性或合法性，或者是直接将"他者"吸收、涵盖为自己文化内部的一种边缘化、亚文化，从而对所有现存的社会形态和文化主体意识提出了挑战。正如斯宾格勒所言，这种西方文化是一种全面综合的文化，是唯一征服了全球的文化，是达到了充分自我意识的文化。因而，它成了最后的文化，是"密涅瓦的猫头鹰在黄昏起飞"①。而哈佛大学教授戴维·S. 兰德斯在他的著作《国富国穷：为什么有人富有人穷》（*The Wealth and Poverty of Nations：Why Some Are So Rich and Some So Poor*）里把这种西方文化的普遍性直接表述为一种文化优胜论，即西方国家之所以富，是由于它的文化好；世界其他地方穷，则是因为文化劣等。② 这样，就使西方文化成为一种本质性的文化存在，一种超越其他文明之上的西方世界文化，其核心思想就是以自由、民主、正义和公平等作为其核心的普遍价值及体现其精神的普遍的社会理想。这种体现其普遍价值的理想社会，相信通过理性和科学能够提高社会的生产力，科学会带来社会的普遍富裕。而普遍的富裕不仅会带来更大的繁荣进步，也会带来普遍的完全的自由和正义的社会。并且，相信在单个国家或少数国家中不可能有长期持久的繁荣、自由和正义的社会。这样，为了使世界不再威胁西方民主制，人们必须让全球民主化，让每个国家内部民主化，也让国际社会民主化。也就是说，"单个国家内部的良好秩序以所有国家内部或之间的良好秩序为前提，并且认为朝向普遍社会或普遍政权的运动不仅由其目标的普遍有效性或合理性保证，而且因为朝向这个目标的运动本身似乎就是绝大多数人的运动，代表着绝大多数人的利益"③。因此，基于这种文化的普遍性认识，"西方十分清楚地看见自己的未来就是人类的未来"④。在 20 世纪末，以美国为首的西方发达资本主义国家，借助经济、政治和文化的全球化，更进一步把资本主义的自由民主的市场经济和价值观宣扬为唯一放之四海而皆准的普遍真理。

---

① 刘小枫编，彭磊、丁耘等译：《苏格拉底问题与现代性》，北京：华夏出版社，2008 年，第 3 页。
② 韩毓海：《五百年来谁著史》，北京：九州出版社，2011 年，第 56 页。
③ 刘小枫编，彭磊、丁耘等译：《苏格拉底问题与现代性》，北京：华夏出版社，2008 年，第 5 页。
④ 韩毓海：《五百年来谁著史》，北京：九州出版社，2011 年，第 56 页。

2. 从启蒙至今，西方现代文化实质上并没有为现代世界提供一个真正的文化的合法性或价值的普遍性

自启蒙运动以来，正义与权力（利）之间的冲突构成了西方现代性内在的基本矛盾，其结果是"善优于权力（利）"转化为"权力（利）优于善"再到"权力（利）优于正义"，从"自然法"（Natural Law）到"自然权利"（Natural Rights）再到"人的权利"（Human Rights），也是正义和"自然法"逐渐向权力低头和妥协的过程。正义与权力（利）的冲突不仅导致了西方所谓的普遍人权呈现日益严重的双重价值标准的倾向，也使当下的现代世界仍是一个西方列强在 19 世纪以来进行军事扩张和资本主义金融垄断的产物，是一个依靠军事实力和金融财力说话的世界，而不是一个文明的世界。"它不是任何一种文明形态和传统的自然发展和延续，而是军事暴力和金融垄断所造成的世界失序的结果"①，因而，西方的现代性精神实质上缺乏真正的文化、道德和价值的基础，实质上是一种缺乏伦理的现代性文化。对此，海德格尔曾指出"在现代性的条件下，'伦理是不可能的'"②。因此，西方现代文化在根本上就不具有其所宣称的合法性或普遍性。所以，现代世界呈现的仍是亨廷顿所描述的状态。这种状态在当下的世界表现为：即使西方的军事威力已经天下无敌，即使西方的金融垄断已经覆盖全球，但是，关于理性和自由的言辞和价值主张在此由西方强权支配的世界上依旧显得极其虚伪和脆弱，现代世界的文化共识依然不存在，现代世界的文化的合法性根基依然虚无。当下世界不仅存在着几乎不可避免的文明冲突日益深化的倾向，也存在着"一种普遍价值的单一化"和世界多元价值观发展趋势日益冲突的问题。

3. 冷战后西方现代文化的普遍性论述所呈现的发展趋势

冷战以后，随着世界经济全球化的迅猛发展，在由国际垄断资本主义主导的全球化进程中，资本主义正逐渐把整个世界作为自己的"自由王国"，力图在全球体系中超越民族国家或地区政治实体的控制。因此，西方文化的普遍性论述呈现出了一种新的理论发展趋势，即西方的新干预主义、普遍人权的话语、世界人权的话语的形成和对自己的过去的重新发现，出现了回归康德的理论发展趋势，即存在把康德的普遍公民社会理想作为自我表述的理论依据的趋势，这是我们在理论层面应予以关注的问题。

在康德的思想体系中，理性是其思想体系的核心，但理性现在还只是局部的，还没有完成，完成需要世界政府。只有国家民族政权还不够，因为国家民族的行为是不受约束的。"民族国家生活在一种自然状态，只有丛林法则的制约。历史理性的目标是普遍的公民社会，是世界政府，只有那一天才有永久和平。"③ 并且，基于康德理性主义和

---

① 韩毓海：《五百年来谁著史》，北京：九州出版社，2011 年，第 370 页。

② 甘阳：《政治哲人施特劳斯：古典保守主义政治哲学的复兴》，见［美］列奥·施特劳斯著，彭刚译：《自然权利与历史》，北京：生活·读书·新知三联书店，2003 年，第 64 页。

③ 张旭东：《全球化时代的文化认同》，北京：北京大学出版社，2006 年，第 35 页。

自由人文主义的传统，当代西方的新干预主义及世界人权话语正试图超越民族国家的主权概念。"在西方知识谱系内部，超越民族国家是指由资本主义市场和代议制民主构成的普遍的市民社会。"① 在这种理论背景下，一些西方民族国家或民族国家集团正力图通过把自己的普遍的社会理想作为国际法的价值准则在全球范围推行。从而力图"把西方宪政国家内部相当程度上实现了的普遍权利及平等保护扩展到全世界，要求一切通过合理的、透明的程序，在人性和理性的法庭上裁定"②。并且，在理论上和实践上，还存在把美国简化为资本主义，导致把美国不加界定地普遍化的问题。但问题是美国所依据的是其国内法，其行为和战略意图受其国内特殊利益集团的资本逻辑的操纵及其自身的民族利己主义诉求的支配，并存在将其所宣称的普遍的人权和价值观凌驾于主权之上的双重标准，以及人权高于主权的傲慢。因此，冷战后美国全球战略背后的深层文化逻辑体现了这种西方价值和文化的自我确证，以及把充当国际法庭和世界警察的行为结合起来的趋势，其实质是一种对"他者"的"美国化"的企图和一种"意识形态挑战"，宗旨是追求实现一种以西方现代文化核心为基础的文化认同或价值认同。关于这一点，洪博培在阐述中美关系时作了最直接的现实的表述，他认为国家"战略上确认共同利益，基于共同价值观行事，是维持双边合作的最佳保障。——价值观很重要"③。

三、以马克思主义为核心，应对西方现代文化的普遍主义价值主张与挑战

马克思主义经过中国革命和社会主义现代化的转化，即马克思主义的中国化，已经成为构建当代中国社会主义文化思想的主体和核心，是中国社会主义文化结构的组成部分。而马克思主义对资本主义现代性的批判和超越，在世界历史层面上对资本主义普遍性的否定及对资本主义的深刻分析和批判，本身也就为应对和批判当下全球化背景下的资本主义在社会、文化、政治关系等所有领域宣称的普遍性和挑战，提供了一个基本的理论框架和理论支撑平台。

第一，马克思主义从本质上否定了西方现代文化的普遍性主张。

诞生于19世纪的马克思主义理论对资本主义世界的普遍性的彻底批判，否定了资本主义现代文化的合法性，将其称为"虚假的意识形态"。从资本逻辑困境的现实与实际出发，认为作为现代世界构成的核心，资本淋漓尽致地体现了现代性的内在本性，凸显了现代性本身的弊端。

---

① 张旭东：《全球化时代的文化认同》，北京：北京大学出版社，2006年，第36页。
② 张旭东：《全球化时代的文化认同》，北京：北京大学出版社，2006年，第35页。
③ ［美］洪博培撰，乔恒译：《美国与中国打交道时必须要强势》，"四月网"转引自"环球网"，http://fm.m4.cn/2015-05/1161428.shtml，2012年5月8日。

首先，马克思主义通过对资本的普遍论分析和批判，揭示了资本主义的"天性"，即"不平等"是由资本的逻辑决定的。

马克思从资本和资本主义生产关系的普遍性出发，提出资本主义超越不了自身资本逻辑的限制，即"资本主义最终的制约就是资本本身，因为资本持续不断的复制，正是资本主义无法超越的边界"①。资本追逐利润的无限制冲动和要求，需要它不断地冲破各种限制和界限进行生产，而资本主义制度存在的根本问题恰恰在于没有能力克服自身存在的资本限制，资本的这种内在的贪婪性，使资本的逻辑即是其走向崩溃的逻辑。由于资本主义社会的发展受到资本逻辑的限制，虽然资本主义制度创造的财富比以往任何一个时期都多，但问题却是无法让社会大多数人享受创造财富的成果，社会存在日益严重的不平等和两极贫富分化，以及"中产阶级"的"再无产阶级化"的严酷现实，使不平等成为"资本主义的天性"②。从而一针见血地指出了资本主义所宣称的上帝所赋的自然平等的普遍性的抽象和虚拟。因而，也就从根上否定了资产阶级自然权力及资本主义现代文化的合法性的理论基础。

因此，这种资本逻辑的"天性"的不平等的存在，使当代打着全球化的自由、人权等旗号的西方世界文化的普遍主义的意识形态，并不具有真正的普遍性，也根本没有取得自身的合法性和合理性。因为，一方面，当下世界是由"资本主义世界体系"所支配的世界，仍是一个不平等的世界。国家和地区之间的不平等的主要根源是以美国为首的发达资本主义国家从发展中国家和落后国家榨取剩余价值用于自身的发展，而正是这种不平等的支配和剥削关系，才造成了世界各国和地域之间的发展不平衡。对此，宫崎市定说，"当今世界面临着更为公正、合理地分配人类文明发展成就的使命……因为资本主义以军事暴力和金融垄断的方式，将人类所有的剩余价值，牢牢地掌握在发达国家手中，而同时却将发展和增长的代价留给了整个世界"③。尤其是随着经济全球化的迅速发展，国际垄断资本主导的全球化使资本积累、资本流动在整个世界作为跨国资本彼此竞争的角斗场，"典型的世界'主宰'已经是金融资本"④，这进一步加剧了发展中国家在全球化经济竞争中的不平等现状，"整个世界的命运简直就掌握在几百个亿万富翁的手中"⑤。另一方面，资本的逻辑随着资本的发展，又将人与社会推进到更深的被奴役状态，从而使西方发达国家内部的不同阶层的公民在实质上并没有享受到资本主义所宣称的普遍的权利和平等的保护。因其自身存在的这种内在的"天性"的不平等从

---

① ［英］特里·伊格尔顿著，李杨、任文科、郑义译：《马克思为什么是对的》，北京：新星出版社，2011 年，第 14 页。

② ［英］特里·伊格尔顿著，李杨、任文科、郑义译：《马克思为什么是对的》，北京：新星出版社，2011 年，第 82 页。

③ 韩毓海：《五百年来谁著史》，北京：九州出版社，2011 年，第 424 页。

④ 《列宁全集》（第 27 卷），北京：人民出版社，1990 年，第 142 页。

⑤ 《列宁全集》（第 27 卷），北京：人民出版社，1990 年，第 142 页。

根本上否定了使其公民享受真正自由、公平、正义和民主的正当性和合理性的基础及可能性，也就从根本上不可能为现代世界或全球化的当下世界提供一个合法的文化共识和普遍主义的价值观。因此，只有进入共产主义社会，人类才会真正实现平等、自由的发展。

其次，马克思主义通过阶级斗争的理论、世界革命的理论及社会主义和共产主义的理论在世界历史层面上彻底地否定了资本主义所谓的普遍性或合法性。因为，在马克思主义看来，资本主义终将要被其自身固有的不可克服的矛盾所瓦解，被一种更为合理的社会主义制度所取代。

最后，马克思主义否定了西方现代文化对普遍性的占有权。马克思认为 1848 年之后的资产阶级在政治上就已经不再是一个革命性的阶级了，指出资产阶级的历史使命已经完成了，资产阶级已经变成了一个反动的、保守的维护现存统治秩序的、压制新的历史可能性的阶级。所以，从这个意义上说，资产阶级已经不能代表历史发展的最高水平了，不能代表未来，并在这个意义上已经丧失了其对普遍性的占有权了。并且，马克思主义对无产阶级在文化、宗教及种族等方面的定义也超越了传统的同时代的西方思想家的欧洲中心论的立场，从而为 20 世纪非西方世界的无产阶级通过革命等方式建立无产阶级专政的国家、登上历史舞台提供了理论基础。

因此，马克思主义通过否定资本主义现代性的合法性及资产阶级对普遍性的占有权，明确揭示出西方现代文化关于普遍性的自我认识和自我表述，本质上只是一种价值论述或一种文化论述，而不是一个具有普遍价值的真理论述。实质上它并不代表占有历史规律或客观真理，而是一种个人和集体的意志和理想的表述。因为，每一种文化都有其自身的特殊性。只要现代世界多样并存的特殊的生活世界、生活方式和价值体系本身，没有把自身的文化"他者化"为普遍性的一部分，不同的文化形态就总会存在与"他者"的、为争取"承认"或生存的合法性的竞争。在这种竞争或斗争中，任何作为一种话语、一种权力形式、一种自我表述或一种自我认识而出现的普遍性，其与马克思主义、历史唯物主义的普遍性表述都有着本质的区别。因而，西方现代文化的这种普遍性宣称和表述只是西方现代文化内部的一种特殊性话语，不可能成为一种绝对的、真理性的普遍性的存在和叙事。而将现代性视为仅是西方的普遍性逻辑，实质上是西方发达资本主义国家通过巨大的物质和文化优势强加给"他者"的，其所宣称的西方现代文化在合法性或普遍性的话语背后其实是一种西方的特殊论，一种西方文化霸权论。

第二，依据马克思主义中国化的理论成果和实践成果，确立社会主义文化的自我表达的普遍性形式及价值观的自我主张。

当下中国社会主义文化建设，在政治、文化，特别是在道德和价值观的自我肯定能力上与西方世界价值领域上存在着不平等，因此亟须从自身的历史境遇里出发，以马克思主义为核心和指导，建立起有关中国特色社会主义现代性的精神和在价值世界的自我主张，即中国社会主义的核心价值观。在提出自我价值主张的同时，要对西方宣称的一切普遍性的具体表述提出质疑，并针对西方资本主义社会不同历史发展阶段及其相应出现的具体的历史发展语境来分析和揭示这种普遍性表述的特殊性和局限性。并且，对此的批判和解读不是以中国社会主义历史经验，即不是只从一个个别的文化、文明或民族国家的立场和依据去反对西方所宣称的世界普遍规律和历史潮流，而是从理论本质上反对西方以普遍主义自居的意识形态和价值观的挑战及"他者化"和"美国化"的企图，从而应对西方出自普遍人权或普遍价值观高于主权的一种向外扩张、追求霸权的发展趋势。在此基础上，才有利于消除和改变中国作为一个非西方世界或后发现代性国家，在社会经济、政治和文化上的整体发展相对落后于西方发达资本主义国家，所导致的中国对自身文化特殊性的强调都被西方视为一种民族主义或文化自我中心主义的表述和认识的弱势现状。

第三，中国社会主义文化发展面向世界的出发点与西方现代文化的"他者化"的逻辑有着本质不同。

中国社会主义文化的发展既不存在压制其他文化，也不存在单方面向世界灌输中国文化的问题，而是强调世界多元文化及价值观存在的合理性，尽最大努力维护世界文化的多元共生和多元共存。也正因如此，中国的大国复兴之路与近代以来西方通过金融资本、军事扩张的方式推动的世界历史和全球化有着本质的不同和区别。中国作为一个以天下为担当的文明大国，它不是依靠武力扩张，而是依靠文化和经济交流的力量来建立和维护世界秩序。西方著名思想家李约瑟和牟复礼深刻揭示了中国这种"没有主宰却和谐有序"的世界观的先进性。他们认为包括欧洲在内的世界和其他文明，总是把宇宙和人类社会视为"造物主"的产物，总需要一个外在的主宰、上帝或"逻各斯"。而中国文明将宇宙和人类社会历史，理解为在相互矛盾中"本然自生"的有机体运动。中国的这种宇宙观和社会观，赋予了中国内在的追求和谐有序、和平发展的文化属性和文化精神。历史上，中国作为世界上曾经最发达的农业文明国家，远在唐朝，近在明清两朝都以和平的方式、"差序包容"的文化观念，发展了与周边国家的贸易和市场的跨国化，并将国家间的关系视为宾主关系，或者是康德在《论永久和平》中将其称谓的"友善法权"。在康德看来，只有在中国奉行的四海之内皆兄弟式的友善法权的基础上，才能逐步达成世界永久和平。① 因此，中国社会主义文化建设是面向世界，是推动和参与形成新的世界多元文化格局的一个重要组成部分。中国文化的最高理想就是社会能同时包含人类所尊崇的多元文化和价值，即实现"万物并育而不相害，道并行而不悖"或"和而不同"。也就是说不同国家和民族的文化和价值诉求的实现不但不会被排斥和被"他者化"，而且可以与实现其他文化理想和价值诉求并行不悖。因为，当下全球化的世界联系是如此紧密，所以世界文化只能是在全球化意识下文化多元化的进程中得到发展。

① 韩毓海：《五百年来谁著史》，北京：九州出版社，2011年，第336页。

第四，我们要建构中国自身的社会主义文化的主体性和核心价值观，既需要同时把握中国自身的文化特殊性，也要把握作为普遍历史的西方文化的特殊性，从而把中国自身普遍性的具体历史在社会主义现代化的理论上建构和确立起来。

平等、民主、公平、正义、幸福、自由等价值诉求作为连接西方自由主义和马克思主义共产主义思想的纽带，同样也是社会主义现代化的价值诉求，它是人类共同的一种文化理想或一种文化精神。它们绝不仅是属于西方的，更不只是近代的，且古亦有之。如中国古代儒家的"四海之内皆兄弟"与墨家的"兼爱"，就达到了从平等进至博爱的极境。作为一种文化理想，它们潜存在一切文化、社会中，在不同的文化中有不同的形态与着重点，有着不同的文化表述和自我认识，也就必然有着不同的实现途径和方式。因此，与迄今为止的对人类这一文化理想的追求相较而言，中国社会主义现代化的价值诉求是建立在马克思主义理论指导下的，它以实现共产主义理想及人的全面发展和全面解放为旨归，它致力于最现实和最切实、最广泛意义上的平等基础。因而，它与西方文化中的抽象的上帝、理性或天赋的自然属性所给予的"平等"，以及现实社会存在的"天性"的"永恒的不平等"的"平等"有着本质的区别。因此，人类只有进入共产主义社会才能真正实现自由、民主、正义、幸福等文化理想，从而使平等与自由等不再是近代以来西方资本主义社会的一种政治范畴及西方现代文化所表述的实现世界普遍价值的手段，而真正成为体现人类价值的一种文化存在，即一种精神追求和现实基础的统一。

综上所述，21世纪日益飞速发展和壮大的中国，在理论和实践上，就很有必要加强以马克思主义为核心构建社会主义核心价值观和社会主义文化建设，以应对以美国为首的西方普遍主义意识形态或价值观的挑战及扩张。

【作者简介】

姜华，黑龙江大学哲学学院教授、博士生导师。

现代性的自我确证及其难题

——黑格尔的现代性观念*

王晓升

现代社会的发展表现出一种前所未有的特征。这个新的特征可以用"现代性"来加以概括。而黑格尔哲学可以说是"现代性"的哲学。这种现代性哲学是对社会现代性的一种自觉意识和体验，并且从意识上证明了这种新社会特征的正当性。在这里，我们就是要说明黑格尔是如何理解现代社会的特征，又是如何来确证这种新的社会形态的正当性的。

一、黑格尔哲学的时代意识

黑格尔在他的《精神现象学》中对于他自己所生活的时代进行了这样的描述："我们这个时代是一个新时期降生和过渡的时代。"① 这是一个过渡的时代，尽管它与此前的时代存在着这样或者那样的联系，但是，这种过渡不是量上的渐变而是一种"质变"。黑格尔把它比喻为小孩的出生。虽然新生的儿童还是那样稚嫩，还有许多不成熟的地方，但是它已经为全新的文明奠定了基础。在他看来，尽管他所说的时代还"充满"了"粗率和无聊"，但是这种东西正在预示着新的东西的到来。他说："这种逐渐的、并未改变整个面貌的颓毁败坏，突然为日出所中断，升起的太阳就如闪电般一下子建立起了新世界的形相。"② 黑格尔的这段话实际上在一定程度上描述了现代社会的特

---

* 本文系国家社会科学基金项目"黑格尔与法兰克福学派的现代性批判理论"（13AZX001）、国家社会科学基金重大项目"德国古典哲学与德意志文化深度研究"（12&ZD126）阶段性成果。原载于《广东社会科学》2018年第1期。

① ［德］黑格尔著，贺麟、王玖兴译：《精神现象学》（上卷），北京：商务印书馆，1979年，第6－7页。

② ［德］黑格尔著，贺麟、王玖兴译：《精神现象学》（上卷），北京：商务印书馆，1979年，第7页。

点：他所说的时代是"过渡"的时代，这个时代会不断有新的东西出现。这个新的时代（die neue zeit）也被称为"现代"（Die Neuzeit）。虽然这个时代会出现一些颓废、败坏的东西，但是这些东西会被否定，会被新的东西所取代。而这种新的东西会犹如日出一样，突然地在这个世界中出现。这种"过渡""变迁"的特点被波德莱尔概括在"现代性"这个概念中。伴随着这个新的时代，还出现了"新世界"和"新精神"，而这个"新精神"是"各种文化形式的一个彻底变革的产物"。①

黑格尔所说的"现代"是一个全新的时代，是新事物不断涌现的时代。而德语中的历史概念"Geschichte"就是在新事物不断涌现的意义上被使用的。黑格尔本人明确指出，"历史"一词在德语中联合了主观和客观的两个方面，而且指"发生的事情"。它并不包括历史的叙述。② 从这个意义上来说，历史就不仅仅是要回忆过去，而是要面向未来，向未来敞开。哈贝马斯在解释黑格尔"新世界"的有关论述时指出，"新世界即现代世界与旧世界的区别在于它是向未来开放的"③，在于它不断地推陈出新。

那么黑格尔所说的现代主要是指哪个时代呢？从黑格尔的《历史哲学》中，我们可以看到，他所说的"现代"是宗教改革以来的资本主义时代，即"日耳曼帝国的第三时期"。④ 而黑格尔当时所生活的时代是一个新事件不断出现的时代，即"十八世纪末十九世纪初这样一个转折时期"，也就是启蒙运动和法国大革命的时期。这就是黑格尔所说的像闪电一样升起的太阳。随着这个太阳的升起，我们来到了"历史的最后阶段，就是我们的世界、我们的时代"⑤。这个时代也是一个革命、变革和危机的时代。法国大革命是黑格尔哲学赖以产生的时代背景。而法国大革命中，各个政治派别先后快速地轮替正是表现了现代性所表达的那种过渡性和暂时性的特征。在《精神现象学》中黑格尔描述了这些政治派别不断轮替的过程。他说："意识并不能达成任何肯定性事业，它既不能表达成语言上的普遍事业，也不能达成现实上的普遍事业，既不能完成有意识的自由所制定的法律和规章，也不能完成有意志的自由所实现的行动和事业。"⑥ 在这些政治运动中，没有任何肯定的东西被保存下来。一切都是暂时的、过渡的。在这里，黑格尔用"现代"这个概念把古希腊罗马世界与日耳曼世界区分开来。这里的"现代"概念具有编年史的意义。但是，黑格尔使用现代概念的时候不仅仅是从编年史的角度来说明"现代"。按照哈贝马斯的分析，只有当"现代"失去编年史的意义，而

---

① ［德］黑格尔著，贺麟、王玖兴译：《精神现象学》（上卷），北京：商务印书馆，1979 年，第 7 页。

② ［德］黑格尔著，王造时译：《历史哲学》，上海：世纪出版集团，2006 年，第 56 页。

③ ［德］哈贝马斯著，曹卫东等译：《现代性的哲学话语》，南京：译林出版社，2004 年，第 7 页。

④ ［德］黑格尔著，王造时译：《历史哲学》，上海：世纪出版集团，2006 年，第 386 页。

⑤ ［德］黑格尔著，王造时译：《历史哲学》，上海：世纪出版集团，2006 年，第 413 页。

⑥ ［德］黑格尔著，贺麟、王玖兴译：《精神现象学》（下卷），北京：商务印书馆，1979 年，第 117 页。

突出其时代之"新（neue）"的时候，这种划分才成立。① 这就是说，"现代"不仅是编年史意义上的时代概念，而且是关于时代特性的概念，这个时代的特性就是"新"。这个新也不是时间意义上的"新"，比如"新"的一年来临之新，而是社会现象上的新，个人生活体验意义上的新。这个"新"表示新的现象不断出现和人们全新的时代体验。由于新的现象不断出现，时间中的"当下"和"现在"就有了特别的意义。也正是这个原因，黑格尔把"当代"（die neueste zeit）与"现代"区分开来。② 而把"现在""当代"与"现代"区分开来恰恰体现了黑格尔对于社会世界的不断变化而产生的一种时间上的体验，体现了黑格尔哲学所注重的历史观念。

　　显然，这里的现代性不仅是指时间上的过渡、短暂，而且更重要的是，它是一种时间的体验。黑格尔对于时代的理解实际上也是对于时间的一种精神体验。这种精神体验在他对"现在"的解释中表现出来。在《精神现象学》第一章关于感性确定性的论述中，黑格尔对"现在"（"Jetzt"中文本翻译为"这时"）进行了这样的理解：如果有人问，"什么是这时"，那么我们就可以这样回答，"这时是夜晚"。如果真理是用一个命题来表达的，那么这个命题表达了真理。一条真理不会因为我们保持它就失去其真理性。然而，如果我们隔一段时间，比如中午时这样说，那么这句话就没有真理性。这就是说，"这时"应该是动态的，然而，"这时"这个说法却不会变。"这时"既不是夜晚也不是白天，同样它也是白天和夜晚。③ 这就是永恒性背景下的动态性。黑格尔对于"现在"的这种理解，表达了他的一种时间意识。

　　黑格尔本人对于时代的转折有自己的亲身体验，他把自己的这种心理体验自觉地上升到哲学的高度，从哲学上来说明现代社会中所出现的这种危机、变革和革命。他把这种哲学的概括称为"时代精神"④。黑格尔自觉地把自己的哲学和时代联系在一起。他有一句广为人知的名言："就个人来说，每个人都是他那个时代的产儿。哲学也是这样，它是被把握在思想中的它的那个时代。"⑤ 这句名言就表达了他自己的哲学与时代的关系。马克思在《〈黑格尔法哲学批判〉导言》中说："德国只是用抽象的思维活动伴随现代各国的发展。"⑥ 德国古典哲学是法国革命的德国理论，这些理论以抽象的思维形式表达了现代各国的发展。

　　现代世界不断变迁，既定的规则不断被破坏。于是，这个现代世界会出现一种颠倒

① ［德］哈贝马斯著，曹卫东等译：《现代性的哲学话语》，南京：译林出版社，2004年，第6页。
② ［德］哈贝马斯著，曹卫东等译：《现代性的哲学话语》，南京：译林出版社，2004年，第8页。
③ ［德］黑格尔著，贺麟、王玖兴译：《精神现象学》（上卷），北京：商务印书馆，1979年，第65-66页。
④ ［德］黑格尔著，贺麟、王太庆译：《哲学史讲演录》（第4卷），北京：商务印书馆，1978年，第379页。
⑤ ［德］黑格尔著，范扬、张企泰译：《法哲学原理·序言》，北京：商务印书馆，1961年，第12页。
⑥ 《马克思恩格斯选集》（第1卷），北京：人民出版社，1995年，第11页。

的现象。在《精神现象学》中黑格尔指出，在教化的世界中人们争权夺利，在权力和财富面前人们大多花言巧语，在这个世界中一切都发生了颠倒。在这个世界中传统的秩序和价值体系都会被颠覆。黑格尔说，在这个世界中"所有力求巩固的东西都归于瓦解，所有它赖以存在的环节都遭到践踏，所有的筋骨都砸得粉碎"①。于是，这个时代必然要思考如何确证变迁和过渡是正当的，如何确立规范从而重建社会秩序。这就是我们所说的现代性自我确证的问题。

二、现实性与现代性

黑格尔在他的哲学体系中从来没有使用过"现代性"的概念，用现代性的概念来概述黑格尔哲学的思想是不是不适当呢？实际上黑格尔所经常使用的"现实性"这个概念表达了现代性的含义。赵登华教授在《黑格尔"现实性"范畴的多种意义与中心意义》② 一文中具体分析了黑格尔"现实性"概念的不同意义，并认为《法哲学原理》中有关现实性的讨论是现实性概念的中心意义。而这个中心意义就是现代性。在这个讨论中，黑格尔主要是从社会的意义上来理解现代性。黑格尔在这个意义上所讨论的现代性我们在后面专门论述。在这里，我们从审美意义上来讨论现代性和现实性的关系。按照波德莱尔对现代艺术的描述，艺术的一半是短暂、偶然与过渡（即现代性），而艺术的另一半是永恒。在时间上倏忽即逝的东西是具有现代性特征的东西。当黑格尔把现在、当下从时间上区分开来的时候，他就充分意识到这种现代性。但是现代性不是现实性，"现实性（Aktualität）只能表现为时代性（Zait）和永恒性（Ewigkeit）的交会"③，黑格尔在《逻辑学》中，在《法哲学理论》中都是这样来理解现实性的。

黑格尔在《法哲学原理》中关于现实性的格言恰恰体现了这样一个基本点。他说："凡是合乎理性的东西都是现实的；凡是现实的东西都是合乎理性的。"④ 这句格言被很多人指责为普鲁士君主制的辩护状。而黑格尔本人对于这句话是这样解释的：现实不是当下现存的东西，不是所有现存的东西都具有现实性。他说："当我提到'现实'时，我希望读者能够注意我用这个名词的意义，因为我曾经在一部系统的《逻辑学》里，详细讨论过现实的性质，我不仅把现实与偶然的事物加以区别，而且进而对于'现实'与'定在'，'实存'以及其他范畴，也加以准确的区分。"⑤ 恩格斯在《路德维希·费

---

① ［德］黑格尔著，贺麟、王玖兴译：《精神现象学》（下卷），北京：商务印书馆，1979 年，第 80 页。

② 赵登华：《黑格尔"现实性"范畴的多种意义与中心意义》，《中国高校社会科学》，2015 年第 5 期。

③ ［德］哈贝马斯著，曹卫东等译：《现代性的哲学话语》，南京：译林出版社，2004 年，第 10 页。

④ ［德］黑格尔著，范扬、张企泰译：《法哲学原理·序言》，北京：商务印书馆，1961 年，第 11 页。

⑤ ［德］黑格尔著，贺麟译：《小逻辑》，北京：商务印书馆，1980 年，第 44 页。

尔巴哈与德国古典哲学的终结》一文中指出："在黑格尔看来，决不是一切现存的都无条件地也是现实的。在他看来现实性这种属性仅仅属于那同时具有必然的东西。"① 虽然黑格尔把现实和现存区分开来，但是这并不意味着他不重视现存。在黑格尔看来，如果反思、情感或者主观意识不注重"现在"，把现在看作是空虚的东西，并努力超越现在，"那么，这种主观意识是存在于真空中的，又因为它只有在现在中才是现实的，所以它本身是完全空虚的"②。对于黑格尔来说，现存的东西作为现象是"外部实存"，理念通过外部实存而显示出它的诸多形象和形式。所以哲学的工作就是要从这些现存的东西中认识必然性，从假象中认识其中的本质。他说："所以最关紧要的是，在有时间性的瞬即消逝的假象中，去认识内在的实体和现在事物中永久的东西。"③ 如果我们把黑格尔对于现实的这个解释与波德莱尔对于现代艺术的解释加以对比，那么我们就可以发现，现代艺术就是一种现实的存在，它把短暂性和永恒性结合起来了。从这个意义上来说，黑格尔的现实性的概念中包含了现代性的意思。

黑格尔在《历史哲学》中解释现代社会现象时说明了历史现象的偶然性和必然性的关系，偶然的历史事件与理性的狡黠之间的关系，这些说明恰恰表达了他对于短暂的社会现象与理性的联系，说明了现代性和永恒性之间的关系。

如果我们扩展一下我们的视野，那么我们就可以更深刻地理解黑格尔哲学的现代性意义。黑格尔说，"简言之，哲学的内容就是现实（Wirklichkeit）"④。如果按照这种简略的说法，那么我们也可以说，黑格尔哲学的主要内容就是研究现实的，而现实，在本质上就包含了现代性。如果没有现代性，我们就无法理解现实。当然，这种说法并不是要否定现实性更加广泛的意义。比如，它的本体论意义，它在逻辑学中的意义等。比如，他说："现实性是本质与实存的统一。"⑤ 但是，黑格尔在逻辑学、在存在论上理解的现实性正是建立在对现代社会的理解的基础上而提出来的。他的存在论思想、他的逻辑学理论是时代精神在哲学上的体现。然而，如果现代性是黑格尔哲学的核心，而现实性概念又在更加广泛的逻辑范畴和存在论范畴的意义上被理解。那么，逻辑学上以及存在论上的现实性的概念显然超出了《法哲学原理》中的现实性的概念。我们不能把本质和实存统一意义上的现实性，与短暂性、永恒性统一的意义上的现实性简单地等同起来。其中，一个是逻辑学上的现实性，一个是现代性意义上的现实性。我们根据什么说这种逻辑学和存在论意义上的现实性概念也具有现代性的意义呢？或者我们也可以问，为什么黑格尔会把具有现代性意义的现实性作为存在论上的概念以

① 《马克思恩格斯选集》（第4卷），北京：人民出版社，1995年，第215页。
② ［德］黑格尔著，范扬、张企泰译：《法哲学原理·序言》，北京：商务印书馆，1961年，第11页。
③ ［德］黑格尔著，范扬、张企泰译：《法哲学原理·序言》，北京：商务印书馆，1961年，第11页。
④ ［德］黑格尔著，贺麟译：《小逻辑》，北京：商务印书馆，1980年，第43页。
⑤ ［德］黑格尔著，杨一之译：《逻辑学》（下卷），北京：商务印书馆，1981年，第177页，译文略改。

及逻辑学上的概念呢？这需要我们进一步从黑格尔在现代性自我确证中所面临的问题入手来加以说明。

三、现代性自我确证的困境

哈贝马斯在分析黑格尔的"当下""现代"等概念的时候指出，"这些概念后来也成为黑格尔哲学的关键术语，并从概念史的角度来把握随着西方文化的现代历史意识而出现的问题，即现代不能或不愿再从其他时代的样本那里借用其发展趋向的准则，而必须自力更生，自己替自己制定规范"①。这就是说，"现代性"概念不仅仅表明社会现象的短暂性、过渡性，而且还提出了这样一个理论问题，在社会现象不断更新，社会的秩序不断被打破以及既定的规则不断被否定的情况下，不断出现的新的社会现象如何来证明自己的正当性。短暂的现象中是不是包含了必然性，是不是具有现实性？在传统社会，新社会现象出现的正当性是由传统的信仰体系来证明的。比如，中国历史上的农民运动都是打着替天行道的名义来进行的。然而随着不断的革命，随着人们同一切传统的观念"彻底决裂"（我认为，马克思的这个说法实际上主要是说明现代社会特征的。它潜在地包含了现代性的自我确证的问题），人们究竟用什么来证明这种新的现象的正当性呢？

在黑格尔之前，还没有哪个哲学家自觉地提出这个问题。哈贝马斯说："黑格尔是使现代脱离外在于它的历史的规范影响这个过程并升格为哲学问题的第一人。"不仅如此，黑格尔甚至把这个问题"作为其哲学的基本问题加以探讨"。哈贝马斯还指出，"黑格尔深信，不依赖现代的哲学概念，就根本无法得到哲学自身的概念"②。这就是说，如果没有现代性的自我确证，那么就不可能有哲学概念。黑格尔的哲学就是关于现代性的自我确证的哲学。这是因为，现代社会是一个前无古人的社会，而这个社会是一个不断变迁的社会，这个不断的变迁导致了一系列内部分裂和矛盾，这个内部分裂的社会如何来确证自身呢？正是这种自我确证的要求需要哲学。

那么黑格尔在他的哲学中是如何进行现代性的自我确证的呢？按照哈贝马斯的分析，在黑格尔哲学中存在着两种不同的思路。一个是早期的思路，一个是成熟时期的思路。早期的思路是从共同体的既有规范入手来说明现代性自我确证的可能性。而成熟时期的思路是从认知主体的自我反思的思路来进行现代性的自我确证。

在早期文献，特别是在耶拿时期的文献中，黑格尔分析了启蒙和信仰的对立。他认为，虽然启蒙在批判信仰的时候取得了胜利，但是这种胜利如同历史上野蛮人征服文明人所取得的胜利一样。虽然野蛮人征服了文明人，但是野蛮人却在精神上失败了，野蛮

---

① ［德］哈贝马斯著，曹卫东等译：《现代性的哲学话语》，南京：译林出版社，2004年，第8页。
② ［德］哈贝马斯著，曹卫东等译：《现代性的哲学话语》，南京：译林出版社，2004年，第19页。

人被文明人改造了。他说:"启蒙理性把自己与那个按照它的狭隘的宗教范畴而称之为信仰的东西对立起来,它对这种信仰所取得的辉煌胜利,从这个角度来看恰恰是这样的:它与之斗争的实证因素不是宗教,而取得胜利者也不再理性了。"① 这就是说,虽然启蒙取得了胜利,但是,这种胜利如同野蛮人征服了文明人一样,野蛮人在精神上却被文明人征服了。表面上启蒙取得了胜利,而实际上信仰在精神上取得了根本性胜利。实际上黑格尔的这个思路在《精神现象学》中也有所体现。在这里黑格尔分析了启蒙对信仰的批判所存在的缺陷,启蒙对信仰的批判,使"信仰事实上就变成了与启蒙同样的东西"②。这是因为,在启蒙的批判之下信仰把此岸和彼岸完全割裂开来,彼岸被完全架空,成为"空虚"和"纯粹的眷望"。启蒙否定了信仰,并把神圣的世界还原到尘世,它感到了满足。然而启蒙却失掉了精神世界。为此黑格尔说,对于启蒙来说:"那因失掉了它的精神世界而忧伤抑郁的精神所怀抱的眷望之情,仍然潜伏在背后。"③ 启蒙虽然否定了信仰,但是启蒙由于失去了精神的世界,仍然会像信仰那样对精神怀抱眷望之情。当然,与信仰不同,信仰明确地表达了这种眷望之情,而启蒙使这种眷望之情潜伏在背后。启蒙只是用知性来否定信仰,而忽视了信仰之中的道德要素。早期的黑格尔认为,要克服启蒙所带来的这种危机,就需要有一种超出知性的理性。如果能把宗教变成公众的力量,并赋予这种理性以实践的力量,那么一种民众的宗教就能够发挥一种社会整合的作用。但黑格尔又认为,启蒙"没有本领给予人以道德,在价值上它无限低于内心的善良与纯洁"④,且民众的宗教是基于普遍理性的,是与人的心灵和感性联系在一起的,是被贯彻社会生活之中的。因此黑格尔早期的设想难以实现。

那么这种民众的宗教的观念为什么会产生一种社会整合的力量呢?这是因为这种民众的宗教承认一种"和解命运"。这就是说,在一定的社会共同体中,人都有一种信仰。这种信仰认为,犯罪行为会受到命运的处罚。黑格尔特别强调共同体中的人们对于命运的恐惧。这就如同我们在日常生活中说的,一个人做坏事是会遭报应的。黑格尔认为,对于遭报应(命运的必然)的恐惧和法律上受惩罚的恐惧是不同的。他说:"对于惩罚的畏惧就是对于这个异己的主宰的畏惧。与此相反,在命运里,这个敌对的力量乃是敌对化了的生命的力量,因此对命运的畏惧不是对于一个异己力量的畏惧。"⑤ 对于命运的畏惧,迫使罪犯认识到他自己否定了自己的生命,这是无法回避的。哈贝马斯

① *G. W. F Hegel*:*Werke 2*,Frankfurt:Suhrkamp Verlag, 1970, Z288.
② [德]黑格尔著,贺麟、王玖兴译:《精神现象学》(下卷),北京:商务印书馆,1979年,第106页。
③ [德]黑格尔著,贺麟、王玖兴译:《精神现象学》(下卷),北京:商务印书馆,1979年,第106页。
④ [德]黑格尔著,贺麟译:《黑格尔早期神学著作》,上海:上海人民出版社,2012年,第22页。
⑤ [德]黑格尔著,贺麟译:《黑格尔早期神学著作》,上海:上海人民出版社,2012年,第316页。

说，这是因为"否认了他人的生命，即是自身的异化"①。对此他进行了进一步的扩展解释。这种对于命运的恐惧就包含一种对伦理共同体中的共同伦理规范的承认。只有承认共同体的规范，一个人或许才会知道如果自己违反了共同体的规范，那么他会受到报应，会受到命运的处罚。于是哈贝马斯说："命运的动力来自对主体间生活语境对称性和相互承认关系的破坏，在这种生活语境中，某个部分如果自己孤立起来，就会造成所有其他部分的自我孤立和从共同生活中疏离出去。"② 这就是说，如果一个人违反了社会规范，那么这就是把自己从共同体中排除出去。这也就是他自己的自我异化。社会的分裂实际上就是人的自我异化的结果。而社会整合的力量就来自共同体中人们对于命运的恐惧，以及随之而来的对于共同体的社会规范的承认。如果按照哈贝马斯的话语来说，在这里，人们所表现出来的理性是一种"交往理性"，不是纯粹知性意义上的理性。而知性意义上的理性不过是一种目的理性。

然而，如果借助共同体中的对于规范的共同承认而获得一种和解的力量，那么这并不能够完成现代性的自我确证的任务。因为，现代性的自我确证的任务是要借助现代社会自身的力量来确证自己的正当性。如果现代性要借助共同体的力量，特别是借助民众、宗教的力量来显示自己的和解力量，以确证自己解决社会冲突和分裂的力量，那么这实际上就是借助现代社会之外的东西来确证现代性。哈贝马斯指出："为了调和四分五裂的现代，黑格尔预设了一种伦理的总体性，它不是从现代性的土壤中生长出来的，而是源于原始基督教的宗教团契和希腊城邦对过去的理想化。"③ 即是说，虽然人们也意识到了社会冲突，也需要通过和解的力量来确证现代性，但是，要实现这种和解就需要借助现代性之外的东西来确证现代性。这不是现代性的自我确证。

四、主体性原则与现代性的自我确证

那么留给黑格尔用来进行现代性自我确证的就只有一条路了。这就是通过认知主体的自我意识和自我反思来确证现代性。这就是人们通过自己的意识上的自我反思来证明现代社会的正当性，来证明现代社会制度的正当性。我们从前面对现代性的分析中可知，现代社会是从传统社会中分裂出来的，革命、改革、过渡是这个时代的基本特征。那么我们怎么才能证明这种革命、改革、过渡是正当的呢？在这里，人们不能借助传统社会的思想前提，而必须在一个全新的前提下来证明它的正当性。如果说笛卡尔哲学是在思想上证明，人可以通过自己的自我反思来为思想确立一个牢固的基础的话，那么按照这样一个思路，人也可以通过思想上的自我反思来为新的社会形态找到规范性基础。

---

① ［德］哈贝马斯著，曹卫东等译：《现代性的哲学话语》，南京：译林出版社，2004 年，第 34 页。
② ［德］哈贝马斯著，曹卫东等译：《现代性的哲学话语》，南京：译林出版社，2004 年，第 35 页。
③ ［德］哈贝马斯著，曹卫东等译：《现代性的哲学话语》，南京：译林出版社，2004 年，第 35 页。

笛卡尔哲学从思想上体现了现代性的原则。为此黑格尔在《法哲学原理》中指出："一般说来，现代世界是以主观性的自由为其原则的，这就是说，存在于精神整体中的一切本质方面，都在发展过程中达到它们的权利。"① 现代社会的基本原则就是主观性的自由，就是思想的自由。在《哲学史讲演录》中，黑格尔指出："我们的时代的伟大在于承认了自由、精神的财富，精神本身是自由的，并且承认精神本身便具有这种自由的意识。"② 从这个角度来说，现代性和主体性发生了相互作用。正是主体的觉醒，人们才有可能不断地改革创新，才能同传统的社会决裂。而宗教改革、启蒙运动以及法国大革命等都是在主体觉醒的思想背景下发生的。主体性推动了现代性，而现代性又反过来需要主体性为其提供正当性的基础。黑格尔说："把这个理念理解为精神，理解为自己知道自己的理念，乃是近代的工作。"③ 而为了能进行时代的自我确证，人们就需要主体的自我反思。按照哈贝马斯的分析，反思乃是新的时代原则最纯粹的表达。④ 这是因为反思体现了现代社会中思想自由的基本原则。按照黑格尔的说法："反思即揭示出事物的真实本性，而这种思维同样也是我的活动，如是则事物的真实本性也同样是我的精神的产物，就我作为能思的主体，就我作为我的简单的普遍性而言的产物，也可以说是完全自己存在着的我或我的自由的产物。"⑤ 这就是说，在黑格尔那里，思想能够自觉地进行反思。而这种反思不仅体现了思想自由这个现代原则，而且它还是一种认知原则。这就是人通过自己思想上的反思获得可靠知识。或者说，现代社会的不断变革的正当性是通过自我反思而确立起来的。

在这里，我们看到，黑格尔的主体性原则的核心就是认知主体的自我关联。从主体的自我关联的原则出发来进行社会的自我确证，于是现代社会自我确证的问题就变成了一个认知上的问题。而主体只是作为认知的主体而被理解。无论在知识领域还是在社会领域，主体的自我关联成为解决问题的主要思路。甚至在涉及社会关系的问题的时候，黑格尔也是从自我关联的角度来加以解决。比如，在《法哲学原理》讨论人们之间就财产转移签订契约的时候，这种契约在黑格尔看来也是解决自我矛盾的问题。他说："契约是一个过程，在这个过程中表现出并解决了一个矛盾，即直到我在与他人合意的条件下终止为所有人时，我是而且始终是排除他人意志的独立的所有人。"⑥ 当然，黑格尔这种说法是有一定的意义的，他否定了人们把契约只是看作孤立的契约文件，而是

① ［德］黑格尔著，范扬、张企泰译：《法哲学原理》，北京：商务印书馆，1961 年，第 291 页。

② ［德］黑格尔著，贺麟、王太庆译：《哲学史讲演录》（第 4 卷），北京：商务印书馆，1978 年，第 254 页。

③ ［德］黑格尔著，贺麟、王太庆译：《哲学史讲演录》（第 4 卷），北京：商务印书馆，1978 年，第 375 页。

④ ［德］哈贝马斯著，曹卫东等译：《现代性的哲学话语》，南京：译林出版社，2004 年，第 26 页。

⑤ ［德］黑格尔著，贺麟译：《小逻辑》，北京：商务印书馆，1980 年，第 78 页。

⑥ ［德］黑格尔著，范扬、张企泰译：《法哲学原理》，北京：商务印书馆，1961 年，第 81 页。

把履行契约的过程都包含在契约中。如果契约没有得到履行，那么它只是一纸空文。从这个角度来说，黑格尔强调契约是一个过程无疑是有意义的。但是这个过程被理解为一个人在解决自我矛盾：即我是财产的所有者，而又不是财产的所有者的矛盾。这个矛盾是通过契约来解决的。我是财产的所有者，所以在财产转移的时候，我应该得到回报，我不是财产的所有者，是因为我要把自己的财产转移出去，我要放弃对于实物的所有权。在这里，虽然他也要涉及其他人，要让其他人"合意"，但是在这里，他忽视了人和人之间的相互交流、理解和配合的过程。如果没有他人的配合，契约的过程也是无法完成的。但是黑格尔是在自我反思的框架中来解决这个问题的。因此，对于他来说，契约的过程更主要的是一个自我认知的过程即"我只是根据自己的评估来出售我的财产，只要我对于自己的财产的自我认知得到承认了，那么契约就完成了"。显然在这里，黑格尔没有涉及在契约过程中，一个人的利益与另一个人的利益之间的冲突如何得到和解的问题。从这个意义上说："黑格尔不可能从认知主体的自我意识或与自身的反思性关系中获得和解的内容，也就是说，重建破裂的总体性。"① 当然，黑格尔承认主体的自我反思中也会出现对立和矛盾。但是在他那里解决矛盾的方式是主体在认知上的进步。哈贝马斯在《现代性的哲学话语》中以黑格尔《法哲学原理》中有关"认知"的那个部分来说明这一点。我们知道，在现代资本主义社会中出现了一个现实的问题：随着市场的发展，财富越来越集中到少数人手里。黑格尔说："市民社会在这些对立中以及它们错综复杂的关系中，既提供了荒淫和贫困的景象，也提供了为两者所共同的生理上和伦理上的蜕化的景象。"② 那么现代市民社会中的这些矛盾如何才能得到解决呢？黑格尔提供的答案是在更高一级的伦理实体中也就是国家中得到解决。那么为什么这个更高一级的伦理实体能够解决这里的矛盾呢？黑格尔是从主体的自我关联的角度来解决这个问题的："一个通过认知而与自身建立关联的主体，会同时面对两个自我：一个是作为普遍的主体，它是作为一切可以认识的对象的总体性世界的（对立面）；另一个是个别的自我，它在世界中是众多实体当中的一员。"③ 如果把这种说法翻译为现代心理学的语言，即现代社会中的人的心理包含了两个自我，一个是作为本我的自我，是具有心理冲动和能量的自我，另一个是由现代社会规范而在人的内心之中建立起来的普遍自我。人就是要让自己的内心中的这两个自我之间的矛盾得到和解。而这种和解在现代国家中就是人同时获得两个身份，一个身份是市民社会中的个人，一个身份是国家的公民。国家把人的这两个身份统一起来了。黑格尔说："国家是具体自由的现实；但具体自由在于个人的单一性及其特殊利益不但获得完全发展，以及它们的权利获得明白承认（如家庭和市民社会的领域中那样），而且一方面通过自身过渡到普遍物的利益，另一方面它

① ［德］哈贝马斯著，曹卫东等译：《现代性的哲学话语》，南京：译林出版社，2004 年，第 35 页。
② ［德］黑格尔著，范扬、张企泰译：《法哲学原理》，北京：商务印书馆，1961 年，第 199 页。
③ ［德］哈贝马斯著，曹卫东等译：《现代性的哲学话语》，南京：译林出版社，2004 年，第 47 页。

们认识和希求普遍物，甚至承认普遍物作为它们实体性的精神，并把普遍物作为它们的最终目的而进行活动。"① 人在内心中实现的本我和超我的统一，在国家制度层面上就是人的两个身份的统一。实现这种统一的思想基础是人的自我关联。

黑格尔在谈到现代世界出现的颠倒世界的时候指出，在这个世界中善的就是恶的。"被称为高贵的和善良的东西从本质上说正是这种东西自己的反面或颠倒物，反之亦然，恶的坏的东西正是善良的优秀的东西。"② 我们如何来对待这个价值颠覆的现象呢？这里出现了一种简单意识。这种意识就是要用一些典型的事例来表明，优秀的东西在现代世界中仍然是一种现实，而不是虚假的、徒有其名的。黑格尔对这种做法提出了批评。他认为，这样做实际上就把作为样板的个人与整个世界对立起来。在这样的情况下，无论这种典型是虚构的还是真实的，这样的做法对于善良的东西来说是最令人痛苦的。简单意识会选择这样的方法，即认为既然用典型事件也不能说明善良的真实性，也不能改变这个世界，那么，人们可以像犬儒主义那样，完全回到自我。这就要求个人摆脱这个颠倒的世界。黑格尔认为，要求单个的人去逃避这个颠倒的世界，这实际上是让他去做一件坏事。因为，"这等于要求他关心作为个别人的自己本身"③。如果不是要求个别的人这样做，而是要求所有的人都这样做，那么这是不是就克服了这个颠倒的世界呢？黑格尔说："如果把这要求指向普遍的个体性提出，要求普遍的个体性摆脱颠倒的世界，那么这个要求就不能意味着要求理性重新放弃它自己所已经达到的那种精神的、有教养的意识，使它的诸环节的已展开的财富重新沉入于自然心灵的简单性，退回于也可以称之为天真的那种动物性意识的野蛮状态；相反，这种瓦解，只能要求有教化修养的精神本身，要求精神摆脱它的混乱而重新返回于它作为精神的自身，要求它这样地获得一种更高的意识。"④ 这就是说，要让所有的人都摆脱这个颠倒的世界，只能靠精神的自我发展和自我完善。这是精神作为主体与它自身关系的问题。

而这种认知主体的自我关联模式是整个黑格尔哲学的基本理论范式。从这个意义上来说，黑格尔的认知主体的自我关联的哲学是按照现代世界的原则（主体性原则）建立起来的。他的哲学当然是现代性的哲学。他的哲学就是试图进行现代性的自我确证的。但是他按照这个模式所进行的自我确证却出现了一个问题。这就是现代社会的合理性是由认知主体的自我认识、自我扬弃和自我发展来证明的，他对现代性的这种证明是如此之好，以至于按照自我意识发展的必然性，这个社会的出现是必然合理的，尽管它

---

① ［德］黑格尔著，范扬、张企泰译：《法哲学原理》，北京：商务印书馆，1961 年，第 260 页。

② ［德］黑格尔著，贺麟、王玖兴译：《精神现象学》（下卷），北京：商务印书馆，1979 年，第 68 页。

③ ［德］黑格尔著，贺麟、王玖兴译：《精神现象学》（下卷），北京：商务印书馆，1979 年，第 68 页。

④ ［德］黑格尔著，贺麟、王玖兴译：《精神现象学》（下卷），北京：商务印书馆，1979 年，第 68 - 69 页。

存在着这样或者那样的缺陷。为此哈贝马斯指出:"但是,作为绝对知识,这种理性最终采取的形式是如此的势不可挡,以致现代性自我确证的问题不仅得到了解决,而且得到了太好的解决:现代性的自我理解问题在理性的嘲笑声中迷失了方向。因为,理性取代了命运,并且知道每一事件的本质意义早被预定。"① 按照自我意识发展的逻辑,现代社会的正当性已经由意识发展的必然性确证了,它的意义早已被预定了。

这种自我意识的发展逻辑在黑格尔哲学中表现为否定之否定的辩证法。这种否定之否定表达了任何一种社会现象的暂时性、过渡性。他把辩证法作为推动和否定的原则,恰恰就是以一个公式的形式表达了现代社会的特征,表达了"现代性"。可以说,辩证否定法就是"现代性"观念的思辨的表达。而否定作为自我发展的一个环节又是必然的。这是包含了必然性的社会现实。"现实性"的概念作为逻辑概念既表现了现代性,又确证了现代性。黑格尔在《精神现象学》中讨论"实体即主体"有关思想时指出:"活的实体,只有当它是建立自身的运动时,……它才真正是个现实的存在。或换个说法也一样,它这个存在才真正是主体。"② 这就是说,他在这里所说的实体,不是绝对不变的实体(如上帝),而是一个运动的主体。现实性不是绝对不变的实体(如上帝)的属性,而是主体自身的运动过程,其中的每一个过程都是主体实现自身的过程,都具有现实性。但是这些现实性的东西都不具有完全的现实性。这里的现实性表达了现代性,但是它却脱离了现实,脱离了当时的社会现实运动,而成为逻辑发展的一个环节。这是因为,现实性获得了存在论和逻辑学的意义。在这个逻辑的运动中,理性取代了命运。每一个事件的本质意义已经被逻辑地规定了。这表明,当黑格尔用否定性的辩证法,用逻辑学表达现代性的自我确证的时候,他放弃了现代社会的内涵。他强调哲学的时代意义,却又使哲学成为一个思辨的体系而脱离了现实社会。在这里黑格尔哲学显然满足了现代性的自我确证的要求,但是却付出了沉重的代价,即贬低了哲学的现实意义。③ 黑格尔哲学是具有现代性的哲学,却以超出现代社会的逻辑体系的形式表现出来。

虽然黑格尔用他的哲学体系完成了现代社会的自我确证的工作,但他是在主体性原则范围内完成这个工作的。在主体性哲学范围内,主体主要是作为认知主体而被理解的。这种认知主体的主要特点是认识客体并克服客体。在黑格尔哲学中,主体的自我运动表现为主体外化出一个对象,并克服这个对象,从而回归于自身。因此,当黑格尔以主体性原则来进行现代性的自我确证的时候,这个主体性缺乏一种社会整合的功能。或者说,它没有哈贝马斯所说的交往主体的那种社会整合的功能。因此,挖掘交往主体的

---

① [德]哈贝马斯著,曹卫东等译:《现代性的哲学话语》,南京:译林出版社,2004年,第49页。

② [德]黑格尔著,贺麟、王玖兴译:《精神现象学》(上卷),北京:商务印书馆,1979年,第11页。

③ [德]哈贝马斯著,曹卫东等译:《现代性的哲学话语》,南京:译林出版社,2004年,第49页。

社会整合功能，进而在一个新的理论基础上来进行现代性的自我确证，就成为现代性的讨论的重要课题。这个课题是由哈贝马斯和霍耐特进一步完成的。

五、现代性的自我确证与现实性的批判

现代世界是进步与异化同在的世界。黑格尔在他的哲学中描述了社会的异化现象。他对于异化现象的描述实际上也是对现代社会问题的一种自觉意识。黑格尔在对现代社会进行自我确证的过程中同时也对这个社会进行了批判。从这个意义上来说，对现代性的自我确证同时也是对现代性的批判。正如哈贝马斯所指出的那样，黑格尔不是第一个现代性的哲学家，但是他却是第一个意识到现代性存在问题的哲学家。[①] 但是，黑格尔对现代性的批判只是从精神的自我反思的维度中进行。于是，现实中的一切问题都是人的精神发展中的片面性的问题。这是精神发展的一个必然过程。从这个意义上来说，他既批判了现实社会中存在的问题，又从一定的角度承认现实问题产生的合理性。从这个角度来说。这种自我确证最终堵塞了批判的道路。黑格尔本人也指出："哲学的最后目的和兴趣就在于使思想、概念与现实得到和解。"[②] 思想和概念不再批判现实，而只是承认现实的合理性。这就是黑格尔的现代性自我确证中所包含的保守要素。

哈贝马斯和霍耐特等人试图在交往行动理论的基础上来进一步进行现代性的自我确证。在哈贝马斯看来，这种自我确证不能依靠认知主体的自我发展，而是要靠人们之间的相互交流。通过这种交流人们可以顺应不断变化的社会形成新的社会规范。而在交流基础上所形成的社会规范能够为现代社会的发展提供规范的基础。而这个规范的基础就能够把分裂的社会整合起来，从而确证新的制度、新的社会现象的正当性。在他看来，他的交往行动理论可以不依靠传统规范，而通过人们之间的相互交流来形成社会共识，而他的理论能够完成现代社会的自我确证的理论任务。

然而，他的理论虽然为现代社会的自我确证提供了基础，但是，他的这种自我确证如同黑格尔一样，堵塞了批判的道路，尽管哈贝马斯从交往行动的角度批判了当代社会现实。他认为，当代资本主义社会的问题是系统入侵了生活世界，这种入侵使人们之间的相互交流受到限制。然而这种批判是在承认资本主义现存制度合理性的前提下所进行的自我反思和批判。比如，按照哈贝马斯的设想，在相互交流的过程中，人们只能用理由来说服别人，而不能用其他任何力量。然而怎样的理由才算是合理的理由呢？在以工具理性文化为基础的现代社会，符合工具理性的知识才被认为是合理的知识。在这样的情况下，对于工具理性的自我反思就变得不再可能。

---

① ［德］哈贝马斯著，曹卫东等译：《现代性的哲学话语》，南京：译林出版社，2004年，第51页。

② ［德］黑格尔著，贺麟、王太庆译：《哲学史讲演录》（第4卷），北京：商务印书馆，1978年，第372页。

从这个意义上来说，虽然哈贝马斯改进了黑格尔的现代性的自我确证的道路，却放弃了黑格尔哲学中关于精神的自我反思的基本思路。而精神的自我反思也是精神上的自我批判。哈贝马斯的交往行动理论却堵塞了这种自我反思的道路，堵塞了精神上进行自我批判的可能性。

【作者简介】
王晓升，华中科技大学哲学系教授、博士生导师。

试论历史意识的整体性观念及其现实意义[*]

刘华初

有什么样的哲学观念，就有什么样的认识方法与结果。有关历史认识的方法与视角不同，认识的结果也就不同，有的侧重于历史事件的经验和教训，有的探索历史的规律。有的历史知识帮助我们揭示历史的奥秘与真理，有的则蕴含着深刻的历史性思维，向人们启示未来发展的可能性空间。但不管何种历史认知活动，唯有历史意识才可能使其进行，越是深刻的历史意识，就越是自觉地认同一个整体性的历史意识的存在。就人类整体来说，是集体创造着人类自身的历史，对于每一个个体的人来说，又不能外在于人类整体创造的这个历史，就好像不能外在于共同拥有的地球家园一样。在历史学家的研究中，特别是历史哲学的视野里，人类的历史是被当作一个整体对待的。如果问地理层面上的历史是否为一个整体，答案是显而易见的，那么，对于另外一个层面，整体性却不那么明显了，那就是，人类全部的历史过程是否属于一个整体？作为个体的人，生命不过百年，在人类文明的历史中，不知有几百代人生生死死，不知有多少王朝政权改姓易代，但在所有个人或单个王朝的历史之上，还有一个对于我们来说不是那么直观的历史，它将所有的个体生命、王朝、政权周期甚至野蛮部落都包容其中，那就是人类文明历史的整体。

一、历史整体观

在历史哲学的视野中，历史的整体性首先在于历史意识的整体性。因为，历史整体性既不像我们看到的一座大楼或者一条道路那样直观，也不像数学家头脑中能够把握的

　　* 本文系复旦大学马克思主义学院课题"唯物史观视域下的历史层次研究"、海南省社科规划课题"一带一路背景下海南高校面向东南亚留学生教育研究"［HNSK（JD）17－11］阶段性成果。原载于《广东社会科学》2019 年第 4 期。

自然数集合那样简单、明确。历史意识对人类历史的回溯并不是对于所有过去的各种事物、事件都一览无余，过去的事情会随着时间的流逝而渐渐退出当下人们的历史意识，而重新回到所谓历史的"黑暗"之中。被我们的历史意识所唤醒的是过去的事物中那些在现实的此时此刻还被记忆的人与物，是仍能够给予我们走向未来以启发的、所谓"有意义"的事件。这些被唤醒的事物、事件对我们而言，代表了我们所思的整个过去；当然，它只是我们历史意识中的过去。① 假如有一个所谓全能的上帝存在，那么在他的眼里，我们人类的整体历史不过是他所看到的微不足道的一部分。然而，即便如此，我们也没有理由为自己可能没有看到和意识到的历史的"黑暗"部分而遗憾，因为，对于我们当下或者未来而言，对于我们的整体历史观来说，并不是所有过去的要素与事件都是有意义的，特别是那些被我们遗忘的过去，极可能是被我们刻意遗忘的，或者是受到整体性规约的潜意识作用的结果。概言之，历史整体观与历史认识的形式密不可分。

历史整体观也与作为认识的结果、历史意义密不可分。威廉·德雷和阿瑟·丹托认为，一个历史事件之所以具有历史意义，是因为该事件能够出现在作为整体加以把握的历史叙述之中。② 也就是说，由整体性的历史意识所支配的历史叙述对事件进行了全方位的审视和理解，否则，这个事件不会具有前后一致的完整的历史意义。在历史意识揭示历史的意义的过程中，历史意识的整体性是所谓历史具有整体性的认识论保障。否则，我们将只能看到碎片化的历史片段，人类历史的意义也将因为这样的碎片化而荡然无存。美国新史学流派虽然主张面对历史材料的复杂多样，需要运用多样化的研究方法，进行经济、政治、文化等多元化的研究，但仍然坚持多元化、多样化并不是将历史整体切割成不相干的领域或者层次，相反，恰恰是在一个综合的整体历史之中，经济的视角、文化与政治的历史阐释等各种层次或者维度的见解才有意义，才有最终的历史背景支持。其倡导者鲁滨孙认为，历史应包括人类既往的全部活动，而且要用综合的观点，用进化的眼光来分析和考察历史事实与历史变化的趋势，历史是一个发展的整体性过程，对历史的研究可以为人类社会的未来走向提供参考，进而为人类造福。③ 美国实用主义大师杜威曾说，"关于玻璃和镜子有感觉的这些例子向我们表明，对于柏格森，感觉完全是一个物质性的作用。但是记忆存在于另一个空间中；一个人可以总结他过去的所有经验，并通过生长和吸收的过程跃入未来。这个人性唯一的、特别的方面完全是超越物质的。当然，对我们而言，它变得如此习以为常了，以致我们注意不到任何奇怪之处；但是如果我们能够实际地把握回忆的真正功能与本性，那么我们将不再感到一个

---

① ［德］德罗伊森著，胡昌智译：《历史知识理论》，北京：北京大学出版社，2006年，第9页。

② ［法］利科著，王建华译：《法国史学对史学理论的贡献》，上海：上海社会科学院出版社，1992年，第31页。

③ ［美］鲁滨孙著，齐思和等译：《新史学》，北京：商务印书馆，1964年，第123页。

纯粹唯物主义理论有任何必要了"①。如果联系到杜威从黑格尔那里继承下来的有关运动变化的整体观，我们并不能说美国的史学思想像技术主义者那样自我局限于零碎而片面的世界之中。

作为一种有规律性的整体，人类文明历史的整体性主要表现在这样三个方面：时间维度上的历史性、地理空间上的全球性，以及文明本身的分层次的整体性。其一，文明的历史性表现在一个文明实体诞生之后的发展的一种连续性，任何一种文明的诞生或者任何一个文明实体的存在与延续，都是在一定的历史条件与特定情境下进行的，它会受到气候、地理条件等自然状况的前提性作用，而且还会在历史发展过程中受到环境变化等自然要素的巨大影响，更会受到外来部落、国家或者文明的冲击，但是，要想避免历史的终结，文明自身就必须产生出有效的应对机制，把这些天灾人祸、外来的"刺激"② 转化为一种内在机制可以接受、容纳的要素，消化在其文明之中，变成其有机整体的一部分，文明因此得以延续与持存。文明实体一定要逐渐地吸收这些挑战性的外生变量，将其变成其内在的一部分，或者通过调整自身的文明要素来适应这个新的外生变量，从而达到一个新的文明稳定状态。文明的历史整体因此得以延续，简言之，文明的历史性即文明变迁的连续性。

其二，所谓全球性，是资本主义诞生以来的人类整体性的历史发展趋势。古老文明由于规模小、生产力低下与交通不便，通常局限于某个地区一隅，但是，文明的内在发展动力表现为社会的扩展，注定将向全球传播，直到实现全球范围内人们的普遍交往。每个文明个体与其他文明体之间存在必然的交往需求和导向交融的终极目标，虽然文明体的变化快慢不同，有的文明实体变迁时快时慢。但是，无论是文明个体，还是人类文明全体，都具有一个相同的发展趋势：最终将实现文明社会里人的外在性生物特征让位于人类的文化生活空间，肤色等所谓外在特征其实并不是某种具有本质内涵的自然特征，而是在我们的文明观念里对历史变迁过程中形成的一些所谓自然特征的意识，譬如，不同颜色的头发，并没有任何文明价值意义上的区别，身高体型也将如萝卜青菜各有所爱一样，在文明的"市场"上价值无异。有差异的在于思想世界与精神生活，文明将开拓灿烂的文化与思想的世界，并在那个世界里一较高低。对于文明个体来说，与其他文明体的交流对于两者都是外生变量，但对整个人类文明集体来说，它们不是外在因素，它们只是一种文明体系内部的结构性要素。从历史发展的未来趋势而言，内在包容全部文明的世界文明的外生变量是自然界，而不是历史上曾经表现出对抗性的各种样式的文明。

---

① John Dewey, *The Middle Works of John Dewey*, *Volume 12*, *1899 - 1924*, Carbondale：Southern Illinois University Press，2008，p. 225.

② 对于背景世界—文明之间的关系而言，用规定—适应性去包容更恰当；而对于不同的文明而言，用汤因比的"刺激—反应"模式来解释更恰当。参见［英］汤因比著，曹未风等译：《历史研究》，上海：上海人民出版社，1997 年。

其三，文明历史层次的整体性是指我们对文明历史的意识中，不同层次上的要素既相互区别，也能够在一个层次性的结构中得到把握。譬如，对公元前 3 000 年出现的技术进步的停滞，英国考古学家蔡尔德认为，可能是政治层面上出现的问题渗透到科学技术层而造成破坏，因为，那时人类还不能实现对结构性力量的有效把握，不能实现任何层面上的持续性发展。的确，在人类历史发展过程中，有时会表现出激烈的社会矛盾，社会由阶层之间的分化与对立产生的冲动，破坏了社会结构的生活秩序，让生产活动受到严重的破坏，甚至会让阶级矛盾转向劳动者与劳动工具、生产活动与生产环境之间的关系，生产与技术创新不仅不能得到维系，反而可能倒退，在现实的利益面前，无论是利益优势者一方，还是利益劣势者一方，都不能跨越技术改革与社会改革的瓶颈，因而，表现为阶级利益的冲突会渗透并直接影响生产与技术创新的层次。[①] 这样的事件在历史上屡屡发生，它表明我们的文明是一个整体，其中许多不同的方面，譬如政治文明与科技文明，都属于这一个文明。在未来的全球化文明建构中，人类对文明的主体性表现、对其具有的调节能力将今非昔比，因为，人类能够控制自我，同样也能娴熟地运用自然力量，将科学技术、思想和社会生活置于有反思的自我调节之中，让各种层次的力量得到相互协调，形成一个有机的整体。

二、历史整体意识的层次性

对层次性文明结构的精细了解是解开许多历史事件之谜的钥匙，因为历史事件通常就是历史中文明要素的结构性失衡的表现，被我们记忆住的历史事件尤其如此。历史是社会结构的整体变迁，而不是某一个单一要素的运动。譬如，在古代世界里，文明和野蛮，与军事实力不成正比，这导致了文明与野蛮的冲突。从人类文明整体的角度而言，它是一个世界结构性的失衡，文明的利益分配与控制分配的手段之间没有先验的、无条件的一致性。冲突发生时，军事实力上的弱者常常采取暂时屈服的策略，这也是符合代价最小原则的行为，而弱者"回敬"则是愚蠢的举动，温和的过渡带来的好处对于弱者更大。这一点也可以类推到同一社会内部的制度性变化，一般来说，改良的效果好于革命。在由强者与弱者组成的一个系统内，弱者在一定条件下宁愿接受歧视性的约定，而不是走向冲突，这既是文明的生存之道，也是文明系统的内在需要。

在世界文明系列中，中华文明独树一帜，很值得研究。就文化、社会和政治来说，研究中国的古代历史就是研究东方的古代历史，就如古希腊古罗马对于西方古代社会一样，这是因为无论从时间尺度、还是从空间地理所涉范围，特别是社会历史所包含的政治、经济、文化、科学技术、社会结构的复杂性等方面，中华文明具有相当于世界文明

---

① ［美］斯塔夫理阿诺斯著，吴象婴译：《全球通史》，上海：上海社会科学院出版社，1995 年，第 69 页。

体系整体的某种相似性。"一百多年前，许多熟悉中国和日本的学者大都预测中国比日本更有可能赶上西方，因为中国的各种行政管理和技术成就表明它有更强的适应现代的能力。"① 但他们忽视了更重要的社会结构要素，任何试图用其他文明中具有高度解释力的单一要素来解释中国的历史都很困难。因为，中华文明在历史过程中不断地吸纳并实用主义地改进了许多要素，坚持"中道"的观念让她不轻易地排斥任何有用的东西，哪怕有的东西有不好的一面。

中国历史上经历过多次失败的改革，失败的根本原因就在于社会生活方式的定型已经完成，即被有些人称之为"较早地成熟了"。对于任何改革，在社会结构中是寻找不到支持改革的力量的，只能在政治层面里寻找支持改革的力量，但是政治思想也是定型的、"早熟的"，从而使得政治层面里支持改革的力量难以聚集并持续足够长的时间，不能超越代际甚至更短，大跨度的改革遭遇失败的可能性更大。归根结底，是缺乏基础性的社会力量和思想力量，只能实行自上而下的改革。在这一点上，中国历史上的王安石变法、戊戌变法就和古埃及的埃赫那吞的宗教改革是一样的，前者虽然不是宗教性的，但是中国巨大型社会的社会变迁所需要的持续性时间尺度，就如埃及宗教力量的稳定性那样，需要相当长的持续压力时间。在人民教育水平低下、思想不开放的时代，企望民众接受新思想，并成为新思想的积极有为的拥护者是不可能的。鲁迅对中国农民怀有"哀其不幸，怒其不争"、同情而厌恶的复杂情感，但他更加憎恨的不是农民，而是农民的塑造者。因为，中国农耕文明的定型者，将中国历代的老百姓塑造成了这样的中国农民。其实印度的情况也大同小异，那些声称明末中国发生了"资本主义萌芽"的中国学者只是注意到一些与资本主义现象相似的表征，如商品农产物的出现，手工业的抬头，以及劳工进入城市等。但是，他们没有对资本主义社会的内在结构有清楚的了解，更无视这些现象与中国传统政治、社会思想的格格不入，他们无论有多大的发展，都难以改变后者，因为他们还没有形成系统性的力量。没有层次性的历史思维，自然难以理解中国明清制度与西方近代资本主义发展的历史轨迹之根本区别，因为现代社会的基本经济活动需要与之相应的生产关系、政治制度与思想观念。

三、历史过程的整体性与复杂性

同样地，认为只要建立一种新思维，就必然会带来社会转变的观念也是错误的，因为它忽视了历史过程的整体性与复杂性。俞吾金批评某些"新儒学"学者对文化复兴的思考不够充分、缺乏现代化，"……是观念主义的方法。其典型表现是人们无批判地引入了马克斯·韦伯关于新教伦理推动资本主义社会发展的分析模式，用以分析中国社会。比如，当代新儒家认为，只要把儒家伦理的权威确立起来，当代中国社会的发展就

---

① ［美］布莱克著，杨豫译：《比较现代化》，上海：上海译文出版社，1996年，第212页。

会进入有序的状态，仿佛观念是历史中的决定性因素，只要输入或恢复一个观念，社会现实生活就会随之而发生变化"①。戈尔巴乔夫的改革失败就在于缺乏这种历史主义整体观，缺乏对现实复杂性的历史视野。即使他其实早就意识到这一点，但他认定值得冒险，这是对历史缺乏充分认识的、孤注一掷的政治冒险。

古代社会看似各自独立发展，其历史轨迹需要一种历史发展的整体观参照才能看得更为清晰。对于地中海文明，如果将西亚、古希腊、古罗马各自分开来单独研究，总会有不能解释的东西，因为它们彼此相互关联，构成了一个更大文明体系的历史发展整体，或者说它们的历史整体性表现得更为明显。如果一定要分开研究，那么不能遗忘外在力量的介入导致的一系列变化。在相互交往的不同文明体之间，在强势文明征服弱势文明之后，往往会有一个回复，譬如：宋朝的复古运动，军事上的弱势导致宋文化的整体内向性，宋诗婉约细腻，宋画优雅恬静，市民文化勃兴，皆为外患之因；又如北魏的反汉化运动，元、清朝对自我民族特征的保留，原因是文明的传播没有改变民族的社会生活基础。对社会生活基础的改变是在近代西方文明、现代世界文明中实现的，它在社会生活基础和上层建筑两个方面都完成了改变，而不只是改变上层建筑的文化生活、诗词歌赋。

整体历史观不仅是探究历史事件之间的关系、历史规律性所必须遵循的历史视野，因为人类社会的历史是从特定社会形态出发的，具有社会学整体观的基本特征；而且，它也是评价历史实体所需要的，因为历史整体观可给不同地域、不同时代、不同类别、不同层面上的历史实体以一致性的评价标准。在人类文明的历史进程中，有的历史事件离开其前期历史是难以解释的，有的历史事件离开了其周围的社会和更大范围内的背景也是难以得到合理解释的。

我们知道，人类文明的三大诞生区域是地中海东南部（埃及、两河流域），印度河流域和中国。它们位于北回归线与北纬40度线之间的欧亚大陆狭窄的区域内，地理条件都具有如下特征：河流冲积的平缓区，易于耕种，土地肥沃而雨水充足，没有茂密的森林。周围相对来说都有一定的天然屏障抵挡游牧部落的侵扰。从地理上来看，世界文明是一个整体。商业是附属于基础产业的，本身并不会凭空增加经济实力，或者说，商业是通过经济政治手段，使得某区域长期位于产业链的上游，以增加局部实力的一种调整。对于一个社会来说，没有农业和工业实业基础，就不会有商业存在，但是，通常商业带来的利润会高过农业和工业。尽管三大区域的文明没有直接在政治上统治西方，但通过商业经济手段，在经济上产生了类似于政治的一种控制效益。所以，希腊城邦、威尼斯共和国不能独立于其周围世界之外，要将城市和城市赖以维持的农村基础作为一个整体来考虑，历史中的一些现象才能得到满意的解释。古代中国和古代西方世界长期隔离是一个基本的事实，虽然两者没有完全隔离，但处在两大文明体系中间的中西亚国家

---

① 俞吾金：《重新理解马克思——对马克思哲学的基础》，北京：北京师范大学出版社，2005年，第5页。

实力太弱，尽管传统意义上被划归到西方文明，甚至在中世纪之后显然已经成为一个具有独立地位的伊斯兰教世界，还与基督教世界发生了残酷的"十字军东征"的系列战争。但是中西亚国家和中国发生的直接接触，却不足以对中国的历史发展方向产生重大的转向。而中国、印度与他们之间的关系也仅仅限于一些外在性的方面，难以渗透到文明的核心如基本生活方式、政治组织形式、价值观中去，虽有丝绸之路，但它不过是商贸以及并不重要的技术和风俗传播的线索而已，对各自的影响不大；它所连接的两端，甚至沿线的各国也没有多少直接的政治和军事关系。

诸文明之间的相互交流是人类文明历史作为整体得以维系的根本性力量。就中国历史来说，文明的交流与融合更能激发文明的创造力。春秋战国是中华文明历史上最伟大的创造时期，在几百年的战乱中建立起了传统中华文明的核心和基本要素。因为学术和思想的自由，所以苏秦能身挂七国相印，孔孟能够周游列国，各种学术思想彼此争鸣。秦汉帝国如果没有诸子百家的思想功勋恐怕难以凭空而起。除春秋战国百家争鸣之外，中国魏晋南北朝时期是中国历史上少有的几百年政治大分裂的时期，然而，这一时期，经学、玄学思想活跃，佛学道教广为传播，文学艺术自我觉醒，历史学、地理学、数学、天文历法、医学、农学等科学技术都有极大的发展。这与当时的统治阶层注重教育文化事业是分不开的，官学和私学都兴旺。但由于时局混乱，许多文人学者仕途受阻，便授徒授业，于是促进了教育和人才的培养。中国各民族的相互融合、文化的交流，以及中外文化的交流，对中华文明的全面提升起到了非常重要的作用。南方的建康，北方的长安、洛阳都有大量的外国使者和商人往来，佛教的广泛传播促进了中国哲学、文学、绘画艺术甚至医学和建筑的发展。汉文化直接提升了少数民族的文明水准，少数民族的优秀品质也融入汉文化中，北魏孝文帝"雅好读书，手不释卷，五经之义，览之便讲"。甚至可以说，南北朝的文化改造为唐宋辉煌做了准备。同时，中国传统思想和社会的定型也极大地削弱了许多历史发展力量的作用。中国古代不乏一些技术成就，但明清二代的政治泛滥导致了对社会进步力量的压制。造纸和印刷术并没有对中国的教育事业起到革命性的作用，而在西方却促进了宗教改革和启蒙运动。究其原因，儒学的政治化过早成型，对宋朝之后的社会产生了定型制约，元朝由于时间、社会思想的深度上的不足，并没有起到春秋战国和魏晋南北朝的文明再塑造的历史作用。技术仅仅是工具，而没有成为改变人们社会交往和生活方式的手段，同样是造纸和印刷术，其影响力在中国依靠政治和意识形态的需要而定，而在西方却转化成为奠定人们一种新型交往和社会生活方式的工具，成为传播思想的推手。中国明清之后的意识形态极大地禁锢了来自生产力和技术方面的物质性基础力量的动力，一种先定的文化结构屏蔽了许多原本具有生命力的创造性力量，导致了与西方文明发展愈加不同。

文明的交流和结构规定了文明的诸多要素的存在条件，从而确定了其存在的方式。并不是任何力量都可以为所欲为；凡是与文明整体的稳定性相违背的，必然遭到文明的抛弃。即使秦皇汉武，也不能为所欲为，他们也是处于一个历史结构之中、处于特定文明所规定的行为结构之中。由于不能如愿立太子就消极怠慢朝政的万历皇帝，显然没有足够理解帝国的整体结构性。同样地，意欲中兴大明帝国的崇祯没有看到李自成这类小小驿卒的结构重要性（摧毁明王朝的李自成就曾为银川一名普通的驿卒），裁撤驿站与驿卒固然可以摆脱眼前的财政危机，但并非唯一途径，整顿吏治是否比裁撤社会最基层的驿站小卒更为有效、更加稳妥呢？无论如何，动摇社会基层的生存状况与社会稳定性相比，这种轻易的裁撤是得不偿失的举措，糟糕的是，这种缺乏大局和整体观的措施带来了更加糟糕的结果。大量被裁员的驿站小吏在官场懒政、怠政的恶劣状况下逐渐演变成为劫匪，不仅严重危害了社会稳定，而且动摇并最终推翻了明王朝的政治统治。

余　论

最后还需要说明的一点是，历史意识自身的历史也是整体性的，古希腊哲学的概念进入到中世纪神学的殿堂中，而基督教有关时间和历史上事情何以发生的历史观念也成为近代历史哲学萌发的基础。它们之间有着形而上学的相似性，法国神学家博须埃在其《关于普遍历史的谈话》中把直到查理曼大帝为止的世界史说成是由上帝的天意操纵的，以此来说明历史的整体性。现代历史意识的不同之处在于，上帝操纵人类历史的观念转变为这样一种信念：世界历史被解释为有规律的理性发展。① 诸神的荣光和伟大逐渐被帝王将相和各类社会精英的成功业绩所取代，这也是一种历史的规律，历史意识的发展规律。

习近平在给不久前成立的中国历史研究院的贺信中说："重视历史、研究历史、借鉴历史是中华民族 5 000 多年文明史的一个优良传统。当代中国是历史中国的延续和发展。新时代坚持和发展中国特色社会主义，更加需要系统研究中国历史和文化，更加需要深刻把握人类发展历史规律，在对历史的深入思考中汲取智慧、走向未来。"② 在马克思历史唯物主义的视野下，基于普遍交往的人类命运共同体不再是以地域界定的狭义文明，而是一种指向未来的、广义的文化共同体，是一种历史性的经济、政治结构与精神生活的人类社会的综合整体。超越西方中心主义或者后现代主义虚无性的历史观，就要具备一种包容中国历史、西方历史的更宏阔而开放的历史观念，而这不仅需要让固守于传统的历史观念转型，还需要一种面向未来世界，构建人类命运共同体的、整体性的历史视野。

【作者简介】

刘华初，复旦大学马克思主义学院教授，哲学博士。

---

① 张汝伦：《历史与实践》，上海：上海人民出版社，1995 年，第 16 页。

② 《习近平致中国社会科学院中国历史研究院成立的贺信》，中华人民共和国中央人民政府网站，http://www.gov.cn/xinwen/2019 - 01/03/content_5354515.htm，2019 年 1 月 3 日。

开拓唯物史观研究的三重路径[*]

王 力

  近期学界关于唯物史观的争论充分表明作为马克思主义理论核心的唯物史观仍然需要创新和发展。争论的焦点之一是马克思和恩格斯的哪一部分表述最能准确反映他们的历史观，问题在于马克思和恩格斯的唯物史观不是一次性完成的，他们在不同的著作中从社会的不同层面和侧面，依据不同的逻辑前提得出了相应的结论，都有一定的道理。但是，忽视时空和问题域的转变，单纯追求理论自身的逻辑自洽，仍然不能解决唯物史观面临的严峻挑战，因此需要进一步拓展唯物史观的研究路径：一是依循原著开展唯物史观的整体性研究，全面梳理马克思和恩格斯唯物史观相关论述的立论前提；二是紧密结合新科技革命和全球化引发的资本主义以及世界社会主义的新变化，关注新问题、吸纳新理论；三是密切关注非马克思主义对唯物史观的批判乃至责难。创新唯物史观研究路径，开拓唯物史观研究新视野，是当前亟待解决的重大理论和现实问题。本文试图厘清开拓唯物史观研究的新路径，为进一步开展此项研究做一些基础性工作。

一、依循原著开展唯物史观的整体性研究

  马克思、恩格斯深受启蒙思想的影响，在对法学、法哲学、伦理学、政治学、神学直至政治经济学的全面深入的批判中，形成对人类历史的看法。他们在不同时期提出了"五种所有制"说、"三种依赖关系"说和四种经济形态说，以及世界历史理论，要特别注意区分每一观点提出的特定语境和立论基础，绝不能把他们探索人类历史某一领域发展态势的理论成果看作关于整个人类历史的发展规律。

  第一，在《德意志意识形态》中，他们仅仅从"分工"和"所有制"的角度把人类历史划分为"部落所有制""古代公社所有制和国家所有制""封建的或等级的所有

---

  * 本文原载于《广东社会科学》2013 年第 1 期。

制"资产阶级私有制""共产主义所有制"。在继承和运用黑格尔辩证法的基础上,从"所有制"阐明人类由低级向高级、由野蛮向文明阶段演进的大趋势,并未提出历史规律。在这里,他们还发现了进而初步探讨了人类"意识"这个世界上最为复杂的问题。

他们从现实的人出发,从人与自然关系这个一切人类活动的开端出发,探讨了生产方式和生活方式、物质生产与自我意识的关系问题,这可谓他们探讨人类历史的开端。他们认为"人们用以生产自己的生活资料的方式,首先取决于他们已有的和需要再生产的生活资料本身的特性。这种生产方式不仅不应当只从它是个人肉体存在的再生产这方面加以考察。更确切地说,它是这些个人的一定的活动方式,是他们表现自己生活的一定方式、他们一定的生活方式"①。人类在诞生后相当长的历史时期,几乎全部活动就是用来从自然界获取满足自身基本生存需要的物质生活资料,人类活动基本上受物欲本能所支配,人类的祖先还没有任何文化活动。生产就是生活,生活就是生产,生产活动成为人类生活的主要内容,生产方式几乎完全决定着生活方式,直至马克思他们生活的时代乃至当代,那些每天八小时站在流水线机器旁边的人,他们的生产活动几乎就是生活的全部内容,在这一前提下,马克思、恩格斯的论断是正确的。

但是,随着生产力的不断进步,当人类的剩余劳动能够使一部分人分离出来从事文化和精神生产的时候,生活方式逐步脱离生产方式的制约,成为人类历史发展相对独立的要素,直至消费社会等现象的出现,这是马克思和恩格斯没有料到的,也是唯物史观必须面对的现实问题。

第二,在1847年的《雇佣劳动与资本》中,马克思根据生产关系把人类历史划分为三种以私有制为基础的社会形态。他指出"各个人借以进行生产的社会关系,即社会生产关系,是随着物质生产资料、生产力的变化和发展而变化和改变的。生产关系的总和就构成所谓的社会关系,构成所谓社会,并且是构成一个处于一定历史发展阶段上的社会,具有独特特征的社会。古典古代社会、封建社会和资产阶级社会都是这样的生产关系的总和,而其中每一个生产关系的总和同时又标志着人类历史发展中的一个特殊阶段"②。这三种以私有制为基础的社会形式和上述的古代部落或公社形式、共产主义形式,也构成五种社会关系形态,只是这里是从生产关系角度来说的。

第三,在《1857—1858年经济学手稿》中,马克思从资本批判和作为关系存在物的人的角度提出"人的依赖关系""以物的依赖为基础的人的独立性""建立在个人全面发展和他们共同的、社会的生产能力成为从属于他们的社会财富这一基础上的自由个性"③ 三个发展阶段的理论。他认为在一个受资本逻辑支配的社会,人变成了受资本控

---

① [德]马克思、恩格斯:《德意志意识形态》(节选本),北京:人民出版社,2003年,第11-12页。

② 《马克思恩格斯选集》(第1卷),北京:人民出版社,1995年,第345页。

③ 《马克思恩格斯全集》(第30卷),北京:人民出版社,1995年,第107-108页。

制的"异己物","各个人在一定的狭隘的生产关系内的自发的联系"①，使人产生了自以为自由的错觉，即"各个人看起来似乎独立地（这种独立一般只不过是错觉，确切些说，可以叫作——在彼此关系冷漠的意义上——彼此漠不关心）自由地互相接触并在这种自由中互相交换"②。事实上，个人则从属于独立存在的外部关系而失去了独立性，这种"物的联系"只是历史的产物，在这一历史阶段，人还不能控制和支配自己的社会关系。当人类认识到自身被这种物的联系所束缚时，就会力图冲破它进入理想社会。

在《政治经济学批判·序言》中，马克思从生产方式界定人类历史经历了亚细亚的、古代的、封建的、资产阶级的四种经济形态，并完整地阐述了生产力、生产关系、生产方式和人类意识之间的复杂关系。他指出："物质生活的生产方式制约着整个社会生活、政治生活和精神生活过程。"③ 生产方式只是制约人类的精神活动，马克思没有深入地研究也从来没有否定人类精神活动的超现实性及其在人类历史发展中的作用。科技革命彰显人类智力活动和精神力量对于社会发展的作用，同样需要马克思主义者的关注。

第四，关于人类历史发展的多重观点已经表明不能把唯物史观简单地理解为历史规律论。马克思和恩格斯主要从人类经济活动的视角探讨经济社会发展的规律性，重点关注的是人类物质生产活动和物质劳动在人类历史发展中的地位，从没有把整个人类历史说成是物质生产活动的产物，更没有使用过"历史决定论"这样的词语。他们在探讨人类物质生产活动的规律性，探寻从物质生产中实现人类解放的路径。物质生产只是"把经济的社会形态的发展理解为一种自然史的过程"④，而"整个所谓世界历史不外是人通过人的劳动而诞生的过程，是自然界对人来说的生成过程"⑤，劳动也有生产性劳动和非生产性劳动之分，历史是人类劳动实践过程的产物，离开了人的活动就没有历史可言。在《哲学的贫困》中，马克思批驳蒲鲁东对黑格尔的辩证法采取庸俗的、机械的、线性的理解，以及把纯粹理性的辩证运动的历史观当作永恒的规律。如果把唯物史观解释为被动的历史决定论，把人视为受历史奴役的、无个性和无能动性的奴隶，显然是对唯物史观的歪曲和误解。只是受时代限制，马克思和恩格斯他们没有详细探讨人类精神生产和精神交往在历史生成中的作用，这正是唯物史观在当代面临的又一重要问题。

马克思和恩格斯对人类历史发展趋势的探索历程表明，他们既没有垄断对历史进行规律性探讨的权利，更没有把自己的理论成果当作真理的终结和行动的教条。正如有学者指出"唯物史观并不是一种封闭的、主观思辨的逻辑体系，它并没有穷尽真理，而是

---

① 《马克思恩格斯全集》（第30卷），北京：人民出版社，1995年，第112页。
② 《马克思恩格斯全集》（第30卷），北京：人民出版社，1995年，第113页。
③ 《马克思恩格斯选集》（第2卷），北京：人民出版社，1995年，第32页。
④ 《马克思恩格斯选集》（第2卷），北京：人民出版社，1995年，第101－102页。
⑤ ［德］马克思：《1844年经济学哲学手稿》，北京：人民出版社，2000年，第92页。

开辟了通向真理的宽广的道路"①。只有不断从现实中汲取养分的理论，才有不竭的生命力。

二、全球化、新科技革命及中国社会主义市场经济是创新唯物史观的重要向量

实现唯物史观的现代形态转化，使唯物史观具有更广大的包容性和更科学的解释力，需要紧密关注马克思主义诞生一百多年以来世界的新变化，特别是科技革命和全球化引发的资本主义乃至整个人类社会的重大变化，以及中国特色社会主义建设的鲜活实践。

第一，科技革命张扬了人的智力和知识在推动社会发展中的作用，中产阶级的扩大改变了资本主义国家的阶级结构，生产力中以物的要素为尺度的判断标准逐步让位于以人的智识要素为尺度的要求，教科书模式的唯物史观的局限性也就显露出来。人类社会的生产方式正在从工业社会向后工业社会转变，生产的集中和科技含量的倍增，使得新的科学技术的发明以及在生产过程中的应用成为经济竞争的主导力量。同时，由于自动化技术可以代替大量的劳动力并大幅度提高生产效率和产品数量，由此引发产品交换的实现过程成为影响再生产的重要环节，这一转变推动更多的劳动力进入产品销售环节，以及无法用机器完成的服务性行业，这也推动企业乃至整个社会的经济发展战略和企业管理策略等发生重大改变，人们的生活方式也随之发生巨大变革。每一次生产方式的重大革新都带来劳动力的转移和人类个体需求主旨的变化，直至当代社会，人类劳动的内容正在由以体力为主向以智力为主转化。

发达资本主义国家的教育普及，使得贫民阶层与资本家阶层享有接受教育的平等机会，这些原本依靠资本积累永远无法摆脱经济困境的弱势群体有可能通过知识的积累和智力的释放很快摆脱贫穷而进入中产阶级。科技革命使得中产阶级数量增大，而无产阶级与资产阶级之间的矛盾逐步趋缓，暴力革命在一定历史时期可以避免。但无论何种途径，无产阶级的处境有可能发生有利变化，这正是马克思和恩格斯所期望的，因为在他们生活的时代，他们看不到通过和平改良的途径解决问题的希望。由此可看出，唯物史观在经历三次科技革命所带来的人类社会的重大变化后，应把人类的"智识"纳入其中。"被马克思作为原始资本主义发展特征来分析的直接生产者的'实际累积'或生产单元，在当今以网络技术为特征的高科技生产力水平时代，已经显得落后了，它落后于正式独立单元下的一种新的意义上的非正式累积，因为这种独立允许一个企业让另一个

---

① 叶汝贤：《唯物史观的发展趋势》，《马克思与我们同行》，北京：中国社会科学出版社，2003年，第95页。

陌生企业的一部分或所谓的雇佣企业主以及表面上的独立者为自己劳动。"① 科技革命带来的交往方式的变化深刻影响着人与人的关系，削减了资本家与工人在直接雇佣关系下的对抗程度。

第二，经济全球化引发的世界政治和文化的广泛交流也为马克思主义的发展带来新的契机，当代世界特别是资本主义的新变化为我们重新认识和发展马克思主义的唯物史观提供了重要的资源。新科技革命催生出新的经济形态和新的交往方式，当今社会正在走向一个交往普遍化和紧密化的"全球化社会"，一个由信息化网络化数字化为构造机制的"技术化社会"，一个充满不确定性和风险的"风险化社会"，一个民族国家主权正在削弱、"世界公共社会空间"日益增长的"跨国社会"；人的存在也正在日益成为"去中心化""去地域化"的"世界历史的人"，即"世界公民"。所有这些都表明着人类社会形态正在发生深刻的巨变。② 人类的生产方式和生活方式以及交往方式的深刻变化，直接影响着个体生命对于生存意义的体验和人类历史的走向，直接影响到人们的传统价值观和道德观。人类在创造了辉煌文明的同时，也生发出环境危机、资源枯竭、生态失衡、贫富差距、恐怖主义、种族冲突等全球性的重大疑难问题，这些重大现实问题迫切需要唯物史观作出有力诠释和提出解决之道。

同时，新问题催生的新理论也成为唯物史观创新的重要资源。西方马克思主义的消费社会、景观社会、风险社会、符号社会等新理论对于我们全方位认识资本主义社会发生的深层变革具有重要的参考价值，为发展马克思主义的唯物史观提供了重要参考。正如德国学者沃尔夫冈·豪格指出："今天的这个客观就是超越国界的高技术资本主义带来的全球联网的五彩纷呈的新世界；在这个关系之上，马克思主义的复兴将以分析、批判、新的道路实践、反抗等形式活跃起来，马克思主义运动将得到创新。我们现在能做的、以至于必须做的就是把对社会变化的思考提上议事日程。"③ 必须在对现实世界有一个准确判断的基础上，发展马克思主义。"一种世界观，只有当它同时属于即将生成的历史——而不仅仅属于过去的历史时，也就是说，只有当它去回答现实所提出的问题时，它才是有生命的，它的现实性才会由它自身所体现出来。"④

第三，关注中国社会主义市场经济引发的深层社会变革，正视中国社会主义的现实运动与唯物史观之间的紧张关系。改革开放以来中国社会的新变化，特别是市场经济体

---

① ［德］沃尔夫冈·豪格著，朱毅译：《十三个尝试——对马克思主义思想的再阐释》，北京：东方出版社，2008 年，第 31－32 页。

② 赵剑英：《深刻变化的世界与当代马克思主义哲学的使命》，《中国社会科学》，2004 年第 1 期。

③ ［德］沃尔夫冈·豪格著，朱毅译：《十三个尝试——对马克思主义思想的再阐释》，北京：东方出版社，2008 年，第 20 页。

④ ［德］沃尔夫冈·豪格著，朱毅译：《十三个尝试——对马克思主义思想的再阐释》，北京：东方出版社，2008 年，第 37 页。

制带来的生产力与生产关系的新变化对科学社会主义原创理论形成的巨大挑战和压力。同时，我们也应清醒地认识到"任何一个社会都不可能完全按照思想家的理论构想发展，社会发展路径更不可能遵循严格的逻辑原理"①。实践在一定程度上偏离理论是正常的，实践与理论的内在张力是理论发展的动力。问题的关键是把马克思主义理论与社会主义实践的"内在紧张"② 主动转化为马克思主义理论创新的内在动力和现实机遇，而不是自暴自弃或抱残守缺。

三、积极应对非马克思主义对唯物史观的批判③

非马克思主义者大多采取否定和曲解的态度对待唯物史观，马克思主义哲学研究界对此关注较少，未能在学理上构成真正意义的回应。

卡尔·波普尔把马克思的历史唯物主义理解为经济的历史唯物主义或经济主义，曲解为否定主体能动地位的经济决定论和历史宿命论。在他看来："马克思主义是一种纯粹的历史理论，一种旨在预测经济和政治的发展的未来进程，尤其是预测革命的未来进程的理论"④，他认为社会主义是在贫穷的基础上依靠付出无数物质牺牲的革命精神建设起来的，这本身就表明观念的作用，而不是经济的作用。他认为"科学社会主义不是一种社会工艺学；它不教授建设社会主义的途径和手段"⑤，指责"马克思把历史舞台上的人间演员（包括所谓"大"人物）都看作是被经济线路——被他们无法驾驭的历史力量——不可抗拒地推动着的木偶"⑥。马克思从来都没有向无产阶级许诺革命成功后人类社会会变成人间天堂，马克思和恩格斯明确指出："创造一切、拥有一切并为这一切而斗争的，不是'历史'，而正是人，现实的、活生生的人。'历史'并不是把人当作达到自己目的的工具来利用的某种特殊的人格。历史不过是追求自己的目的的人的活动。"⑦ 他们毕生都在探寻人的解放和自由全面发展的实现途径，又怎么能说马克思

① 王力：《当代中国语境中的马克思与哈耶克》，北京：中国社会科学出版社，2007 年，第39 页。

② 侯惠勤：《试论马克思主义理论的"内在紧张"》，《中国社会科学》，2007 年第 3 期。

③ 非马克思主义对唯物史观的批判主要集中在卡尔·波普尔的《开放社会及其敌人》《历史主义贫困论》和哈耶克的《致命的自负》《自发秩序原理》等论著中，由于篇幅所限，本文仅指出他们的主要论点，并作简单批驳，目的是引起唯物史观研究者的关注。从马克思主义的角度对哈耶克自发秩序理论的详细研究将另文展开。

④ ［英］卡尔·波普尔著，郑一明等译：《开放社会及其敌人》（第 2 卷），北京：中国社会科学出版社，1999 年，第 142 页。

⑤ ［英］卡尔·波普尔著，郑一明等译：《开放社会及其敌人》（第 2 卷），北京：中国社会科学出版社，1999 年，第 149 页。

⑥ ［英］卡尔·波普尔著，郑一明等译：《开放社会及其敌人》（第 2 卷），北京：中国社会科学出版社，1999 年，第 168 页。

⑦ 《马克思恩格斯全集》（第 2 卷），北京：人民出版社，1957 年，第 118 页。

主义把人当作玩偶呢！这显然是对唯物史观的曲解和误读。

哈耶克则把唯物史观简化为历史规律论，并明确对此表示否定，主张自发秩序。他认为"从规律支配着进化产物必然经历的各个阶段，因而能够据以预测未来的发展这个意义上说，无论是生物进化还是文化进化，都不承认有什么'进化规律'或'不可避免的历史发展规律'。……对于复杂现象，只能限于我所说的模式预测或原理预测"①。所谓自发秩序，就是那些无数追求自己目的的个人之间通过自发的相互交往生成的一种整体的社会秩序，它是一种抽象而非具体的秩序，不依特定目的而产生也不为特定目的服务，它是人之行动而非人之设计的产物，它的复杂程度超越了人类心智的理解程度。哈耶克认为整个人类的文明成果是于偶然之中获得的，非一般人所想象的，是条理井然的智识或设计的产物。

哈耶克自发秩序理论的依据是资本主义社会的自发性，而这正是马克思所批判的。事实上，马克思早就把资本主义社会的自发性作为批判对象，他曾讽刺地指出"这种在一定条件下不受阻碍地利用偶然性的权利，迄今一直称为个人自由"②，在他看来，这种受偶然性和自发性支配的所谓个人自由远离了人类的本真自由，是虚幻的自由。他批评经济学家把人类社会制度划分为"人为"和"天然"两种，无非是想以此来论证资产阶级的生产关系是天然的，"是想以此说明，这些关系正是使生产财富和发展生产力得以按照自然规律进行的那些关系。因此，这些关系是不受时间影响的自然规律。这是应当永远支配社会的永恒规律"③。

马克思与波普尔、哈耶克等人的理论对立主要源于他们对"资本主义生产自发性对人类未来的影响"所作出的截然相反的判断。马克思在反思19世纪资本主义生产方式时看到："一方面产生了以往人类历史上任何时代都不能想象的工业和科学的力量。而另一方面却显露出颓废的征兆，……技术的胜利，似乎是以道德的败坏为代价换来的。随着人类愈益控制自然，个人却似乎愈益成为别人的奴隶或自身卑劣行为的奴隶。甚至科学的纯洁光辉仿佛也只能在愚昧无知的黑暗背景上闪耀。我们的一切发现和进步，似乎结果是使物质的力量成为有智慧的生命，而人的生命则化为愚钝的物质力量。"④ 哈耶克看到了自发的市场经济给人们带来的自由，但是，基于有限理性和有限知识基础上的自由不能保证人类个体在自由行动的同时不会给社会带来无法预知的负面影响。事实证明，这种不计后果的无数个体的自由行动在给人类带来"繁荣"的同时也产生了无法回避的生存困境和意义危机。生态环境的恶化和生命价值的模糊逼迫人类不得不对自由理念作出深刻反思，在这个张扬自由理念、力倡自由精神的时代，我们应时刻反思自

① ［英］弗里德里希·奥古斯特·冯·哈耶克著，冯克利、胡晋华等译：《致命的自负》，北京：中国社会科学出版社，2000年，第24页。
② ［德］马克思、恩格斯：《德意志意识形态》（节选本），北京：人民出版社，2003年，第66页。
③ 《马克思恩格斯选集》（第1卷），北京：人民出版社，1995年，第151页。
④ 《马克思恩格斯选集》（第1卷），北京：人民出版社，1995年，第774–775页。

由观念究竟会把人类引向何方这样一个关系人类存亡的大问题。

哈耶克在阐发自发秩序原理的同时承认人类行为除了受本能和理性支配以外，还受到处在本能和理性之间的习俗和传统支配。人类通过学习或模仿他人的行为逐步学会按照规则行事而克服纯粹本能的指使，"人类通过发展和学会遵守一些往往禁止他按本能行事的规则（先在狭小的部落里，然后又扩展到更大的范围），从而不再依靠对事物的共同感受，由此建立了文明"①。正是由于人类遵循了这些已诉诸文字和未诉诸文字的抽象规则，才逐步形成了当今的社会秩序。试问这些"传统"和"习俗"中难道没有包含马克思所说的生产力和生产关系吗？马克思早就说过："历史的每一阶段都遇到有一定的物质结果、一定数量的生产力总和，人和自然以及人与人之间在历史上形成的关系，都遇到有前一代传给后一代的大量生产力、资金和环境，尽管一方面这些生产力、资金和环境为新一代所改变，但另一方面，它们也预先规定新的一代的生活条件，使它得到一定的发展和具有特殊的性质。由此可见，这种观点表明：人创造环境，同样环境也创造人。"② 人与环境是互动关系，生产力所决定的物质条件是人类一切其他活动和关系的"开端"，正如海德格尔所言："在思想领域中有一种努力，就是更原初地去深思那种原初地被思考的东西，这并不是一种要恢复过去之物的荒谬意志，而是一种清醒的期备态度，就是要面对到来者而惊讶于早先之物。"③ 开端虽然并不决定一切，但这些原初和开端的事物所具有的价值还是未被哈耶克和波普尔等自由主义者所重视，他们还没有完全理解唯物史观的真意。

总之，必须对唯物史观开展整体性研究，才能使其更具科学性和实践性，人类历史的发展昭示我们必须不断发展马克思主义的唯物史观才能使其具有强大的生命力。

【作者简介】

王力，天津师范大学政治文化与政治文明建设研究院、天津师范大学社会主义研究所教授，博士生导师。

---

① ［英］弗里德里希·奥古斯特·冯·哈耶克著，冯克利、胡晋华等译：《致命的自负》，北京：中国社会科学出版社，2000年，第8页。

② 《马克思恩格斯全集》（第3卷），北京：人民出版社，1960年，第43页。

③ ［德］马丁·海德格尔著，孙周兴译：《演讲与论文集》，北京：生活·读书·新知三联书店，2005年，第21-22页。

开放兼容是文化发展的普遍形式和规律*

周 薇

当今世界，经济全球化使有史以来形成的民族性、地域性的文化多样化格局受到了巨大的挑战，任何民族和地区都难以筑起壁垒，将本土文化隔绝于世界文化的大潮之外，各种文化将由其开放、兼容和更新能力的强弱决定自己的命运。历史和现实表明，文化的开放兼容是世界上所有国家和民族丰富文化内涵、提高文化水平、实现文化创新的必由之路，是文化发展的普遍形式和规律。

一、文化开放兼容的含义及依据

贝塔朗菲的系统论揭示了有机体之所以能有组织地处于活跃状态，并保持其生命力，是由于系统与环境不断进行物质和能量交换，这种能够与物质和能量交换的系统，就是具有开放性和兼容性的系统。所谓开放，是指物质系统与周围环境即其他系统相互联系、相互作用的状态。任何物质系统都不是孤立自在的，它总是处于一定的环境之中，通过与周围环境进行物质、能量和信息的交换，来维持自己的运行与发展。人类的文化形态也是如此，它必须开启与外界相互联系的阀门，不断得到文化领域内外各种信息的反馈，才能在与外界的相互作用中进行自我调节和变化，从而实现有序发展。

在系统组织中，兼容性是比开放性更进一步的一种能力。所谓兼容，按照《现代汉语词典》的解释，就是同时容纳几个方面。它是特定系统吸收、容纳物质、能量和信息的功能及特性。系统把各个方面或各种事物都吸收、容纳进来，甚至把内容不同、性质相反的东西也并蓄进来，经过自身内部能量的交换、整合和转换，融汇成自身组织结构的新的有机构成，以促进自身组织向更高层次的跃迁，即进化。兼容性是物质系统存在的一种常态，物质系统的兼容能力越强，其生命力则越强；兼容性也是人类文化得以生

---

* 本文原载于《广东社会科学》2006 年第 2 期。

生不息的奥秘所在，文化系统越具有兼容性，则越能保持生机和活力。

文化开放性与兼容性是相互依赖、密不可分的。一方面，开放性是兼容性的前提和条件，因为隔离和封闭是无所谓兼容的，而开放空间越大，获取信息越多，兼容程度则越高；另一方面，兼容性又是开放性的必然和升华，开放会引起吸收和容纳，使系统信息量不断膨胀，并突破原有的个性经验框架，促成文化体系的重构和进化。兼容的这种"有容乃大"效应，又为文化系统跃入更高层次的开放建构了更大的平台。总的来说，人类社会文化就是在系统的开放性与兼容性相辅相成作用中不断发展的。在人类社会早期阶段，由于生产力水平极其低下，人们仅仅在血缘关系所规定的范围和区域内发生联系和交往，由于开放的空间极为有限，文化兼容的规模也非常小，人类文明是分散、封闭而又弱小的。随着社会生产力的发展，以及整个人类从野蛮时代向文明时代的迈进，人们联系与交流的区域和范围不断扩大，特别是进入以机器工业为基础的社会化大生产的时代以后，人们相互之间的联系与交往更为密切。正如马克思、恩格斯所指出的，"……过去那种地方和民族的自给自足和闭关自守状态，被各民族的各方面的互相往来和各方面的互相依赖所代替了"①。这种开放式的经济以及由此而导致的开放式的文化发展，促进形成了一种强大的文化兼容力量，在其作用下，每一个个性文化都在与其他文化的相互交融中进行结构性调整，并朝着融入具有时代特征的"世界文化"方向发展。可见，任何一个民族文化系统的进化，都始终贯穿着开放性与兼容性的紧密相随的、互动的作用，因此，在以下研究中，我们将"开放"与"兼容"联袂使用。

文化开放兼容的依据就在于人类文化的统一性与多样性的矛盾运动。人类文化具有统一性，但就其表现来说是千差万别的，人类文化就是在这种统一性和多样性的辩证关系中存在和发展的，文化开放兼容的必要性和可能性都根源于文化共性与个性的对立统一。文化的开放兼容之所以必要，是因为共性存在于个性之中，时代性存在于民族性之中，不开放兼容，不吸纳寓于各种民族文化中的先进文化成分，就无法把握时代性。也就是说，寓于个别的顺应时代发展要求的先进文化，会为世人所认同而由个别走向普遍；落后的旧文化因不符合时代的要求而由普遍走向个别。这些转化都需要通过文化的开放兼容作用来实现。开放兼容是文化统一性与多样性相互联系、相互贯通、相互转化的重要媒介和桥梁。只有实行开放兼容，才能既使文化个性富有时代性而达到不断丰富和新生，又使文化共性浸染了更多的民族性而得到不断拓展和提升。文化的开放兼容之所以可能，也是由于诸个性文化中存在着共性，各个民族的文化都是人们认识和改造世界的实践活动结果的积淀，都是人类文化的一部分，它们在本质上是相通的，有共同规律可循，因而在内容上是可以彼此交流、借鉴和融合的。可见，文化的统一性与多样性的辩证法是把握文化开放兼容的前提和基础，文化开放兼容又是正确理解文化统一性与多样性矛盾运动的关节点。

① 《马克思恩格斯选集》（第1卷），北京：人民出版社，1972年，第254-255页。

二、文化开放兼容的内在机制

要在文化的统一性和多样性的矛盾运动中自觉推进文化的开放兼容，就必须研究揭示开放兼容的内在机制，把握其运作的机理、规律及方式。文化开放兼容的机制大体可以概括为以下三方面：

（一）吸收—共存

从类型的角度看，文化开放兼容大体包括吸收和共存两种形式。

吸收即是摄取、采纳。文化吸收就是异质文化之间彼此吸纳、借取并交融的过程。这些被吸收的"异质文化"，经过"筛选""消化""改造"之后，成了各自文化中新的、属于自己的内容，而使自身文化得到丰富和充实。文化吸收以别人之长弥补自己之短，把普遍性与特殊性统一起来，丰富自身不同层次的文化占有，完善本民族的文化知识体系，进而提高整个民族文化发展水平。事实上，每一个民族的文化及其传统都不可能是"纯而又纯"的，都是在与其他民族的相互吸收之中发展起来的。中国传统文化，就是通过不断地吸取融汇各种外来文化而形成自己的民族文化特色和成果的。《本草纲目》传统味无疑是很浓的，但在鲁迅看来，里面所记载的，既有中国的经验，还有阿拉伯人和印度人的经验。鲁迅十分强调吸收外民族文化精华的"拿来主义"。他在《看镜有感》里赞扬汉代人乐于吸取异族文化，认为这是民族自信力的表现；而批评宋代的文艺国粹味熏人，对外来东西推拒、惶恐、逃避，指出这是衰弱的表现。汉唐盛世时期的中国文化之所以在当时世界文化之林中独领风骚，正是因为其时既是吸收外来文化最为积极、最有气魄的时代，也是民族主体意识高扬、民族文化蓬勃发展的时代。历史所选择的文化从来就是那些善于吸收其他文化之优势的文化。吸收式的兼容是人类文化创新发展的重要方式。

当然，不是所有的文化吸收都能推动文化的发展，只有经过自己的文化眼光选择和民族框架"消化""改造"过的吸收，才能真正促进文化的发展。首先，吸收是有选择的，人们不会接受外来文化所提供的现成的一切东西，即要通过自身文化屏幕的过滤。毛泽东对此发表过很好的意见："中国应该大量吸收外国的进步文化，作为自己文化食粮的原料，……但是一切外国的东西，如同我们对于食物一样，必须经过自己的口腔咀嚼和胃肠运动，送进唾液胃液肠液，把它分解为精华和糟粕两部分，然后排泄其糟粕，吸收其精华，才能对我们的身体有益，决不能生吞活剥地毫无批判地吸收。"① 文化选择是文化主体对外来文化进行评判和取舍的过程。一般来说，当某种外来文化被判断为能够满足本民族本地区发展需要，对本民族本地区的新文化体系起促进作用，符合本民

---

① 《毛泽东选集》（第2卷），北京：人民出版社，1991年，第706-707页。

族本地区社会政治和道德理想的，就予以择取，反之，就加以拒斥。合理的文化选择是文化主体科学地吸收外来文化的前提和基础。同时，吸收异质文化，还必须使其在本民族文化中找到生长点与结合点，使外来文化民族化。如果仅仅是简单地移植和嫁接，而不经"消化"和"改造"，外来文化就很难深入本民族大众的心灵中，即被真正地吸收。这也正如毛泽东所讲："中国共产主义者对于马克思主义在中国的应用也是这样，必须将马克思主义的普遍真理和中国革命的具体实践完全地恰当地统一起来，就是说，和民族的特点相结合，经过一定的民族形式，才有用处，决不能主观地公式地应用它。"① 民族化是文化主体有效地吸收外来文化的条件和保障。

文化开放兼容的另一类型是共存。共存，顾名思义就是共同存在，即多元异质的事物被包容、共处于一个统一体中。开放兼容不是一方吞并或吃掉另一方，也不仅仅是一方吸收另一方。吸收是以一方为主的使异质文化同质化的过程，但同时还存在着使异质文化多元共存的情况。众所周知，美国这一类典型移民社会的文化，就是一种多元共存的"大拼盘"。美国政治学教授肯尼斯·D. 沃尔德解释道："在美国的宗教体系中，宗教之间的差别如此之大，派别如此多样化，以至于大致保持了某种平衡，避免了任何一个派别处于主宰地位。"② 在某种程度上说，中华文化也是多元共存的文化，它不仅兼容了燕赵、巴蜀、荆楚、吴越、岭南等不同文化元素，而且还包容了华夏土地上 55 个少数民族文化以及外来文化，可谓是一座文化"百花园"。可见，多元共存式的兼容往往是一种态度、一种方式。它倡导多元文化应该共存共容，进而共进共荣，无论哪一种文化都不能凌驾于其他文化之上，或将其他文化吞而并之。各民族文化都要相互尊重、平等对待、求同存异、互补互动，共同创造多元共生、百花齐放的文化生态环境，从而达到费孝通先生所提出的"美美与共"的境界。共存式兼容其实也是中国儒家文化"和而不同"的智慧体现，一方面要承认差异、尊重不同，保持民族文化的主体性、民族性；另一方面，又要兼容差异、协调不同，与其他异质文化和谐共存，即"并育而不相害"，"并行而不相悖"，从而在相互借鉴、相互参照中达到新的和谐与统一。联合国发表的《世界文化报告1998》指出，应该强调文化共存是通用的全球规范，它对于推动人类文化的创新发展具有重要意义。

（二）冲突—融合

从过程的角度看，文化开放兼容有两个起关键作用的环节：冲突与融合。

在文化开放兼容的过程中，异质文化相互接触、交流、碰撞，会不可避免地出现各种冲突。文化冲突源于文化的特殊性、差异性。文化上的特点和差异使之具有排他性，一旦相遇，因价值取向的不同而导致分歧、纷争，是很自然的。如佛教文化传入中国，

① 《毛泽东选集》（第2卷），北京：人民出版社，1991年，第706-707页。
② ［美］肯尼斯·D. 沃尔德：《美国宗教与政治》，《交流》，2000年第1期，第172页。

尽管在东汉时以老释佛，在魏晋时以玄释佛，但文化冲突并没有幸免。基督教文化在明末传入中国时也是如此，虽然传教士努力用孔子学说解释基督教教义，但文化冲突仍然很激烈。在文化开放兼容的境遇中，文化冲突是多方面的，既有民族文化与世界文化的矛盾冲突、东方文化与西方文化的矛盾冲突、不同社会制度之间文化的矛盾冲突，同时也有同一国家的不同民族、不同地区、不同人群间的矛盾冲突（差异）。在不同文化的冲突中，若以物质生活、管理制度、行为习俗、精神意识划分先后层次，越到后面，碰撞和冲突则越激烈、越深刻。文化冲突虽然构成了跨文化兼容所面临的现实难题，但是，冲突即是文化开放中两种不同文化在物质、能量和信息交换、转换时所引起的力的较量，"没有竞争，没有比较，文化就不能发展自己的个性，也就不能获得巨大成就而具有普遍意义"[1]。这种冲突实际也是"相互作用"或"互动"。因此，文化冲突是文化交流、文化兼容的前提条件和催化剂。异质文化相互间经过冲突，都会发生内容和形式上的变化，最终走向相互借鉴、相互容纳而重新建构，并变得更富有活力。这如同英国历史学家汤因比所指出的，文明是在不断挑战中发展的，没有强有力的挑战，文明很可能就是一潭死水，不是陷于停滞，就是走向流产。

文化冲突并不排斥文化融合。美国政治学家亨廷顿的"文明冲突论"明显夸大文化的排他性，否定文化的融合性，把西方文化与非西方文化对立起来，这显然是错误的。事实上，西方文化与非西方文化的交流融合是世界历史发展的必然趋势。如果不是看一时现象，而是从过程来看，就不会把文化冲突，而是把融合看作文明进程中更为本质的东西。文化冲突本身既存在排斥、抵制，也包含吸收、融合。在两种异质文化接触后，往往会经过冲突达到理解，在理解中促进沟通，在沟通中进行调适，在调适中实现保持民族特性前提下的融合。当然，这种融合不是简单的"1＋1"，而是在更高的层次上"兼收众长""益以创新"，也就是张岱年先生所说的"综合创新"。"所谓创造的综合，即不止于合二者之长而已，却更要根据两方之长加以新的发展，完全成一个新的事物。"[2] 在中国历史上，儒家文化、道家文化和佛教文化，就是在既相互对立、冲突，又相互借鉴、补充中达到综合创新式的融合，进而形成了博大精深的中华文化。从对立中走向统　，在冲突中走向融合，这种相搏相融的矛盾运动，构成了文化开放兼容的全过程。

（三）宽容—自主

从方法的角度看，文化开放兼容有两个主要原则：宽容与自主。

在现代社会，不同文化交往与融合的发展决定了人类对宽容精神的内在要求。《大英百科全书》对宽容的定义是：容许别人有行动和判断的自由，对不同于自己或传统观

---

① 司马云杰：《文化社会学》，济南：山东人民出版社，1986年，第267页。
② 《张岱年文集》（第1卷），北京：清华大学出版社，1989年，第206、265页。

点的见解的耐心公正的容忍。① 也就是说，文化宽容就是对不同于自己的信仰、思想和行为的容忍和允许。随着现代社会的日益多元化发展，人们相互联系、交往越来越广泛和密切，"要求我们对宽容的理解不能只是停留于将自身与他者区分开来的被动的宽容，而且还要把宽容看成是一种不同文化背景的主体间能够相互合作，有益于身心健康和社会化功能的积极的交往智慧"②。人们在尊重自身文化传统的同时，要破除对它的正统性的崇拜和文化部落主义的心态，积极主动地学会理解不同民族的文化传统，学会理解在不同文化背景下思考问题的方式，学会体认各种文化的生动性内涵，从而积极促进不同文化的对话、沟通和交流，这样，文化兼容才有可能。宽容性原则实际上越来越成为不同文化之间交往的基本智慧和理念，因而也是文化开放兼容的必然要求和起码准则。没有宽容，就没有真正的文化交往，也就不可能实现文化兼容。而越是以海纳百川的态度对待不同文化，宽容性越大，则越是能够博采众长，兼容能力越强。"宽容并非弱者的表述，而是一种强者的表现。"③

在文化开放兼容中实行宽容性原则的同时，也要避免因盲目趋同而丧失民族的价值原点和文化主体性的倾向，注意坚持"以我为主"的自主性原则。文化的开放兼容过程一定要保持自身相对稳定的核心机制，一定要保持自我的基本价值观念，否则，就不是兼容，而是被同化、解构，从而失去了民族文化独立存在的价值。因此，必须坚持民族文化的自主性和开放性相统一。一方面，要以宽广的眼光和博大的胸怀积极学习、吸收其他民族文化之所长，使本民族文化与时俱进，顺应世界文明发展大势；另一方面，又要绝不放松民族文化的自主性和自主权，抵制文化霸权主义和文化殖民主义的危害，维护民族利益和文化安全。总之，坚持以我为主、为我所用、求同存异、共同发展，是实现文化开放兼容、促进文化发展的根本途径。

三、文化开放兼容的重要作用

文化开放兼容对于人类文化的演进至关重要，是文化得以进步发展的动力。

第一，开放兼容有利于文化保持自身活力。美国著名文化学家怀特把文化发展比喻成河流。他说："文化是一条由工具、器皿、风格、信仰等文化要素聚合而成的宽阔河流，这些不同要素间不断交互作用，创造出新的结合和综合。新的要素不断地加入河流；旧的要素不断地退离出去。今天的文化仅是这一河流在现在时刻的横断面，仅是先

---

① "TOLERATION", *The Encyclopaedia Britannica*, *11th Edition*, *Volume 26*, New York: Encyclopaedia Britannica, InC., 1911, p. 1052.

② ［美］乔治·F. 麦克林著，邹诗鹏译：《多元化社会中的宽容精神》，《求是学刊》，2005 年第 1 期。

③ 《赞美理论——伽达默尔选集》，上海：上海三联书店，1988 年，第 105 页。

于我们的交互作用、选择、淘汰和积累的漫长过程的结果……"① 怀特所说的文化新旧要素的替换、变迁，正是通过开放兼容机制实现的。任何一种文化要具有生命活力，就必须保持开放兼容的状态，使其系统内部的能量不断与外界相互交流，从外界获取新的能量，让系统内部受到新的刺激，从而保持应变的活力并焕发出新的生机。根据生物学的"杂交优势"的原理，外来因素的传入所引起的冲突和变异，较之于内部自身产生的变化要更富于革命性。比如，中国历史上发生过两次文化大输入：第一次是汉唐时期印度佛教文化的输入，第二次是清末民初的西方文化的输入，两次外来文化输入所激发的文化活力和变革都是空前的。然而，清朝中期封建统治者对文化封闭的强化，使中华文化走向世界付出了惨重的代价。任何把本民族文化僵化、凝固化的做法都是坐以待毙，只有主动开放兼容，不断吸纳新的养料，才能保持生机活力，使文化之河流水不腐、奔腾不息。

第二，开放兼容有利于文化发展的横向开拓。我国著名学者乐黛云先生认为，文化的发展过程有纵向的继承，也有横向的开拓。前者是对主流文化的"趋同"，后者是对主流文化的"离异"；前者起整合巩固作用，后者起开拓作用，对文化发展来说都是必不可少的，而横向开拓尤其重要。对一门学科来说，横向开拓意味着对外来文化影响、对其他学科知识和对原来不受重视的边缘文化的开发。这三种因素并时性地发生，同时改变着纵向发展的方向。乐先生进一步指出，三种因素中最值得重视的、最复杂的是外来文化的影响。② 外来文化的传入导致某种革新，进而衍生出新的文化生长点，使原有文化的内涵更加丰富，出现空间维度的开拓和扩充，并由此影响了文化纵向发展的方向。而外来文化的影响其实就是开放兼容所带来的，开放兼容是文化横向开拓的重要条件。中国儒家兼容印度佛教所产生的深刻影响充分说明了这一点。中国儒学原是重于伦理实践而疏于哲学论证的，那时的佛学却精于哲学思辨，儒学吸收了这一方法，从本体论的高度对封建伦理纲常作出了哲学论证，形成了具有思辨形态的哲学体系。一些佛学的范畴也成了后来的儒学——宋明理学思辨哲学的基本范畴。例如"理""事"范畴和"理""气"之说，就来源于华严宗的"理""事"用语和密宗的"气"的概念。从此改变了中国儒学纵向发展的方向，即由汉学模式转向了以理学为主体的宋学模式。③ 可见，文化的开放兼容过程，其实也是文化的共时性的创造过程。

第三，开放兼容有利于减少文化发展的重复性创造。如果仔细考察世界各国、各民族及各群体的文化现实状况，我们即可发现，当今世界上文化发展水平最高的国家和民族，就是那些开放程度最大，最善于进行文化交流和文化兼容的民族，而不是那些在历史上独立发明创造最多的国家和民族。因为文化借取和兼容大大加快、提高了文化积累

① ［美］怀特著，曹锦清等译：《文化科学》，杭州：浙江人民出版社，1988年，第325页。
② 《中华读书报》，2000年11月29日。
③ 章人英等：《文化冲突与时代选择》，上海：上海人民出版社，1987年，第157页。

和创新的进度、效率。具体来说，借取和兼容可以直接填补本地区、本民族在物质生活文化方面存在的某些空白；可以直接得到原来所不具备的生产技术和管理经验，使其生产技术和管理方法"一步到位"，避免了长期的缓慢的摸索；可以获得最新的、全面的、系统的科学文化知识，在较短的时间内提高本地区、本民族人民的认识能力和文化水平（实际上，企求每个民族都靠自己"独立发现"而形成完整的科学知识体系，是难以做到的，因为当今的科学知识体系是全人类的文化及其交流的成果）；也可以使一个地区和民族的文化精神，包括生活态度、思想方法和观念意识等，在某些方面和某种程度发生变化。① 可见，文化兼容可以省去单个文化发展过程中的一些重复性创造，避免某些曲折和错误而取得事半功倍之效，这对于迅速推进民族文化的发展具有巨大的作用。日本民族文化能够在第二次世界大战战败后迅速崛起，正是由于该民族大规模地输入世界各种先进文化、科学技术、社会风尚等，取人之长补己之短。这种"人耕我获""集百家之长"的现代化发展战略，有效地减少了重新研究、实验、制造所必需的大量人力、物力，及时地为日本文化增添了新鲜养料，强有力地推动了日本经济的腾飞。从一定意义上说，文化兼容有时要比文化独立创造的作用更明显。

第四，开放兼容有利于文化的和谐发展。和谐不同于对抗，也不意味着同一，而是在差异和多元中相安、协调地共生共存。文化和谐就是不同的文化主体、要素、资源和平共处地并存、在相互协作中共同发展的状态。如前所述，兼容是同时容纳几个方面，甚至把性质相反的东西也吸纳进来而共容共存。可见，兼容其实也是一种和谐，倡导文化的开放兼容，实际就是要建构一种有较大共融性的和谐文化，使文化生活达到丰富的多样性和彼此相安、愉悦、互补的圆融统一。前已谈到，中华文化作为多元兼容共存"一体"的文化，并没有消融华夏土地上各类文化元素和各少数民族的文化，而是尊重、保留各自文化的差异性和平等性，使它们各得其所、共同发展、皆大欢喜。因此，中华文化同时也是一种"民族大家庭"式的和谐文化。随着人类文明从痛苦对抗到和谐生衍的更新发展，文化开放兼容将发挥更大的作用。

总之，文化开放兼容是世界上所有国家和民族不断丰富自身的文化内涵、提高文化水平的必由之路。通过文化的开放兼容，每一种文化逐渐克服自己的狭隘性和片面性而日益全面丰富自己的本质。这同时也是人类文化共性在对种种特殊性的扬弃中不断拓展和丰富自身的过程，还是民族文化与时俱进、高扬个性的过程。文化开放兼容是文化更新发展的活性机制。

【作者简介】

周薇，广东省社会科学院研究员。

① 向翔：《哲学文化学》，上海：上海科学普及出版社，1997年，第325－327页。

论哲学境界的世界观品格*

陆杰荣

哲学作为形而上追求的理论表达，总要以显隐的方式论及哲学境界。哲学境界一方面是对人在不同历史阶段中本性的自我意识把握，另一方面又是以哲学反思方式对人性精神升华的理论表达。"哲学就是这样一种适应人的特有本性，以反思意识的独特方式来表现人对自身的存在性质、生存意义、生活价值的理解和对人的未来前景、更高发展、理想境界的追求的特有意识形式。"① 从这个意义上，我们可以说，哲学境界就是提供给人"真实"的世界图景，提供给人对生活意义的理论关切，提供给人以时代精神的终极关怀，这就表明哲学境界所蕴含的世界观品格的意蕴。

一

哲学境界的世界观品格首先体现在如何对哲学境界给予定位。众所周知，哲学境界是对常识、知识（科学）的超越性表达，同时哲学境界又区别于宗教所确立的"彼岸"之国的信仰。从某种意义上说，常识不具有世界观品格，只具有流变的经验性质；知识（科学）也不具有世界观的品格，仅具有表象思维的实证特征，至于宗教从外观上似乎有世界观品格的形式，但本质上却是某种"恒定"不变的信仰，不具有世界观的真实规定。因此，对哲学境界的世界观品格考察，有必要在将哲学境界同知识（科学）境界、宗教境界的相互比较中加以具体的把握。

事实上，不同层面的境界根源于人对把握世界的不同的特殊方式的理解。境界定位的特有规定通常制约着对境界的理解，而这一对象的定位又是历史的，这就使得对境界的理解，由于时间的"间距"有了差异性。人的精神活动内容的多方面性决定了人的

---

* 本文原载于《广东社会科学》2004 年第 1 期。
① 《高清海哲学文存》（第 2 卷），长春：吉林人民出版社，1997 年，第 16–17 页。

精神表达方式是多样化的，任何精神表达方式都可以构成人的境界的不同精神天地。只要谈到人，提及人的精神本性，就会或显或隐地涉猎到人的境界问题。

人的境界的确立分别来源于对"科学世界""宗教世界"与"哲学世界"的理解。"科学世界"是"自在"的，是"是其所是"的"世界"，这不是说它完全脱离于人，"科学世界"的产生是对人与自然对象相互关系的"对应式"定位，表明人总要面对对象。从人的角度看"对象"，就存在着人与对象的功利性关系，是实体式思维的表现。人将境界定位于"科学世界"，其作用具有双重性的特征，既有真实性，又有异化性。它的真实性在于满足人的功利性需要，提供世俗生活的现实幸福；它的异化性在于人要设定具有外表结构的"对象性"本体，把人的"应然"变成科学的"本然"。康德早就指出了这一点：无论"科学的世界"怎样扩大，怎样表达"自我先验统觉"的重要意义，它都只是停留在"现象"层次。人的境界不能是现象的存在。而"宗教世界"是远离人的超越性的"绝对自为"，是"是其所不是"的"世界"的极端化表现。

"宗教世界"充满着想象甚至虚构的东西，它的价值取向是满足人超越现实的绝对愿望，这是纯粹化（神化）的世界，而不能简单看作属人的世界。"宗教世界"一方面使人的理想、精神有了离开现实层面极度宣泄的空间，另一方面也能瓦解人的奋斗意志，使人停留于内在的精神麻醉之中。"宗教世界"的境界定位是虚幻的，而"哲学世界"是人必然面临的二重化世界，它既非"科学世界"，又非"宗教世界"。与"科学世界"相比，它重于人的"应然"方面，把人的自由看作至关重要的；与"宗教世界"相比，它关注人的"本然"方面，把人的必然视为不可或缺的基础。与科学的"现实"相比，哲学的境界是"超现实"的，表达人"是其所不是"的本性；与宗教的"非现实"相比，哲学的境界又是"现实"的，体现人"是其所是"的特征。哲学境界的确立是在"科学世界"与"宗教世界"的二元定位的理论张力中实现的。

从深层根据角度分析，对境界的理解是以把握世界的不同方式的规定为基础的。科学的思维方式以外在对象为根据，表现为直线性的思维类型，它的进展是由点所形成的，任何阶段的推进都有其评价的标准，科学进步的公认性就在于科学不能停留在无进展的重复，知识永远需要直线式的"积累"，宗教的思维方式是循环性的思维类型，"对象"（神）是"恒定"的、不变的，或者说是"重复"的。时间的进程不能给"对象"增加任何新的规定，这一"对象"是"不可评价的"，因为它就是"评价"本身。哲学的思维方式是开放式的循环，说其是开放式的，是说哲学的主题有其常新性，它始终面对着时代的问题；说其是循环式的，是说哲学总有恒久的问题，它不时回到所谓"陈旧""古老"的问题。

哲学境界的"真实"完全有别于科学的"真实"、宗教的"真实"，尽管这些都是人追求"真实"的不同方式。科学的"真实"是"零碎"的"真实"，片面的"真实"，"流变"的"真实"，如黑格尔所说，是知性思维的结果。历史上很多哲学家都力图将这种"零碎"的"真实"编织成一体，但"联结"起来的"真实"又不是活生生的"真实"。宗教的"真实"是"不动"的"真实","整体"的"真实",却又是非人的"真实",人很难容忍有这种"真实"存在。哲学境界的"真实"既是共时态的,超越"零碎"的"真实"而进入到"整体",又是历时态的,它面对着历史性的"真实",放弃对永恒的虚幻的追求。哲学的境界是将"科学世界"与"宗教世界"分化之后再重新统一所确立的人的世界,这一境界集中表达了人"作为精神性的存在,他同样紧紧地被束缚在他的生活现实中,但他以思想的翱翔超越了生活。他摆脱了现实的束缚,通过心灵的想象力和创造力找到了回归存在的道路"①。哲学境界不排除其他境界确立的必要,它的最基本特征在于"超越"其他境界的定位层面。哲学的境界是"超科学"的,又是"超宗教"的,这说明哲学就是哲学,不是科学、艺术、宗教、道德等。哲学的境界又是在"超"的基础上的"合",将各种境界归结起来,又重新组合形成新的境界。哲学的"真实"活脱脱地存在于这一重新"组合"的哲学境界之中。

同时,人在分化世界后的"碎片"中力求找到"真实"。在历史上,人们找到了"本体",找到了"宗教",找到了"理性",都是这种寻求"真实"的例证。人在分化世界中每每面对"真实"的追求,又每次都意识到确认的"真实"都会转变成其反面。人在"科学世界""宗教世界"的栖居,并没有给人带来永远的欢乐,这就促使人去进一步思考,进一步寻求境界的基础,找到将"破碎"的分化的世界统一起来的"根",这就是哲学的境界。"从哲学的角度来看,'世界'作为一个根据的实体,就其本质来说,不可能成为认知的素材,因为它不能在人类理解中显现为一个对象;恰好相反,这正是所有能显现为对象的事物所欠缺的那一样东西,正是因为显现眼前的事物有所欠缺,我们才想到了它。"② 境界的"世界"不是在认知中显现的对象,认识的对象不能成为完整的东西,因为显现对象之外总存在未被显现的东西,正是这一"欠缺"使显现的认知对象变成非自足的存在。"欠缺"正是现实所不具备的东西,这一矛盾也逼使我们向哲学寻求解决。

科学使"对象"显现,但永远不能显现为对象的整体,"显现"对象外需有"欠缺",宗教是人在"显现"外设定的"欠缺"。人把所有现实"欠缺"的东西都曾归结为宗教或哲学。哲学的境界不是把"显现"看作"显现",把"欠缺"看作"欠缺",而是将"显现"与"欠缺"统一起来,"哲学总要通过自己的理论活动把好端端的完整世界分裂开来","哲学在把世界分裂开来之后,才去通过自己的理论活动寻求它的统一性,重新建立起一个统一性的世界"。③ 哲学的境界就不是单纯的"划界""分界"的问题,而是在"划界"的基础上形成一种超越二者的新的"视界融合"。哲学借助自身

① [德]雅斯贝尔斯著,余灵灵、徐信华译:《存在与超越——雅斯贝尔斯文集》,上海:上海三联书店,1988年,第170页。

② [西]加塞尔著,商梓书等译:《什么是哲学》,北京:商务印书馆,1994年,第54页。

③ 高清海:《哲学的憧憬》,长春:吉林大学出版社,1993年,第635页。

理论活动形成的"视界融合"，以确定生活的统一根据。

这样看，哲学境界就不是简单接受眼前的现实所能提供的东西。眼前的现实是显现的"对象"，是不完整的，在当下的现实背后总有一个背景。倘若没有这个背景，现实就不会"显现"出来，我们必然会若有所失。"现实"不过是附着于背景但可以彰显的现存。哲学的境界是对"现实"背景的关注，总把自己的目光投射到更遥远的地方。从某种意义上说，哲学境界是与现实相"对立"的。

综上，哲学境界是对人的本性"真实"的历史性表达，这就映现出哲学境界所内蕴的世界观品格。哲学不同于宗教、艺术、实践精神等其他把握世界的方式，因为哲学的性质、哲学的思考方式决定了哲学境界的特定理论层次和精神深度的地位。哲学的境界有着特殊的定位，它应是人的"真实"的全面表达。如同黑格尔所言：当我们说"这是一真正的（或实在的）事业"，或"这是一真正的（或实在的）人"时，这里的"真正"（或"实在"）并不指直接的外观存在，而是指一个存在符合其概念。从这个意义上说，哲学境界对"真实"的追求或表达恰是其世界观品格的标志性体现。

二

哲学境界的世界观品格还体现在其形而上的理论旨趣。理解存在的根据，理解哲学境界的根据，甚至理解哲学境界的形而上指向都不能离开对人的本性、人的活动与人的存在方式的理解。只有在对人的理解的前提下，才能把握人的形而上本性，才能进而把握哲学境界的形而上指向。

人是形而上的存在，这是人将自身加以分化的理论表现。人的实践本性将人和世界分化，进而又要将二者统一。人的实践本性将对象的世界分化为属人的世界与自然的世界，又通过人的活动使属人世界的主体性品格不断对象化到自然世界之中，同时又使自然世界不断向属人世界转化；人的应然本性将人和生活的关系加以分化，进而在超越现实生活的同时构建"真实"的生活，人同样通过实践活动从现实生活中引申出"真实"的生活，又将"真实"的生活转化为现实生活；人的形而上本性则将人自身加以分化，将自己的意识加以分化，"一方面人具备种种能力，一方面他也有所欠缺"①。人具有这种能力，对自己存在的种种欠缺提出追问。亚里士多德的惊异，笛卡尔的批判，雅斯贝斯的恐惧都是上述的人自身分化的表现和结果。同人的超越性质相吻合，各门其他学科的对象是给定的，哲学探索的对象不是给定的，这就注定了哲学永远在追求着它所设定的对象，或在给定对象之外去"创造"它的对象。形而上的追求乃是人自身的需要。"神无所不知，其他动物一无所知；只有人，只有人才知道自己有所不知。"②

---

① ［西］加塞尔著，商梓书等译：《什么是哲学》，北京：商务印书馆，1994 年，第 40 页。
② ［西］加塞尔著，商梓书等译：《什么是哲学》，北京：商务印书馆，1994 年，第 40 页。

哲学境界的形而上性质必然体现了哲学境界的世界观品格。这就是说人总要在追寻中确立终极的问题，虽然这只是相对"终极的问题"。当人在进行形而上思考的时候，人也就进入了哲学的境界。哲学境界始于对形而上的追寻，终于对形而上的解答。"从这个意义说，形而上的追寻——即人的最终的命运——本身就包含着极大满足的可能性，确实，在某些欢悦的瞬间，也包含着一种完满性。这种完满性绝不依存于任何可公式化的知识、教义和信条，而是依存于人的本质的一种历史性的实现。……哲学所力求的目的在于领悟人的现实境况中的那个实在（realilty）。"① 形而上追求是对人的问题的追寻，又是在追寻中获得的"完满"。

形而上既然是人的本性，就表明人具有确立哲学境界的内在要求，体现了其世界观的品格。但已经成为"历史"的形而上学不再是形而上学。历史的形而上学已是"事实"，对形而上的追寻实质上是对未来的"设计"，是不断出场的"设计"，是现代哲学所说的"哲学终结""形而上学已经完成"的真义所在。形而上学的"meta"不是如亚里士多德所说的是在知识之后的"神圣学术"，依此方式建立的形而上学虽然也包括各种"设计"，但都是规定好的"事实"设计，它实质也是"事实"。形而上学的本意是超越，"meta"不是"在……之后"，应是"对……超越"。因而，形而上学是人的本性，着眼点在于人总要在现存的境况下对"未来"有所"设计"，这就是人的形而上学。以往的形而上学是无"时间化""方位化"的形而上学，具有"永久"的"现时性"特征，一切都固定化了，被设计好了，这种形而上学也包含着"未来"，但已是"事实"的"未来"，"未来"仍是确定化的"事实"。

传统的形而上学是"事实"的形而上学，随着"事实"从形而上学中分离出去，形而上学似乎没有存在的必要了。形而上学的性质是"超事实"，因而就要从"事实"之外去寻找。这样，时间、未来、设计的规定就要引入形而上学。当这样的背景框架确立之后，哲学的定位起点同样是形而上学，但已不是"事实"的知识，而是超越"事实"的境了。现代的形而上学更能超越其他事实性的知识，体现形而上的性质。在这个意义上说，哲学境界就是现代的形而上学。从这个意义上也可以说，哲学境界具有世界观的品格。

这样，哲学境界就是形而上学追问过程中的"终极问题"，就是超越"事实"或"对象"必然引申的"边缘问题"，人的生活总有"边缘问题"，人的生活总有"边缘"的衬托，因而总是在时间中去探索"终极的"或"边缘的"问题。"边缘"不是"事实"性的，而是"存在"性的，所以对人而言，形而上的追问是必然的。哲学境界又是对"终极"的问题表征式的确认，它总要以不同的方式表征它的存在，例如"理想国""应当""绝对精神""精神家园""终极关怀"都是表征它的不同说法。哲学的表

---

① ［德］雅斯贝尔斯著，柯锦华、范进译：《智慧之路》，北京：中国国际广播出版社，1988年，第53页。

征方式与其说是概念的，不如说是隐喻的。表征力方式是超越对象意识的意识借以表达的手段。哲学境界又是对"终极"问题的解答。解答就是确立"意义"，"意义"是人对"未来"的"超前性"的设计，又是对"现存"超越的"说明"，"意义"的价值不在于对"对象"意识，而是将意识作为对象加以意识，对"对象"的意识是限制的意识，具有必然性；对对象意识的意识是非限制的意识，具有自主性和自由性，人之所以需要对形而上的追求，最为重要的是人需要自由。人在哲学境界所确立的"意义"中获得超越"对象"的自由。

哲学境界的世界观品格主要体现在哲学对人而言所具有的形而上的意义，这一意义表现为：

其一，哲学境界提供的"意义"构成了人活动的统一根据。人的活动不仅需要"描述"，更需给予"说明"。人的活动需要有最后的"思想防线"，这就是哲学境界所面临的"终极"问题，而这一思想的"防线"是由哲学境界这一"形而上学"独特角色担当的，因此哲学境界就是提供对人的"终极关怀"。所谓终极关怀，主要是人要确立自己的处世态度，处世的视角，而不是使自身处在现象或表象的漂流之中，不是把自己作为一个"事实"。哲学境界提供人的统一性意义，就是确立人生活的终极根据。

其二，哲学境界的意义就是提供人生活的"根"。就人生的自然过程来看，人生本无"意义"可言，而人除了自然赋予的第一生命外，还有寻求"意义"的第二生命。人追问自身的过程就是寻问人生意义的过程。追问、寻求就要确立自己的评价体系，构建自己追究意义的框架，这是人都有形而上性质的根源所在。哲学的境界作为"意义"的根据，就是人从人出发所确立的作为"意义"的根据，就是人从人出发所确立的根，哲学境界是人的生活的形而上学之根。

其三，哲学境界是"意义"的精神家园。人本无家，他总是要从自然"走出来"。人无缘无故来到了这个世界，总想使自己有个"靠山"，有个根本不同于"自然"的家。伽达默尔说，现代人都有思乡病，也就是家园归属感，所以人总要寻找"意义"，以求将其作为慰藉自己的家园。人所生活的世界既不像莱布尼茨所言是可能世界中最好的世界，也不像叔本华所称是可能世界中最坏的世界。这个世界，有鲜花，也有野草；有阳光灿烂，也有乌云密布。正因为如此，人都要确立精神家园以"安慰"自己的心灵；哲学境界提供的"意义"就是在流动不居的现实中保留一方净土。

三

哲学境界的世界观品格还体现在哲学境界的规定同世界观内涵的内在联系上。可以说，哲学境界实质上是某种世界观。哲学从其功能与表现的内容来说，就是提供某种境界的世界观，尽管哲学把握世界的方式与其他类型的把握世界的方式有差异。这种"差异"（difference）不是说作为世界观的哲学与其他方式"平起平坐"。其他方式也在

"观"世界，但总是"观"世界的某些局部、某些方面，而无法形成关于整体的世界图景。哲学要"观"其他把握世界的方式，哲学要"观"科学的世界、道德的世界、宗教的世界、审美的世界，"观"之后还要"整合"，将不同的"世界"统一起来，以使其担当世界观的角色，行使世界观的功能。从世界观的角度看哲学境界的话，就会得出哲学境界是人借助自我意识方式，从人的生存活动中去"寻求"人的活动、意义根据的理论尝试，是从普遍理论层次上对人与世界关系"观"后所确立的世界图景。

哲学是世界观，才能使哲学的境界具有深层的精神品位，才能使哲学的人性升华的功能得以充分体现。哲学境界的世界图景是以人为前提所确立的。这里所指的"世界"不是同一的、无差别的世界，世界观总是从属于人的，是由人推之而出的"世界"。这一推之而出的"世界"就有了人的"痕迹"，就打上了人的"精神"。人与"世界"的关系不仅表现为人通过活动将"世界"纳入人的范围的过程，更重要的是人通过这一相互对象化的关系使人性的内在规定不断地完善、丰富起来，使人性精神不断地升华，使原初本然的"世界"逐渐生成为人活动于其中的自由的应然"世界"。用黑格尔的话来说，将"原来不成熟的自然东西"变成"精神的成熟表现"；用马克思的话来说，将自然存在的"无"转为人的"有"。哲学的境界不过是人借助精神表达的方式，表示自身的思想与精神深度，因而这一境界总是表达了特定的阶段中隶属于人本身的那些相对的绝对性的东西，展现了时代性的精华所在。

哲学是世界观，也就意味着哲学境界是时代的精华的体现。时代的精华不能采用实证的工艺学方式加以理解，倘若哲学作为时代精神的精华仅用"指称""对应"的途径加以解释的话，那么哲学就总是被动性地在从属意义上提出。时代精神的精华就是时代的哲学境界，它应从两个层面上加以把握。其一，时代精神的精华表明现实层面的合理性的东西，在对时代内容的深层次内涵分析时，总能看到体现时代精神的主导因素的规定。其二，时代精神的精华还表明它本身是基于现实层面向未来层面的迁移性过程，这蕴含着"此时"尚未有，"未来"将"形成"的可能性因素，而时代精神的精华最重要的特征在于通过思想的否定性、统一的自我意识方式，使哲学世界观定位于与现实必然性相结合的可能性层面，从而使时代精神的精华不是处在亦步亦趋的消极地位上，而是成为评判、度量、矫正、导向的根本尺度。

哲学既然是一种表征时代精神的精华的理论方式，那么哲学的境界就是与世界观融为一体的"世""界""观"，不过是"观""世""界"的一种方式。"界"就意味着人在"观"后确立的世界图景（境界）总是无法达到永恒，因为它总有"界"的地平线的限制。

通过具体分析就会看到，哲学家都在"观"，以"观"出哲学家提供的世界图景。"观"是人的能力，"观"后的世界图景就是通常所说的世界观，也是哲学的境界。所谓解释、理解、认识、反思、论证甚至隐喻，都是"观"的方式。

"世"是指人之世，人从生到死为"一生一世"，"世"指人生活的境遇、背景、舞台。海德格尔所说的人是在世之中，被抛到这个世界，也有此层意思，既然如此，"世"就不是纯然脱离人的存在的抽象的规定，它表明了人的为我而存在的关系。"世"是人以整个外在对象为属人世界而存在的，只有当这些对象与人相关时，才构成了"世"的规定。

"世"是人生存的背景，又是人创造的产物。因而人一方面要解释生活之"世"，又要创造生活之"世"，解释或创造都是寻求或确立生活的意义。古代人与现代人的区别是"世"的不同，而"世"的变迁又印证着人对自身认识的深化。原来的生之"世"，随着历史的推进，人的活动的发展，其界限逐渐被破除，就有了现代之"世"，面对现代之"世"就产生了现代意义上的"世"之"观"，有了现代意义的境界"观"。

"界"意味着任何"观"都不会达到一览无余、绝对明晰的程度。"观"的是"世"，而"世"是有限的"界"的存在，这就构成了哲学意义上的"观"。企图超越界限而确立永恒不变之"世"的静止之"观"，充其量是一厢情愿的幻想。现代哲学都在从事划"界"工作，因为不存在绝对充实、自足的哲学境界，"界"的存在表现为：世界观既是人赖以依靠的精神根基，但无疑又具有历史过渡的特征。

从"世""界""观"的功能考察，就易于得出哲学的境界承担着世界观的独特使命的结论了。对世界观的理解或许是多元化的，但世界观的功能是无法消除的。当我们将世界观包容的那些实在对象从哲学自身中分化出去之后，世界观的规定也就有了新的含义。黑格尔哲学将世界观的"界"绝对化了，他的哲学成为永恒不变的哲学幻想；柏拉图哲学将"世"孤立、凝固化了，他的哲学与感性的人的活动分离了；近代哲学则将"观"绝对化了，除了主客之间的认知方式之外，不承认有其他"观"的途径。现代哲学就是为了重新注解"世界观"，无论是否定式的，还是创造式的诠释都是如此。分析哲学则否认世界观有其对应的指称物存在，认为凡有指称物对应的世界都是实体性的世界，也就是可说的、可分析的世界。与此相符合，"世界观"是无意义的表述。欧洲大陆语言哲学针锋相对地指出"无意义"的东西是对非人化的逻辑而言的，对人来说"无意义"就是人的意义，因而"世界观"就演绎为"意义""符号"的世界图景，而世界观就有必要加以释义、理解、显现。现代哲学外观上对立的理论前提却根源于对世界观理解的同一基础，这从一个方面表明，哲学的世界观以往包罗万象的范围，在不断地划界式的否定性中日益缩小，逐渐将原有的曾经模糊的内在规定表现出来，哲学世界观将同哲学境界的内涵越来越重合。在众多学科特别是科学的逼迫式冲击下，哲学作为"科学之科学"的世界观体系，其消解成了必然，而作为境界的世界观的地位日益明显。哲学的境界的世界观定位表明，当人将世界观所包含的那些实在对象消除出去后，仍然存在自己的世界图景的"领地"，而且必须有自己的世界图景，即使退一步说，人没有这一世界图景，也要再创造新的世界图景。看来，构建哲学境界既是世界观的内在规定，也是人存在的本性命运。

"境界"是世界观，它的表征方式既反映了人的特征，又表明了人的能力。"境界"的"界"使人之"观"能在特定条件下完成，又使人之"观"不断超越既定的"界的限制"，"界"表明了人本身是矛盾性的存在，"世"也处在人的二重化矛盾之中。"人"与"世"的联系是在"界"的条件下展开的。哲学境界扮演着独特的角色，它通过其所确立的理论体系或提供的精神天地为人类活动提供最高的或最终的根据、标准和尺度，提供人全部行动意义的"安身立命"之本。综上所述，哲学境界与哲学世界观有着一体性的亲和关系。哲学的境界就是"形而上的追求"。哲学境界永远具有超越"meta"的形而上特征，具有世界观的品格。

【作者简介】

陆杰荣，辽宁大学哲学与公共管理学院教授、博士生导师。

哲学本体论与现代性的理论耦合

——兼谈从本体论的危机到现代性的反思[*]

旷三平

反思现代性几乎成了时下学界的热议，但均未从哲学本体论的层面予以反思，因此反思难免有简单化的学术倾向。哲学本体论有着自身发展的历史与逻辑，它与现代性之间存在着理论耦合的关系。笔者以为，反思现代性的理论触角必须最终走向反思哲学本体论，只有反思哲学本体论才是反思现代性的深层理解之阈。

一、现代性的理论支柱是启蒙精神，而启蒙精神就是理性精神

何谓"启蒙"？康德说："就是人们脱离自己所加之于自己的不成熟状态。"何谓"不成熟状态"？康德又说："就是不经别人的引导，就对运用自己的理智无能为力。"①康德说的"启蒙"，强调的是人们独立运用自己理性的一种能力，这乃是一种摆脱外在支配、不需要别人引导的自由自主的理性精神。概言之，启蒙精神是一种以征服、支配自然为出发点，以科学知识万能、技术理性至上为特征，以人类中心主义为核心，以社会历史进步为目标的现代文明主导下的文化精神，它的主旨是弘扬人的理性，张扬人类的力量，它的方法就是在承认理性作为知识可靠来源的基础上，追求知识的理性确定性。在霍克海默、阿多诺看来，"启蒙"是为了让人类增长知识，摆脱迷信和恐惧，成为自然界和社会历史的主人，培根的"知识就是力量"最能集中体现"启蒙"这一根本精神。他们说，在古希腊的神话中就已蕴含了"启蒙"的因素，但在后来的发展过程中又创造了理性的神话，让"启蒙"退化到了神话。这就是说，文明的进步必然伴

＊ 本文系 2010 年中山大学"211"第三期和 2010 年教育部人文社会科学重点研究基地重大招标项目"马克思人本思想与当代中国核心价值重构研究"（10JJD710014）阶段性成果。原载于《广东社会科学》2012 年第 1 期。

① ［德］康德著，何兆武译：《历史理性批判文集》，北京：商务印书馆，1990 年，第 22 页。

随着历史的退步，一部文明的历史同时也是一部野蛮的历史、绝望的历史。"启蒙"不仅包含着从神话到科学、从野蛮到文明的过程，而且包含着由文明再次进入野蛮的过程，这就是"启蒙辩证法"。所谓"启蒙辩证法"，也就是"启蒙"由于自身逻辑而转向了反面："启蒙"退化为神话，文明倒退为野蛮，自由走向了奴役。应当说，霍克海默、阿多诺对"启蒙精神"的批判，归结起来就是对"启蒙理性"的批判，因为他们认为，"启蒙理性"其实是工具理性即技术理性，它推动了科学技术和现代工业文明的发展，具有历史进步性。但是，它也造就了技术理性的神话，导致了工具理性的霸权，使人文理性即价值理性遭到了贬抑，因而具有历史退步性。他们指出，"启蒙"使人的工具理性得到了充分张扬，由此创造了强大的现代工业文明，赢得了人类对自然界的伟大胜利。然而，现代工业文明的发展却是以人的异化为代价的，这不仅表现为人与自然之间关系的尖锐对立，而且表现为人与人、人与自我之间关系的严重错位，也就是在人与自然、人与人、人与自我之间出现了极度的异化。所以说，工具理性的膨胀，不仅造就了毁灭自然界的力量，而且也造就了统治人的、最终足以毁灭人的力量。如马尔库塞所说，一旦科学技术作为意识形态带有了政治化倾向，以及它作为社会控制力量的新形式具有了合理性地位，那么由"技术合理性"所置换出来的"统治合理性"就会变成人类自由的枷锁。

二、现代性的理论视野是知识论的视野，而知识论的视野显示主体性哲学

"知识论"，用康德的经典性表述来说，是研究有关知识的"起源、范围及其客观有效性"① 的学问。早在巴门尼德那里，知识追问的不是感觉经验的事物，而是感觉经验事物背后最普遍、最一般的共相，即本质。事物的本质，而不是事物的现象构成了知识的对象，亦即真理的对象。对事物现象的描述形成了经验之路、意见之路，而对事物本质的追问则形成了知识之路、真理之路。由此，经验对象与超验对象出现了二元对立。到了笛卡尔，他的"我思故我在"不仅把"我"视为一个作为认识者的主体，同时还看作一个作为存在者的实体，并从这一实体出发，又建立起上帝这个绝对的实体，以寻找认识的最终源泉、知识的最后根据、真理的最高标准，保证"我"的观念的清晰性、完满性和真实性，进而保证对象世界的真实存在以及关于对象世界知识的客观有效性。以此来看，笛卡尔的"我思故我在"不是之于对象而是之于自我、不是属于实体性哲学而是属于主体性哲学、不是基于本体论而是基于知识论。不仅如此，他的知识论完全逸出了主客未分的古典哲学思维的视野，进入了主客二分的近代哲学思维的视野。这种思维的视野，一方面建立了主客二分的对象性思维模式，另一方面形成了客体

---

① ［德］康德著，蓝公武译：《纯粹理性批判》，北京：商务印书馆，1960 年，第 74 页。

围绕主体旋转的中心化思维取向。对象→理性→本质→知识→真理→主体的思维进展，反映了知识论视野的对象性、主体性和单向性的思维特征。培根一句"知识就是力量"弘扬了人的理性，发扬了人的知识，张扬了人类的力量，更是把理性至上的知识论视野推及人类的所有思想领域，从而造成了知识的偏见，思想的独断，真理的僵化。康德对此深有体会，他曾说："我生性是个探求者，我渴望知识，急切地要知道更多的东西，有所发明才觉得快乐。我曾经相信这才能给予人的生活以尊严，并蔑视无知的普通民众。卢梭纠正了我，我想象中的优越感消失了，我学会了尊重人，除非我的哲学恢复一切人的公共权利，我并不认为自己比普通劳动者更有用。"康德早年一直以为真理就存在于知识、经典、文本当中，所以他认真读书、刻苦求知，以为获得的知识越多发现真理的可能性就越大，人生的价值也就越大。这意味着对一个无知识、无文化的人来说，要发现真理是不可能的。卢梭的"天赋人权论"，主张人的自由是与生俱来的，人权是天赋的，跟人的知识、文化水平的高低没有什么关系。从这种意义上说，一个教授并不一定比一个车夫的人生价值和意义更大更多。海德格尔对知识论的对象性思维方式更是"深恶痛绝"，他将世界当作一个认识对象，当作一个客体而与主体对立起来，哲学的任务就是要认识作为客体的对象世界，把握其本质，最终为主体支配客体服务，这种主客二元对立的对象性思维方式是西方传统哲学的基本思维方式，是知识论的视野，是"柏拉图的语言"。如，传统哲学认为"言说"总要有一个"言说"的对象，而"言说"一个对象就是要按照主客体关系相一致的原则，把对象当作认识的结果"摆"出来。海德格尔断言："所有形而上学，包括其反对者实证主义，都在说柏拉图的语言。"① 他认为，"存在"根本不是知识的对象，也无法当作认识的结果"摆"出来，因为"存在"是主客体尚未分化之前的源始性状态，它一"言说"出来便沦为"存在者"了。在海德格尔看来，哲学的对象不是知识的对象，不是主、客体二元分离之后的产物，而是一种关于"存在"的非对象性的领悟，一种对主、客体尚未分化、"物我两忘"的源始性状态的诗思。

三、现代性的理论构架是总体性观念，而总体性观念支撑逻各斯中心主义

现代性有两种含义，一种是构成现代化主要内容的社会（启蒙）现代性，一种是以艺术批判为中心的文化（审美）现代性。前者涉及工业化、城市化、信息化社会的形成，科学技术在社会生活中的中心位置，政治民主制度的普遍性实践，其原则是理性运作下的建构性；后者则批判现代社会的物化与同一化的心智，检讨个性与想象力的现

---

① ［德］海德格尔著，孙周兴译：《哲学的终结与思想的任务》，《哲学译丛》，1992 年第 5 期，第 61 页。

代丧失，反思工具理性泛滥的价值虚无与人的无根性，把精神生活的低俗化、平庸化、商品化、风险化、贫困化全都归为现代性的后遗症，并寄希望于艺术来赎救人类的灵魂，其原则是非理性经验下的批判性。显然，两种现代性之间存在着紧张关系，说明现代性这个概念本身反映出一种内在的分裂，即作为建构资本主义社会的启蒙现代性与作为批判资本主义社会的文化现代性的分裂。分裂呈现为一种内在的"张力"，一种"二律背反"，一种"脱节"。总体性观念正是为了弥合现代性的内在分裂而被提出来的。

黑格尔最早提出总体性观念，尽管在他那个时代，现代性这个概念还没有真正在学术界流行，但从现代性所指称的内容来看，他的总体性观念针对的是现代性发展中所遇到的"脱节"问题，他想用总体性观念整合破裂了的社会，协调现代性的发展。受黑格尔的影响，马克思一方面看到了现代生产是资本的世界历史进程，是将摆脱共同体束缚的所有个人编织进总体化市场体系的过程，是由基于传统习俗和地域局限的共同体认同方式向以资本总体化为标识的市场认同方式的转换；另一方面也看到了现代生产的资本结构中内在矛盾的日益扩大，以及如何导致资本总体化的破裂，如何造成人的异化，如何在社会认同方式的转换中产生商品拜物教、货币拜物教和资本拜物教。对于马克思来说，肯定市场的合法性与浪漫的怀旧主义之间是对立的，唯有诉诸总体性观念，在更大范围和层次上作出的社会设计才能消弭这种对立。可见，总体性观念的提出显示了现代性的自身反思。

当今全球化的浪潮正冲决一切制度、地域、意识形态、风俗习惯的固有差异，拆解一切矗立在不同文化之间的种种有形或无形的坚实樊篱，将世界经济、生产、流通、政治、思想、文化统统纳入同质化、一体化的文明模式。而这一切恰恰被确认为是现代性的基本表征。正如鲍德里亚所说："（现代性是）一种独特的文明模式，它将自己与传统相对立，也就是说，与其他一切先前的或传统的文化相对立：现代性反对传统文化在地域上或符号上的差异，它从西方蔓延开来，将自己作为一个同质化的统一体强加给全世界。"[①] 伯曼说："所谓现代性，就是发现我们自己身处一种环境之中，这种环境允许我们去历险，去获得权力、快乐和成长，去改变我们自己和世界，但与此同时它又威胁要摧毁我们拥有的一切，摧毁我们所知的一切，摧毁我们表现出来的一切。现代的环境和经验直接跨越了一切地理的和民族的、阶级的和国籍的、宗教的和意识形态的界限……所谓现代性，也就是成为一个世界的一部分，在这个世界中，用马克思的话说：'一切坚固的东西都烟消云散了'。"[②] 吉登斯也说："现代性以前所未有的方式，把我们抛离了所有类型的社会秩序的轨道，从而形成了其生活形态。在外延和内涵两方

① ［法］鲍德里亚：《遗忘福柯》，见［美］道格拉斯·凯尔纳、斯蒂文·贝斯特著，张志斌译：《后现代理论》，北京：中央编译出版社，1999年，第145页。
② ［美］马歇尔·伯曼著，徐大建、张辑译：《一切坚固的东西都烟消云散了——现代性体验》，北京：商务印书馆，2003年，第15页。

面，现代性卷入的变革比以往时代的绝大多数变迁特性都更加意义深远。在外延方面，他们确立了跨越全球的社会联系方式；在内涵方面，它们正在改变我们日常生活中最熟悉和最带有个人色彩的领域。"① 这就是说，当今全球化的进程在世界范围内强制推行同质性、排斥异质性，建构一体化的文明模式，这本身就意味着现代性的发展遇到了矛盾，资本的总体化破裂了。这种破裂在鲍得里亚那里被引申为真实性原则与非真实性原则的二元分离："如果说资本培育了真实、现实原则，那么首先清除现实原则的也是资本，它清除了所有的使用价值、所有真正的对等财富，我们非常震惊地看到了筹码的非真实性和全能的操纵。今天更加强硬地反对资本正是这一逻辑。资本想抵抗这种灾难性的螺旋形式，散发出最后的真实性曙光并以此确立最后的权力希望，但这只会增加符号，加速仿真游戏。"② 纵观历史，现代性的发展遇到了"脱节"，而"脱节"又唤起了总体性的"元叙事"，但"元叙事"本身却遭到后现代主义的根本批判和无情拒斥。如伊格尔顿在描述后现代主义时说："后现代主义标志着这样的'元叙事'的死亡，元叙事隐秘的恐怖主义的功能是要为一种'普遍的'人类历史的幻觉奠定基础，并提供合法性。我们现在正处于从现代性的噩梦以及它的操控理性和对总体性的崇拜中苏醒过来，进入后现代松散的多元论的过程之中，一系列异质的生活方式和语言游戏已经抛弃了把自身总体化与合法化的怀旧冲动……科学和哲学必须抛弃自己宏大的形而上学的主张，更加谦恭地把自身看成只不过是另一套叙事。"③ 哈桑也认为，后现代主义是对现代主义的决裂，是一种新的价值观念，即以一种异质的、去中心的思维方式反对总体化的、逻各斯中心主义的思维方式。④ 在利奥塔看来，总体性的"元叙事"支撑着逻各斯中心主义，奠定着现代科学知识与政治制度合法化的基础，而打碎"元叙事"，去除中心主义正是后现代的主题。利奥塔赋予艺术一种异质性的使命，利用其内在的不确定性、开放性、偶然性和当下性——例如利用先锋派运动对于不可表现性的表现——来摧毁压抑的总体性，使"元叙事"的统一性或普遍性彻底瓦解。在这里，利奥塔采取的策略不过是用"文化现代性"的差异来对抗"启蒙现代性"的霸权而已。

四、现代性的理论旨趣是科学至上，而科学至上情结诠释本质主义

韦伯曾把"现代性"定义为"世界的祛魅"过程，也就是科学和理性战胜愚昧和

---

① ［英］安东尼·吉登斯著，田禾译：《现代性的后果》，南京：译林出版社，2000年，第4页。

② 汪民安、陈永国、马海良：《后现代性的哲学话语——从福柯到赛义德》，杭州：浙江人民出版社，2000年，第341页。

③ ［美］戴维·哈维著，阎嘉译：《后现代的状况——对文化变迁之缘起的研究》，北京：商务印书馆，2003年，第15页。

④ ［美］戴维·哈维著，阎嘉译：《后现代的状况——对文化变迁之缘起的研究》，北京：商务印书馆，2003年，第61-62页。

野蛮而不断取得全面胜利的过程，"只要人们想知道，他任何时候都能够知道，从原则上说，再也没有什么神秘莫测、无法计算的力量在起作用，人们可以通过计算掌握一切，而这就意味着为世界祛魅。人们不必再像相信这种神秘力量存在的野蛮人一样，为了控制或祈求神灵而求助于魔法。技术和计算正在发挥着这样的功效，而这比任何其他事情更明确地意味着理智化"①。在韦伯看来，西方现代社会经历了一个可以称之为"祛魅"的世俗化、理智化和理性化的过程。这一过程一方面为超验价值（尤其是宗教信念）限定了范围，让笼罩着迷幻色彩的幻象不再理所当然，"那些终极的、最高贵的价值，已从公共生活中销声匿迹，它们或者遁入神秘生活的超验领域，或者走进了个人之间直接的私人交往的友爱之中"②。另一方面使社会生活的一切领域均遵循理性化的法则，"理性化的经济生活、理性化的技术、理性化的科学研究、理性化的军事训练、理性化的法律和行政机关"等，"所有这些领域均可按照完全不同的终极价值和目的来加以理性化"。③ 显然，科学在"世界的祛魅"过程中担当了关键角色，发挥了重要作用。通过科学，人类可以认识、控制和改变一切，这就形成了科学至上情结或"唯科学主义"。所谓科学至上情结或"唯科学主义"，就是相信只有科学未能解释的东西，没有科学不能解释的东西，它是指"对科学知识和技术万能的一种信念"。这一信念源于启蒙精神，成于实证主义。启蒙精神就是科学精神，就是科学不断挑战愚昧和野蛮而捣毁宗教的精神。在启蒙精神的鼓舞下，人们确信，人类所面对的和将要面对的一切问题都将因科学技术的发展而得到最终解决，科学技术已经成了新的救世主。于是，科学在突飞猛进的同时，被认为反映了自然的本质规律，是绝对正确的客观真理，是一切是非曲直的最高判断标准。人们甚至希望用科学的标准来衡量人类其他文化成果如文史哲、政治、经济、法律等，并希望这些人文学科具有科学一样的严密性、准确性、可预测性，一句话，成为科学。

哈耶克把上述认为"科学万能"的思想称为"科学的反革命"或"理性的滥用"。在他看来，孔德在科学的反革命事业与对理性的滥用中扮演了重要的角色。孔德将社会学划分为静态社会学与动态社会学，前者研究社会现象的共存规律，后者研究社会的必然进化过程中的顺序规律。动态社会学阐述了三阶段规律，即从神学阶段经由形而上学阶段向实证阶段的发展规律。哈耶克认为孔德的这种思想最大的荒谬之处在于，"它虽然明确承认个人头脑的互动可以产生出某些高于个人头脑的成就的东西，然而它又声称这种个人头脑不但能够从整体上把握这一发展，还能认识它的运行原理甚至是它必然遵

① ［德］马克斯·韦伯著，冯克利译：《学术与政治》，北京：生活·读书·新知三联书店，1998年，第28-29页。
② ［德］马克斯·韦伯著，冯克利译：《学术与政治》，北京：生活·读书·新知三联书店，1998年，第48页。
③ ［德］马克斯·韦伯著，于晓、陈维纲等译：《新教伦理与资本主义精神》，北京：生活·读书·新知三联书店，1987年，第15页。

循的过程，而且能够控制和支配它，从而改进其未受到控制的机制"①。它之所以如此荒谬，是因为它建立在本质主义的立场之上，把精神现象当作像物理现象那种意义上的客观事物进行观察与控制。其实，"Science"这个词，除了翻译成"科学"外，它还有一个解释，那就是"实证"。早在西方社会掀起科学革命的时代，实证主义就大显神威，一统天下。对于实证主义来说，凡是不能实证的都是伪科学，科学的逻辑方式只能是归纳，演绎出来的理论也都是伪科学。实证主义偏狭的思维方式虽然极大推动了世界文明的发展，尤其是自然科学的发展，但它更强化了科学至上、唯科学是尊的信念，最终把科学捧上神坛。吊诡的是，科学原本是在批判宗教神学中发展起来的，是"不语怪力乱神"的，但它赶走基督教的上帝、断绝终极关怀的价值，代之以对科学和工具理性的无限信仰，也就成了一种"新神学"。海德格尔曾对现代技术的本质作出揭示，他把现代技术视为是对自然的"逼索"，即是对自然的掠夺、摆置，同时也是对人的"逼索"，即是对人的逼迫、摆弄。在现代技术的"逼索"中，自然界被迫显现为不断地被开发、转化、贮存、分配等一系列环节，并被纳入一个密不透风、喘息不止的技术系统里；人则不能自由控制自己的行为，被迫把现实事物当作持存物即现成状态"去蔽"（显现）出来。这种强求于人且人不能控制的力量背后一定有其非技术的思想根源，那就是形而上学的思维方式，现代技术正是形而上学的对象性思维方式连续作用的结果。因此，海德格尔把现代技术看作"原子时代的形而上学"②。经他考察，当人从中世纪的束缚中解放出来回到自身时，特别是自笛卡尔以来，当人成为主体时，人也就成为其他一切存在者的主人，其他的存在者完全被当作客体对象来对待。人只从自身的尺度出发，从为人自身谋利益的角度来认识和处置自然对象。这就形成了主体性的思维方式、对象性的思维方式，也就是以主体为中心、客体（对象）围绕主体旋转的思维方式。这种形而上学的思维方式，实际上是一种计算性的思维方式，"计算性思维把自身逼入一种强制性中，要根据它的探究的合逻辑性来掌握一切"③。计算性的思维方式就是说，对现实之物的对象化包括：预料到某物、将某物纳入人的观察范围，指望到某物、期待某物能满足人的需要，它本质上还是属于主体性、对象性的思维范畴。

海德格尔说："人不是存在者的主人。人是存在的看护者。……人在其存在的历史的本质中乃是这样一个存在者，这个存在者的存在作为绽出之生存，其要义就在于：它居住在存在之切近。人是存在之邻居。"④ 他一方面对主体性、对象性的思维方式展开强烈批判，另一方面提出用"沉思之思"来替代"算计之思"，而它的第一个姿态就是"面向物泰然任之"，"我们让技术对象进入我们的日常世界，同时又让它出去，就是

① 弗里德里希·A. 哈耶克，冯克利译：《科学的反革命——理性滥用之研究》，南京：译林出版社，2003 年，第 18 页。

② 《海德格尔选集》（上下册），上海：上海三联书店，1996 年，第 827 页。

③ ［德］海德格尔著，孙周兴译：《路标》，北京：商务印书馆，2000 年，第 360 页。

④ ［德］海德格尔著，孙周兴译：《路标》，北京：商务印书馆，2000 年，第 403 - 404 页。

说，让它作为物栖息于自身之中；这种物不是什么绝对的东西，相反，它本身依赖于更高的东西。我想用一个古老的词语来命名这种对技术世界既说'是'也说'不'的态度：对物的泰然任之"。① 对物的泰然任之意味着我们不再从人自身出发看待物，而是面向物本身看待物。这不是说要放弃对物的利用，而是说我们可以利用物，但不能把物仅仅当作技术对象任意摆置。要立足于物的本身，让它既入于技术世界，又出于技术世界，就像古代的风车，在不干涉自然状态的情况下巧妙地利用自然的力量。也就是说，我们可以利用自然资源，但不能采取竭泽而渔的方式，对自然物不能"强求"，不能"促逼"，不能"逼索"，这样才能使人类不至于丧失其持久生存的根基。当然，海德格尔在试图消除技术的异化时并没有像马克思那样意识到：在资本主义社会，技术的逻辑是从属于资本的逻辑的，技术对人的奴役最基本的原因并不是技术有一种"原罪"，不在于技术本身，而在于技术的资本主义应用，在于技术成了资产阶级攫取利润、霸权的工具，在于一种人对另一种人的社会奴役。

五、结语

本体论是关于存在问题的探索，但现代哲学以降，它的一些思维症候预示着自身危机的到来，这是因为它落入了难以自拔的学理纠葛。其一，同一性的悖论。本体论自发轫之时便尊奉同一性的究问方式以回答思维与存在的关系、追求哲学的"真实"。如巴门尼德提出"能被思维者和能存在者是同一的"的观点，认为经验世界的东西是不能被思维的，因为它们是"流变"的，不是恒常的，只有恒常的超验世界的东西才能被思维，而能被思维或经过思维论证过的东西才是恒真的和实在的。反过来说，能存在者之所以是实在的，就是因为它能被思维，能经过思维的论证而标示自身是恒真的。其实，从逻辑上说，哲学的"真"与"实"并不必然相连，也就是说，"恒真的"并不必然是"实在的"，而"实在的"也并不必然是"恒真的"。相反，人们皆以为世间的事物是"实在的"，殊不知它们都是"赫拉克利特之流"，从未间断过"流变"，转"瞬"即逝。所以，人们平时自以为把握住的"实在"，其实并不"恒真"。用现代逻辑的话来说，"真"与"实"同一的这一命题为真，但并不必然真，为假，也并不必然假。由此，本体论尊奉同一性的究问方式陷入了悖论，遭遇到危机。其二，超验性的困顿。本体论作为存在之为存在的理论，总是要为存在寻找超验的统一性基础，因而历代的本体论哲学家都热衷于对存在作"超验阐明"，以冷落经验、贬损意见来维护神圣、追寻崇高，从而不断维护着以"超验性"为致思取向的本体论话语霸权，这就成了现代哲学"颠覆"形而上学、"否弃"本体论的一个关键理由。如现代实用主义就是以冷落超验、放逐真理来拒绝神圣、躲避崇高。杜威在《哲学的改造》中认为，超验的理性是一种

① 《海德格尔选集》（上下册），上海：上海三联书店，1996年，第1239页。

与世界无关的抽象能力，不能给人们提供任何知识。经验是知识的源泉，也是一种生命现象，是生命体与物理环境及社会环境之间的一种交流，哲学就产生于对生命体在或然性世界中的遭际而作出的回应，因此它不会关注超验的不变者和彼岸的绝对真理，只把目光投向现实生活："未来哲学的任务是澄清人们关于他们时代的社会和道德竞争的观念。"① 这就要求哲学家们必须放弃"神目观"，即从神的超越眼光看待世界，把世界理解为一种超验的存在，而应从人的现实眼光看待人，把人理解为一群有限的生物，只能在有限的不可超越的范围内从事思想和活动。因此，所谓普遍的原则或超越的意义就彻底逸出了实用主义的视线。由此，人们对超验理性的销蚀彻底揭下了"超验性"的高贵面纱，让它从"知识和理性化身"的神坛上跌落下来，神圣的"超验性"哲学大厦也由于无力回应现代社会的人们处于极度恐慌和焦虑的状况而轰然崩塌。这种"超验性"的困顿和跌落与几百年前的"反神学运动"将教士们从权威的圣坛上掀落下来的场景有着耐人寻味的相似之处。其三，终极性的瓦解。本体论始终关注的是终极性的问题，就是要指向一种终极性的存在。因此，它不关心具体的、经验的存在，只关心总体的、超验的存在，不关心存在的多样性、个别性，只关心存在的普遍性、统一性，不寻求显现了的存在，只寻求终极化的存在，不寻求存在的当下意义，只寻求存在的终极意义。现代哲学的批判，充分暴露了对追求终极性的虚幻，彻底瓦解了以终极性为致思取向的本体论哲学。如尼采的权力意志说，单刀直入，直击终极存在的虚幻性。他认为，柏拉图以来对终极存在和绝对实体的寻求是哲学史上最大的骗局，也是人类史上"旷古之迷雾"，因为超感觉的终极存在、彼岸世界是根本不存在的，唯一存在的世界只能是"此岸的""经验的""生成中"的世界。可以说，尼采的一声"上帝死了"，破除了人们对终极存在的深度迷信。德里达更是洞穿了自柏拉图以来一直作为终极存在意义的"本原"，认为它不过是一系列经由哲学家们的不同改写以替补它的"文字"。德里达充分利用"语言学转向"的成果解构一切关于终极存在的深度模式，进一步使一切关于终极存在的追求成为不可能。

总之，本体论落入了难以自拔的学理纠葛，它的思维症候预示着自身危机的到来，而与本体论存在着理论耦合关系的现代性，也必然遭遇人们的批判和反思。这就不难理解批判和反思现代性何以与理性精神的反叛、主体性哲学的失落、逻各斯中心主义的消除和本质主义的瓦解相关联，甚至"同日而语"。

【作者简介】

旷三平，中山大学马克思主义哲学与中国现代化研究所教授、博士生导师。

---

① ［美］杜威著，许崇清译：《哲学的改造》，北京：商务印书馆，1958年，第85页。

论马克思主义哲学方法论体系的逻辑建构[*]

覃正爱

传统的马克思主义哲学教科书把马克思主义哲学看作世界观的学问，而忽略了马克思主义哲学也是一门方法论的学问。其实，严格说起来，马克思主义哲学就是广义的方法论。列宁甚至把黑格尔逻辑学的最高成就和实质归结为辩证的方法，马克思则从黑格尔逻辑学中吸取了"合理内核"，并在唯一正确的思想发展方式的简单形式上建立起马克思主义哲学。在恩格斯看来，马克思的整个世界观不是教义而是方法，是进一步研究的出发点和供这种研究使用的方法，因此，在一定意义上可以说，马克思主义哲学体系实际上就是马克思主义哲学方法论的体系。但是，马克思主义哲学方法论体系与马克思主义哲学理论体系在逻辑建构上又不能完全画等号，也就是说，马克思主义哲学方法论体系具有自身的特点，那么，马克思主义哲学方法论体系是一个什么样的逻辑建构？这是一个亟待深入研究的问题。

一、哲学方法论体系中方法选择的内在要求

所谓方法就是主体为实现特定目的而自觉建立的作用于对象的手段和采取的规则、途径、程序，是主客体相互联系的中介。首先，方法是主客体的对立统一。方法不仅体现了主体与客体之间的区别和对立，而且体现了主客体之间的结合，也即统一。这是经过主客体的双向矛盾运动而实现的辩证统一，这种统一的基础和根据，即在于主体的自觉性活动。其次，方法是规定性和否定性的统一。一方面，方法作为中介使主体与客体以特定的方式相互映现。方法规定了客体以何种形式、在何种程度上显现给主体，使客体获得了具体的规定和确定的内容。同时，方法也规定了主体相对于客体的存在方式，使主体成为确定的、特定的主体。因而方法的功能在于使主客体关系的抽象可能性得以

---

* 本文原载于《广东社会科学》2011 年第 2 期。

确定化、现实化。另一方面，方法作为中介又构成了主客体相互映现的否定。在确定了主客体的映现方式和程度的同时，方法也就成为主客体映现方式和程度的限制。方法决定了主客体只能以这种方式而不能以那种方式、只能在这种程度上而不能在那种程度上相互映现。相对于主客体关系的丰富可能性而言，方法对它的现实化、固定化却使它成为一个狭窄的、贫乏的东西。在这个意义上，方法自身的规定性也就是主客体的否定性，或者说主客体的确定内容同时就是方法的内在否定性。任一具体的方法总是有着规定性的方法，因而总是一种有限的方法。这就决定了方法自身的内在否定性，决定了方法超越自身，实现过渡、转化和发展的必然性。

以上是就一般的方法而言，哲学方法论则是研究处于方法论体系最高层次的、具有高度普适性的一般方法之本质和规律的体系。哲学方法论体系的构建必须依据一定的内在逻辑而具体展开，因为哲学方法论体系是作为一个整体而存在的，它本身就体现着内在逻辑的辩证法。因此，作为哲学方法论体系内容存在的哲学方法的选择不是任意的，而是受哲学方法的构成条件、内在逻辑结构以及各种方法之间的相互联系等多种因素的限制的。具体地说，在哲学方法论体系中选择哲学方法，必须符合下列基本要求：

第一，哲学方法的取舍取决于对一定哲学的认同和选择。依据对马克思主义哲学的认同，决定了所选的哲学方法必须具有唯物和辩证的特点，而且必须是最高层次、适用于现实的一切领域的哲学方法。

第二，作为方法论体系中的哲学方法不是孤立地存在着，而是各种方法之间存在着内在逻辑，并在相互关联中形成了特定的体系结构。这种结构不仅是哲学方法论体系整体性质的内在根据，而且在具体应用过程中决定着方法的实际功能。

第三，哲学方法的应用以及不同方法之间功能互补所达到的效果和评价，应具有相应的评价标准，这就是主客体相统一原则，它既可以作为对哲学方法应用效果的实际检验，又可以作为对哲学方法唯物和辩证属性的客观评价。

第四，依据哲学方法论体系唯物和辩证的属性，要求方法论体系的存在和发展必须保持其体系上的开放性，以便在发展中不断适应主客观的要求，在动态操作中去调整其结构、功能、行为。

二、马克思主义哲学方法论体系的理论构成

根据哲学方法论体系中方法选择的内在要求和人们对世界认识与改造的性质与方式，马克思主义哲学方法论构成的逻辑体系是相当完整的，这个方法论体系主要由人们作为认识世界活动中的求真求善求美方法、作为改造世界活动中的社会实践方法、作为认识与改造世界相联结的承转中介方法和作为建构马克思主义哲学理论体系的叙述方法等构成。这个体系与作为以认识与改造世界为宗旨的马克思主义哲学理论体系的致思方向基本一致，但又有自身的特点。

1. 作为认识世界活动中的求真求善求美方法

人类社会的历史进步就是一个对真、善、美的追求历程，真、善、美这三个根本的旋律和音符组合构成的和弦，在人类的发展过程中不断转位和反复，在不同的历史时期以不同的音符出现，从而奏出了一曲人类文明进步的优美乐章。一般来说，人类对真善美的追求过程是有所侧重的：在人类科技不甚发达的古代与近代社会，尤其是前者，主要进行的是求"真"的对象性活动。对真理的追求可以消除人类的无知与盲目，把人从对自然的莫名恐惧或对上帝的盲目信仰中解放出来，使人在必然性中成为自身的主宰。在科技与文明日渐发达的近代资本主义经济发展中，人们就更多地开始对真理的属人价值进行思考，这就表现在对"善"的人性思考上。当我们今后文明的发展巨大化与异己化后，人类的目光就会更多投向对"美"的探讨。作为真和善的统一，美并非两者相加，而是对真和善相互对立的扬弃，是对真和善的有限性的一种补偿。我们越往前追溯历史，个人，尤其是进行生产的个人，就越表现为不独立，从属于一个较大的集体，无论对真与善的探讨进行到如何的深度，个人对本真的美的体察都是必不可少的，这种美的追求使事物"带着诗意的感性光辉，对人的全身心发出微笑"。

马克思主义哲学认为，人的认识活动是由主客体关系构成的求真过程，它以人的实践活动为基础，凭借哲学的认知方法、思维方法、辩证方法等去实现对客体的把握，在过程中去揭示客观事物的发展规律。人类的求真活动较为复杂，由此决定了必须借助多种方法才能实现。哲学本身，特别是马克思主义哲学本身是一个真善美高度统一的体系，在这个体系内不仅要有求真方法，而且要有求善求美方法。求善方法由善的实践、善的认知、善的道德评判、善的历史评判、善的价值评判等方法组成。求美方法由美的实践、美的认知、美的价值评判、审美意识的构建、审美意识的领悟等方法组成。求真、求善、求美方法的统一，可以满足马克思主义哲学方法论体系内在逻辑的要求，更重要的是通过真假、善恶、美丑的历史评判和价值评判，为人们提供具有可操作性的求真、求善和求美的方法和手段。

2. 作为改造世界活动中的社会实践方法

实践是主观见之于客观的能动的活动。人们为了自身生存的需要，通过实践能动地改造外部世界，使之打上人们意志的烙印。人们可以在改造客观世界的实践活动中，深切地感触到事物和现象的内在联系而能动地认识其真实的本质，把握它自身固有的客观规律。首先，实践是社会的活动。任何实践都是社会的人在一定社会关系中的活动，一定的社会条件和社会关系是实践的前提。一般来说，实践是人们的社会化的共同活动。离开了人的社会联系，孤立地考察单个人的个别活动，就不能真正理解实践，实践的巨大能动性在于它的社会性。其次，实践是历史的活动。实践不是一成不变的，而是历史地变化着和发展着的，是人们世代连续的历史活动。在这种连续性的活动中，人们不断增强自己认识世界和改造世界的能力，从而使实践的内容和形式不断地得到发展。实践的社会联系随着历史的发展日益广泛和加强。在原始社会，人们的实践活动往往局限于部落等狭小的范围，到现代，它已超出了狭小的范围而建立了全球性的社会联系。科学证明，人类历史同自然历史都是客观的过程。同样，构成人类历史的实践以及实践自身的历史发展也是一个客观的过程。最后，实践是认识的活动。一方面，实践是认识的基础。没有实践就不会有认识，不理解实践也不能正确理解认识。认识产生于实践的需要。实践的目的在于改造世界以满足人的需要。要改造世界必须认识世界。实践及其发展的需要是认识、知识产生的根源和发展的动力。人类在实践中所提出的问题，始终是认识和科学的首要课题，只有进入实践领域的对象才构成认识的对象。在历史上，天文学最初产生于航海的需要，几何学最初产生于丈量土地的活动。在现代，实践的发展促使科学成果层出不穷，以至促成新科学的诞生。人类实践发展的无止境，决定了认识发展的无止境。另一方面，实践是认识的目的。认识必须满足实践的需要，为实践服务。实践规定着认识的方向，人的每一个认识对象都有无限多的联系，如果不按着实践的目的来确定认识的方向，人们将纠缠在事物的无限复杂的联系之网中，得不出明确的认识。在实践目的规定下，人们的正确认识最终必然接受实践的检验并有益于实践的发展。

马克思主义哲学中的社会实践既是人类改造世界的各种活动本身，也是人类利用世界、享受世界和改造世界的基本方法。其中尤以物质生产为最基本的方法。物质生产实践不仅改变对象的存在形态和性质，也改变着人自身发展历史的存在形态和属性或性质，即生产者在生产中有所改变，培养出新品质，通过生产而发展和改造自身，造成新的力量、新的观念，造成新的交往方式、新的需要和新的语言。具体历史对象的客体通过人的生产实践这个"中介"转变为主体的本质力量，造就了人自身的属人世界。处理社会关系实践也是人类改造世界尤其是改造社会的基本方法，即使是在无阶级的社会里，人们之间的各种交往与联系也会带给人们较深刻的影响。随着社会的进步，物质生产的活动在向高级阶段进军过程中，又分化出科学实验的活动。物质生产、处理社会关系和科学实验三者形成了对立统一的矛盾关系，推动着人类社会的发展。社会实践方法是人类追求真善美的最科学的方法。

3. 作为认识与改造世界相联结的承转中介方法

有了求真求善求美的方法和社会实践的方法还是不够的，马克思主义哲学作为无产阶级手中的精神武器，必须让无产阶级尤其是人民群众有充分的了解和全面的把握，否则，发挥马克思主义哲学改造自然和改造社会的功能是不可能的。所以，一定要解决让人民群众了解和把握马克思主义哲学的方法问题，也就是要解决作为认识与改造世界相联结的承转中介方法问题。这种承转中介方法主要包括宣传灌输、教育培训和自觉学习等。

宣传灌输。人类社会从古代发展至今的所有知识、技艺等精神成果，并不是新一代每个个体都能自发继承和接受的，人的知识化、社会化必须经过宣传灌输。实践证明，正确的、进步的思想往往不能自发地在人的头脑中产生，是需要宣传灌输的，并且还需要反复地宣传灌输。马克思主义哲学不是书斋哲学，而是从书斋中解放出来的哲学，所谓解放出来就是要让人民群众掌握，只有这样才能成功地实现转化，使马克思主义由精神力量转变为物质力量。要让马克思主义哲学为人民群众所掌握，最有效的方法之一就是宣传灌输。

教育培训。马克思主义哲学区别于其他一切旧哲学世界观的根本特征是实践，它强调理论来自实践并须经受实践的检验，而且要付诸实践，变为群众改造世界的行动指南。这就要求加强马克思主义哲学教育，不能像其他文化知识教育那样，只注重对教育对象传授其理论、观点，必须特别重视向教育对象传授马克思主义哲学的方法。马克思主义哲学世界观是其创始人从特定的思维角度和意识取向理解、把握和评价相关哲学问题的理论成果，因而在它的概念、范畴、观点和理论体系中，必然潜存着它由之理解、把握和评价相关哲学问题并引出结论的哲学思维方式，亦即马克思主义哲学世界观所具有的方法论意义。马克思主义哲学教育，必须要注重向教育对象传授清楚马克思是怎样思考和解决问题的，从而学会像马克思那样去思考和解决问题，这是马克思主义哲学教育的真谛。

自觉学习。马克思主义哲学，除了宣传灌输、教育培训外，最重要的还是自觉学习，而自觉学习必须解决学习方法问题。方法有很多，但最根本的就是理论联系实际的方法。马克思主义哲学是一门比较抽象的科学，如果只是从书本到书本，从概念到概念，很难弄懂，大多数人都会陷入"迷魂阵"。马克思主义哲学是普遍真理，无论什么人的实践都不能逃出它的范围，如果把学习与现实生活、与自己熟悉的实际工作结合起来，从中理解理论就比较容易弄懂；把哲学基本观点与自己熟悉的形象的东西相联系，印象就会深刻，也容易记住。马克思主义是认识和改造世界的普遍真理，我们学习马克思主义哲学不是为着好看，也不是因为它有什么秘密，而是因为它是领导我们事业走向胜利的科学。我们重视马克思主义哲学，正是也仅仅是因为它能够指导行动。学了不用，这就歪曲了马克思主义哲学的性质；背离了学习马克思主义哲学的目的，就叫作态度不端正。

4. 作为建构马克思主义哲学理论体系的叙述方法

马克思主义哲学方法论体系，还应解决马克思主义哲学理论体系的叙述问题或者理论建构问题，因此，研究和把握马克思主义哲学方法论体系中的叙述方法至关重要。一般来说，建构马克思主义哲学理论体系的叙述方法主要有历史与逻辑相一致的方法、从抽象上升到具体的方法、分析与综合相结合的方法等。

历史与逻辑相一致的方法。历史方法是研究事物历史性发展的思维方法。它以历史发展的观点看待一切，研究事物的来龙去脉，认为事物的存在都是在一定的历史条件（包括内因和外因）下产生和发展起来的自始至终的历史过程。它以客观事实为根据，以科学态度灵活运用各种方法，从源头开始研究事物在具体的历史条件下发生和发展起来的原因和历史过程，是追根究底的认识方法，因果联系和相互作用是认识和研究的重点。所谓认识事物，就是具体情况具体分析，正确反映事物产生和发展的历史。研究事物"由何而来，往何而去"，这是历史方法的形象表述。逻辑方法是从具体到抽象，又从抽象回到具体的思维方法；它以历史方法为逻辑前提，在历史研究中排除那些偶然的、非本质的历史的东西，研究具有决定意义的、本质的、有规律的历史的东西，视微知著、见始知终。"透视迹象，掌握必然"，这是逻辑方法的形象表述。历史方法是逻辑方法的逻辑前提，逻辑方法是历史方法的逻辑方向。历史方法和逻辑方法的辩证统一就是历史逻辑。马克思对《资本论》和历史唯物论的研究，就是从历史方法开始，根据逻辑的东西和历史的东西相统一进行研究的范例。一切科学研究起初都是从历史方法开始的，没有历史研究就没有逻辑成果，没有逻辑成果就没有科学。一切科学的真实性和力量最深厚的根源存在于逻辑之中。从这个意义上可以说科学方法都是历史逻辑派生的。

从抽象上升到具体的方法。从抽象上升到具体，既体现了人类辩证思维最基本的特征，又是辩证逻辑最主要的方法。抽象是指事物某一方面的本质规定在思维中的反映，它作为逻辑的起点表现在思维行程中。具体是指思维对事物各方面的本质规定的完整的反映。现实中的具体，是直观和表象的起点，而作为思维中的具体，则在思维进程中表现为结果或逻辑的终点。从抽象上升到具体的方法要求人们客观地分析、研究对象各个方面的本质规定及其内在联系，以便在概念或范畴的相互联结上，从起点经过中介到达终点，形成一个反映客观必然联系的逻辑体系。这种方法反映了科学的认识从具体到抽象、再从抽象上升到具体的发展过程。它不仅要求把具体事实作为科学抽象的依据和前提，而且要求从抽象上升到具体，使对客观事物抽象的规定在思维进程中进行具体的再现。辩证思维中从抽象上升到具体的逻辑进程，离不开归纳和演绎。归纳是从个别性的或特殊性的前提推出一般性结论的方法。演绎是从一般性的前提推出个别性或特殊性结论的方法。辩证逻辑从人的认识是在实践基础上由个别到一般，又由一般到个别的完整的认识过程出发，把归纳和演绎看作是相互联系、相互渗透和相互转化的辩证统一的方法。

分析与综合相结合的方法。分析与综合相结合的方法是在认识中把整体分解为部分和把部分重新结合为整体的过程和方法，也是更深刻地把握事物本质的思维方法。分析是把事物分解为各个部分、侧面、属性，分别加以研究，是认识事物整体的必要阶段。综合是把事物各个部分、侧面、属性按内在联系有机地统一为整体，以掌握事物的本质和规律。分析与综合是互相渗透和转化的，分析是综合的基础，综合是分析的完成，在分析基础上综合，在综合指导下分析，循环往复，推动认识的深化和发展。一切论断都是分析与综合的结果。

综上所述，这样构建成的马克思主义哲学方法论体系，从内在逻辑上分析，一方面，体现了主体活动的特点，强调从哲学的认知方法到哲学的实践方法，然后再延伸到哲学的思维方法，反映了从实践到认识，再从认识到实践的不同层次和环节上主体对方法的需求，以及各种方法之间的逻辑联系。另一方面，体现了主体活动对真善美的追求，即在实践方法的基础上反映出求真方法再到求善方法再到求美方法之间的逻辑联系。只有依照一定的逻辑关系，才能从整体上把握马克思主义哲学方法论体系。

三、构建马克思主义哲学方法论体系的理论与实践价值

构建马克思主义哲学方法论体系具有重要的理论与实践价值。

1. 可以进一步揭示马克思主义哲学观点的方法论内涵

马克思主义哲学作为世界观的理论体系，必然要先通过定义的逻辑形式表达自己关于世界的根本观点，其方法论内涵就潜隐于它的世界观之中。要使其世界观成为人们认识和解决实际问题的科学方法，就必须在理解其观点的基础上，进一步阐发其方法论内涵。例如，"世界是物质的""世界是普遍联系和永恒发展的"等，这些都是马克思主义哲学世界观的基本观点，是它们关于世界"是什么""怎么样"等问题的根本看法。这些观点并不直接给人以方法，其方法论内涵需要进一步揭示。当我们深刻理解这些观点之后，用它来指导我们的认识活动和实践活动，便会从中引发这样的方法论原则："要坚持一切从实际出发""要联系地发展地看问题"。马克思主义哲学方法论体系的逻辑构建，实际上是完整准确地揭示出隐含于世界观中的方法论内涵，并以方法论的叙述形式表达出来，从而使人们对马克思主义哲学的理解由世界观合乎逻辑地转化为方法论。

2. 可以进一步阐发马克思主义哲学的方法论功能

马克思主义哲学方法论的功能，就是马克思主义哲学作为一种科学的理论体系本身所具有的帮助人们正确认识并解决各种实际问题的功能。由于哲学的高度抽象性，人们不可能借助马克思主义哲学方法论直接认识和解决任何实际问题，但它却可以为人们正确地认识和解决各种实际问题提供最一般的理论指导。不仅如此，认真体会马克思主义哲学严密的理论逻辑，还有助于我们思维能力的提高。也就是说，马克思主义哲学方法论具有指导人们认识问题的认识功能、解决问题的实践功能和提高理论思维能力的逻辑功能。所以，在列宁看来，马克思主义哲学是辩证法、认识论和逻辑的统一。不过，笼统地指出其功能，还不是真正地了解其功能，想要真正地了解其功能，还必须经历一个由抽象到具体的思维过程。所谓具体，即许多抽象规定的综合。马克思主义哲学方法论的功能是由若干概念、判断结合而成的，因此，我们只有分别阐发其概念、判断的功能意义和功能关系，才有可能真正懂得其功能。例如，"一切从实际出发"，其功能在于解决认识的出发点问题；"联系地看问题"，其功能在于实现认识的全面性；"发展地看问题"，其功能在于保证人们的主观与客观、认识与实践趋向具体的历史的统一。如果我们再考察一下它们的关系，就会看到这些方法论意义上的判断是相互依存、密不可分的。显然，不从实际出发，我们就不可能全面地认识问题，我们的主观与客观也不可能

趋向具体的历史的统一；不联系地发展地看问题，我们就不可能真正做到一切从实际出发。有了这样的分析，马克思主义哲学方法论的功能就具体化了。马克思主义哲学方法论体系的构建就从根本上揭示了这一功能。

3. 可以进一步探究马克思主义哲学方法论的运用途径

构建马克思主义哲学方法论体系的根本目的还是促进马克思主义哲学方法论的运用，而马克思主义哲学方法论运用的实质是正确处理一般与个别的关系。马克思主义哲学揭示的是世界的普遍本质或世界运动的一般规律，我们从它的理论观点引发出的方法论原则，也只能是认识和解决各种实际问题的一般要求，它不可能直接作用于实际问题的特殊性即个别。就实际问题而言，它当然要受到世界普遍本质或一般规律的制约和支配，但由于其矛盾的特殊性，它也不可能完全进入马克思主义哲学方法论的内涵和外延。"一般寓于个别，个别从属一般"，这既是马克思主义哲学原理，又是我们运用马克思主义哲学的基本方法。理论与实际相结合，就是我们运用马克思主义哲学方法论的根本途径。沿着这条途径，一方面，我们必须完整准确地掌握马克思主义哲学的基本观点及其方法，但不能教条化；另一方面，我们必须对所要解决的实际问题有比较详尽的了解，切忌片面性和表面化。也就是说，马克思主义哲学方法论的运用，既不是用理论为实际作注释，也不是用实际为理论作证明，而是理论和实际的创新。

参考文献

［1］覃正爱：《关于历史唯物主义方法及其体系研究若干问题的思考》，《广东社会科学》，2001 年第 1 期。

［2］陆魁宏：《当代中国的马克思主义哲学是贴近当代现实的哲学》，《湖湘论坛》，2002 年第 4 期。

［3］肖爱民、杨淑琴：《论哲学观的方法论转向》，《长白学刊》，2004 年第 6 期。

［4］范贤超、范湘涛：《毛泽东对苏联马克思主义哲学的超越》，《湖湘论坛》，2006 年第 4 期。

［5］莫非：《马克思主义哲学方法论的辩证本性特征》，《经济与社会发展》，2007 年第 9 期。

［6］董德刚：《马克思主义哲学方法论概要》，《学术研究》，2008 年第 10 期。

【作者简介】

覃正爱，湖南省委党校教授。

中国现代哲学视野下的分析哲学*

胡　军

一

西方哲学早在清末就有人引进和介绍，但其较有规模、较有系统地传入中国应该说开始于新文化运动初期。西方的两个著名哲学家杜威和罗素就是在 1919 年和 1920 年分别来华讲学的，这就使中国学人有机会直接聆听西方哲学家的思想。他们的讲学活动在中国产生了极其巨大的社会影响。杜威和罗素的哲学被当时的中国人看作"科学的哲学"，受到了中国学人热烈而隆重的欢迎，引起了人们认真的学习和热烈的讨论，他们的哲学思想在当时形成了一种热潮。特别是杜威的实验主义哲学思想，竟然在新文化运动前期和中期的中国形成了具有相当影响力的社会思潮。作为新文化运动的领袖人物之一的胡适是实验主义哲学思想极忠实的信徒，其他的领袖人物如陈独秀、李大钊等人也曾一度受到它的影响。

罗素的哲学思想虽然不像杜威的哲学思想在新文化运动时期的社会上产生那样大的影响，但它在中国现代哲学界深深地扎下了根。而杜威的哲学思想虽然在新文化运动时曾走俏一时，但在新文化运动的后期却迅速地退潮，对于中国现代哲学的建构基本上没有产生什么重大的影响。

罗素哲学则不然。罗素讲学在中国社会上的反响虽不如杜威，但是他的哲学思想在哲学领域内却产生了持久、深入的影响，与中国现代哲学的建构有着密切的联系。可以说，中国现代哲学建构的方法基本上就是罗素所提倡的逻辑分析方法。这正如冯友兰所

---

　　* 本文原载于《广东社会科学》2009 年第 6 期。"中国现代哲学"是指涉及 1915 年至 1949 年的学院派的哲学，而不涉及该时期内的社会的或政治的哲学。事实上，与分析哲学密切相关的也只是该时期内的学院派哲学家，如金岳霖、冯友兰、张申府、张岱年等。

说的那样，西方哲学对中国哲学的永久性贡献是逻辑分析方法，它给中国人一个全新的思想方法，使整个中国的思想为之一变。当然，重要的是这个方法，不是西方哲学思想的现成结论。因为逻辑分析方法是西方哲学家"点铁成金"的"手指头"，中国人要的不是现成的金子，要的是这个"手指头"。① 罗素的来华讲学为中国人送来的主要就是这个"手指头"。如张申府、张岱年兄弟俩就是因为阅读罗素的哲学著作而走上了哲学研究的道路，并且进一步提出了将逻辑分析方法与唯物论结合起来的哲学建构方向，完成了分析的唯物论的思想体系的建构。金岳霖是中国分析哲学的代表，他走上分析哲学的道路也是由于阅读了罗素的数理逻辑著作。他的形而上学哲学思想体系和知识论体系所使用的方法也是逻辑分析方法。在中国现代哲学界最有影响力的哲学家冯友兰创立哲学思想体系的最基本的方法也是逻辑分析方法。综观中国现代哲学，我们可以这样说，逻辑分析方法是中国现代哲学建构的一种主要方法。这种方法是中国传统哲学所没有的。所以，这种方法的引进必然会在中国现代哲学界产生巨大的影响，使中国现代哲学的面貌发生了深刻的变化。这种变化的一个显著的结果就是，在中国造成了分析哲学传统，其代表就是金岳霖、冯友兰及上述的张申府和张岱年兄弟等人。

罗素来华讲学是促进分析哲学在中国流传的一条主渠道。罗素是 1920 年 10 月抵达中国的。早在他来中国之前，引起中国思想界轰动的杜威曾于 1920 年 3 月 5 日起在北京大学法科礼堂作《现代的三个哲学家》的讲演。这三个哲学家分别是美国的詹姆斯、法国的柏格森和英国的罗素。在泛泛介绍了罗素的哲学思想后，杜威这样说道："有人说，世界上真能够懂得数学的哲学的人，至多不超过二十人，我既不是二十人之一，我也不能懂得。"②

连当时中国人最崇拜的哲学家杜威都不能够真正懂得罗素的哲学思想，遂使中国思想界更加神往罗素。乃至在邀请罗素来华讲学的邀请函中竟有这样的话语，说道杜威的思想比较陈旧，略显过时，而罗素的哲学方法则是最为新颖的。

分析哲学在中国流传还有另外的线路，这就是石里克的嫡传弟子洪谦所带回来的维也纳学派的逻辑实证主义思想。洪谦以宣传维也纳学派的哲学思想为己任，使国人通过他的宣传准确地了解到维也纳学派的基本哲学思想。

冯友兰最早接触逻辑分析方法则是在其上海中国公学自学耶芳斯的《逻辑要义》和穆勒的《逻辑体系》，并从中对逻辑学知识"一知半解"。后来在美国留学期间，由于受实用主义和新实在论的影响，他开始真正地了解和掌握逻辑分析方法。

1919 年至 1923 年，冯友兰在美国哥伦比亚大学研究生院学习的时候，正是实用主义和新实在论在美国哲学界盛行之时。更凑巧的是，这两种哲学思潮的重镇就在哥伦比亚大学哲学系。杜威当时曾任哥伦比亚大学哲学系主任。新实在论的重要代表蒙太古和

① 冯友兰著，涂又光译：《中国哲学简史》，北京：北京大学出版社，1985 年，第 378 – 379 页。
② ［美］杜威著，胡适口译：《杜威五大讲演》，合肥：安徽教育出版社，1999 年，第 267 页。

皮特金当时也在哥伦比亚大学哲学系。所以，毫无疑问，这两种哲学思潮对于年轻的冯友兰均有很大的影响。冯友兰本人也承认，在他的哲学思想发展历程中，首先是实用主义占了上风，后来是新实在论占了上风。实用主义和新实在论，尤其是后者，都很重视逻辑分析方法在哲学研究中的重要作用。

实用主义思想家，从皮尔士、詹姆斯到杜威都很追求思想的明确和清晰，都十分讲究清晰思维的方法。如"信念的确定"和"观念的澄清"就是皮尔士哲学思想中的两个主要论题。而杜威则有专门的书籍来讨论"思维术"。

与实用主义哲学相比，新实在论，无论是英国的还是美国的，似乎更加注重逻辑分析方法在哲学研究中的重要作用。有些新实在论者本人就是逻辑学家，对于逻辑学的发展作出过重要的贡献。在此，我们没有必要提及英国著名的新实在论哲学家罗素，我们只要注意冯友兰的老师蒙太古本人就不仅仅是哲学家，他还是一个著名的逻辑学家。蒙太古对模态逻辑的确立和发展曾作出过重要的贡献。他曾经与美国的其他五位新实在论者就共同关心的哲学问题发表了"实在论的改革方案"。正是这个"改革方案"强调了逻辑学和数学原理是传统思想的规范，它们本身正在受到彻底的修订，其已经对准确思维的一般原则提供了新的线索，而且以后还会提供更多的线索。这里所谓的"彻底的修订"便是指现代逻辑学对于传统逻辑学的修订。他们特别指出："不可忘记，哲学特别依赖于逻辑。自然科学在它经验和实验阶段中可以很安全地由本能来指导，因为它是在常识所确定的事物对象内活动的。但哲学的对象恰恰就是分析的果实，它的任务是要纠正常识的范畴，而要希望得到一个有益而正确的结果，就必须根据一个专门家的批判性的判断。所以，目前的形势为哲学提供了一个时机，可以采用一个更为严格的程序，采取一个更有系统的形式。"① 为了达到这一目的，他们提出了如下七条准则：用词谨严、定义、分析、对逻辑形式的重视、问题的划分、明确表示的同意、哲学研究和哲学史研究的分离。其中前四项都与逻辑密切相关。进而，他们指出，"分析"这个名词不是指某一门知识所特有的方法，而是指一般精确知识的共同方法，指程序中的一种方法，运用了这样的方法就可以使我们发现未确定的事物是许多单纯体的复合体。在《新实在论》一书中有一篇长文《对于分析的辩护》，对逻辑分析方法作了具体而详尽的探讨，认为分析是一种认识的方法。这种方法可以发现和那被分析的整体在同一个意义下的真实的部分。在这种意义上被理解的分析方法并不是与整体截然分割开来的。相反，分析方法揭示了整体和部分之间的关系。被分析的是整体，而分析则是部分，因为它揭示出了被分析的整体中所包含的各个部分。所以，分析本身就包含着整体与部分之间的关系。

总之，新实在论哲学的方法就是逻辑分析方法。此种方法对于冯友兰有着很大的影响。

———————————

① ［美］霍尔特等著，伍仁益译，郑之骧校：《新实在论》，北京：商务印书馆，1980 年，第 28 页。

二

根据学术界的看法，分析哲学的历史可以一直追溯到 19 世纪末和 20 世纪初英国的哲学家罗素和摩尔。他们极力反对当时在英国哲学界占统治地位的新黑格尔主义的绝对唯心主义的哲学思想体系，大力提倡新实在论的观点。新黑格尔主义是一种脱离生活实际的注重绝对统一的思辨体系，强调的是统一的思想体系的建构。罗素和摩尔则针锋相对地反对建立像新黑格尔主义这样庞大的思辨哲学思想体系，而积极提倡一种分析的方法，主张要一个一个解决问题；对所解决的问题剥丝抽茧、条分缕析，解析出命题、概念所包含的种种意义及它们之间的关系。在他们看来，哲学就是要运用分析方法来分析、处理和解决与实际的人生有着密切关系的哲学问题，而不是像黑格尔主义者或新黑格尔主义者那样沉湎于远离实际人生的纯粹抽象思辨的思维王国之中。罗素和摩尔虽都主张运用分析方法来解决哲学问题，但由于他们两人的思想训练和学术背景上的差异，所以在对分析方法的理解和运用上又有着一定的区别。摩尔早期形成其思想训练的学术背景是语言学和古代经典文献学方面的。而罗素早期则潜心从事数学和数理逻辑方面的研究，取得了巨大的成就。他和怀特海共同完成了具有里程碑意义的《数学原理》这一学术巨著。摩尔将其在语言学和古代经典文献学方面研究的方法移植到哲学领域内解决哲学问题。他的思想更像一位精细的、对日常语言有着非凡能力的语言学家的思想，特别强调要对所运用的语词概念进行细致的分析。他在哲学上求助于常识的世界观，着重日常语言的分析。罗素则与他不同，他更强调要将数学科学的方法移植到哲学领域内来分析和解决种种哲学问题，他着重的是形式语言的分析。我们可以清楚地看到，摩尔和罗素强调的是两种不同的分析方法，一个强调的是日常语言分析方法，一个则更多地强调形式语言分析方法。《数学原理》一书被认为是形式语言分析方法运用的典范。在分析哲学以后的发展历史中，摩尔和罗素提倡的这两种分析方法成了分析哲学家所运用的主要方法，并形成了人工语言的分析派和日常语言的分析派。在究竟运用这两种分析方法中的哪一种来分析和解决哲学问题会更为有效的问题上，这两派之间有着激烈的争论。他们在这一方面的争论并不是我们关心的焦点。我们的兴趣在于指出，分析哲学源自摩尔和罗素，他们所提倡的逻辑分析方法和日常语言分析方法是分析哲学所运用的两种主要的哲学方法。

分析哲学形成的标志是罗素 1905 年发表的《论指示》一文，因为这篇文章首次系统地论述了分析哲学的某些基本的观点。但是分析哲学开始在中国传播却不是由于罗素的这篇文章，而是他的另两部著作，即《我们关于外在世界的知识》（1914 年）和《哲学问题》（1912 年）。张申府便是阅读了这两部著作而决心研究罗素哲学的，并为之广为介绍和宣传。他于 1914 年考入北京大学本科，也就在这一年，他开始接触了罗素哲学。晚年，张申府回忆起自己第一次阅读罗素哲学书籍时的无比欣喜之感，他在《我对罗素的敬仰与了解》一文中这样说道："这个时期北大的图书馆，只是藏书楼，设在马神庙校舍后院的所谓四公主梳妆楼里，藏书楼的书可以外借，但没有阅览室。第二年，我考入北大本科，藏书楼也开始辟出阅览室来了，西文书摆在阅览桌四周的书架上，但平常总是锁着，中文线装书则放在楼上。对于我，因为经常来这里，跟管理员十分熟悉，所以使得我就架恣意快读。那时书本来无多，除了工程书籍以外，几乎架上的书我都翻看过。一天，我发现一本十分有意思的书。这是一本精装书，1914 年美国出版，书名为《我们的外界知识》（《我们关于外在世界的知识》），是英国罗素所著，翻看一遍，觉得很有新意，又接连看了两遍，由此对罗素发生了浓厚的兴趣。"①《我们关于外在世界的知识》一书是罗素为美国哈佛大学的罗威尔讲座所写的一部讲稿。就是在这部讲稿中，罗素努力指出，逻辑分析方法是哲学中唯一的科学方法，他就是试图运用逻辑分析方法来解决哲学问题的。张申府深深地感觉到这部书解决了他当时思想上的迷惑。他年轻求学时意志徘徊于"数学与哲学之间"。他本是学数学的，但偏偏又考入了北京大学的文科，进入哲学系后，又不能忘怀数学，所以在进入哲学系不到两个月，又申请转到理科去学数学了。但到了数学系后，又放不下哲学，对于数学正课不大用心去学，而纵情读哲学书，尤其是逻辑书。显然，罗素的《我们关于外在世界的知识》使他懂得了如何将哲学与数学结合起来，使他真正走上了研究数理哲学的道路。他说道："我以后最重视、最集中学的只是数理哲学、数学的哲学、数学基础，而最中心在数理逻辑或称数学的逻辑，也就是数学样的逻辑，或数学里的逻辑，或数学所用的逻辑。也可以说，我所学的是兼乎数学与哲学的，也是介乎数学与哲学的，是数学与哲学之间的东西。"② 迷上罗素哲学之后，凡是罗素新出的书籍，张申府都在最短时间内阅读，并在国内积极而热情地宣传罗素的数理哲学。比如他想方设法地让他的朋友梁漱溟接受罗素的哲学思想。梁漱溟于数学可以说是一窍不通，所以对于罗素的数理哲学当然是摸不着门径的。他对于罗素的最大之不满是罗素竟然在来华讲学中批判他所敬仰的柏格森的哲学思想。

尽管如此，罗素的思想仍然对梁漱溟有相当的影响。此点我们可以从他的代表作《东西文化及其哲学》及《中国文化要义》中看得很清楚。比如他对于罗素《社会改造原理》一书第七章中关于人的活动是由本能、智力和灵性的划分的看法深表赞许，认为是绝对正确的看法，如此等等。

罗素来华作"五大演讲"以宣传他的分析哲学思想时，金岳霖正在美国留学。1920 年 7 月他在美国哥伦比亚大学获政治学博士学位，同年 9 月他在华盛顿乔治城大学讲授中文。1921 年 12 月金岳霖赴英国留学，在伦敦经济学院听课。1922 年上半年，金

---

① 张申府：《所忆——张申府忆旧文选》，北京：中国文史出版社，1993 年，第 84 - 85 页。
② 张申府：《所忆——张申府忆旧文选》，北京：中国文史出版社，1993 年，第 84 - 85 页。

岳霖在伦敦大学读了罗素的《数学原理》。[1] 他在《论道·绪论》中这样说道："民（国）十一年在伦敦念书，有两部书对于我的影响特别的大：一部是罗素底 *Principles of Mathematics*（《数学原理》，作者注），一部是休谟底 *Treatise*（《人性论》，作者注）。罗素底那本书我那时虽然不见得看得懂，然而它使我想到哲理之为哲理不一定要靠大题目，就是日常生活中所常用的概念也可以有很精深的分析，而此精深的分析也就是哲学。从此以后我注重分析，在思想上慢慢地 Green 分家。"[2] 从此他深刻地认识到分析的方法应该是哲学研究的主要方法，遂走上了分析哲学的道路。他的这种"分析就是哲学"的思想就是直接得自罗素。因此，我们可以清楚地看到，在分析哲学在中国的传播过程中，罗素起着一种十分特殊又十分重要的作用，有着其他的分析哲学家不可替代的地位和意义。而且罗素哲学在中国现代哲学界的影响不像杜威哲学那样只在一个较短的时期内发生影响，从 20 世纪 20 年代起一直到当代的中国哲学界，他的哲学思想始终起着一定的作用。他的哲学著作在中国也一直有着较为广泛的读者群。其实，罗素在中国的影响远远不局限在哲学领域之内，中国的文人学者如徐志摩、林语堂、梁实秋、钱穆等都表示出对罗素的思想有着巨大的兴趣。

由上看出，分析哲学在中国的传播是在新文化运动之后。新文化运动的两面大旗是"科学"和"民主"。近代以来，尤其是科学的观念在中国人民的心目中有着极为崇高的地位，得到了举国上下的一致认可。中国的学子之所以对罗素的来华讲学抱着极为热诚的心情，就是因为罗素的哲学在他们看来就是一种科学的哲学。事实上，罗素反复强调的就是要将科学方法移植到哲学的领域之内，主张运用数学的方法或数理逻辑的方法来分析和处理哲学问题，认为真正的哲学问题就是逻辑问题，指出逻辑分析方法是哲学的唯一方法。他在中国学术界发生过很大的影响的《我们关于外在世界的知识》一书的副标题就是《作为科学方法运用的一个领域的哲学》。其实这一副标题更能真实地反映出罗素这部著作的方法论的性质，因为此书的重要任务在罗素看来就是提倡运用一种新的哲学方法即逻辑分析方法来处理哲学上一个传统的问题，即我们究竟如何才能得到关于外在世界的知识。因此《我们关于外在世界的知识》这一题目并不能够真正地反映出罗素这一本书的真精神。而着重于哲学和科学的关系是一切分析哲学家共同的关怀，他们都强调科学和哲学之间的联姻，主张运用科学方法来处理和解决哲学问题。分析哲学家和以前的哲学家的一个很大的区别在于，后者往往有着很强的神学宗教的背景，或者有着很深厚的形而上学情怀。而分析哲学家则不同，他们一般说来都不是纯粹的哲学家，而是既研究哲学也研究科学。罗素既是哲学家也是一位数学家，而且他对爱因斯坦的相对论和普朗克的量子论有着系统的了解，能够运用哲学语言对之作深入浅出的阐述。又如石里克，他既是哲学家，也曾经是一位物理学家。正因为有这样的学术背

---

① 胡军等：《金岳霖思想研究》，北京：中国社会科学出版社，2004 年，第 401 页。

② 金岳霖：《论道》，北京：商务印书馆，1987 年，第 3 - 4 页。

景，所以分析哲学家非常重视科学方法在哲学领域之中的运用。更有甚者，干脆把哲学也看作科学，或者说想要以科学来代替哲学，维也纳学派的哲学家就鲜明地体现了这一思想倾向。他们认为哲学并不是一种与科学并列的学问，不是一种理论，而是一种活动。在他们看来，哲学就是科学，其任务在于阐明科学命题的意义。分析哲学的发展大体上经历了罗素和维特根斯坦的逻辑原子主义、维也纳学派的逻辑实证主义、后期维特根斯坦和牛津学派的日常语言哲学以及以奎因为代表的新实用主义。这大体上是学术界的一般看法。如果从分析哲学在中国的流传情况来看，分析哲学前期的代表人物在中国现代哲学界的影响显然是很大的。这里所谓的前期代表人物主要是指罗素、摩尔和维也纳学派的实证主义者。而维特根斯坦哲学思想在中国现代哲学界的影响则是微乎其微的。在分析哲学发展历史上，以后出现的种种流派则对于中国现代哲学基本上没有什么太大的影响。

维也纳学派的逻辑实证主义哲学思想在国内有一定的影响。这一影响主要是由于石里克的学生洪谦不遗余力的宣传。在他之前，张申府和张岱年兄弟也曾著文介绍和宣传维也纳学派的实证主义思想。张氏兄弟很赞赏维也纳学派的逻辑分析方法，认为他们的逻辑分析技术达到了一个相当的高度，但是张氏兄弟却很难认同他们的哲学观，尤其是不能接受他们拒斥形而上学的哲学立场。其他的中国哲学家如冯友兰、金岳霖也不能同意维也纳学派拒斥形而上学的哲学立场。因此，洪谦和冯友兰之间曾经爆发过一场有关形而上学的学术争论。在这场争论中，洪谦恪守了维也纳学派的逻辑实证主义的哲学立场，批判冯友兰的形而上学的立场，认为冯友兰的形而上学与传统的形而上学一样都在维也纳学派的批评范围之内。我们姑且不论这场争论的是非曲直，而只满足于指出，维也纳学派的哲学观在中国现代哲学界很难找到同情支持者，虽然中国的某些哲学家对于他们所运用的逻辑分析方法赞叹不已。

三

如果说 20 世纪 20 年代是分析哲学在中国传播的阶段，那么到了 30 年代则出现了以逻辑分析为方法而建构起来的哲学思想体系。金岳霖的《论道》《知识论》，冯友兰的《新理学》中的形而上学，都可以说是以逻辑分析方法建构起来的哲学思想体系。张岱年在 40 年代也以逻辑分析方法为主要方法建构了他自己的哲学思想体系，比如他的《知实论》和《事理论》就是运用分析的方法来讨论感觉材料和外界实在的关系及事、理之间的关系。冯友兰、金岳霖和张岱年上述的这些哲学著作可以说是中国自己的分析哲学的代表著作。

中国的分析哲学家们运用的主要方法是语言分析的方法，而不是逻辑分析方法或人工语言分析方法。不错，金岳霖的《逻辑》一书在国内率先引进了现代数理逻辑，但是金岳霖本人认为此书中有不少的错误，而且《逻辑》一书总的来讲还是以介绍为主。

根据当时中国学术界的情况，中国的学者还不可能在现代逻辑学的研究领域中走出一条自己发展的道路，建立自己独特的逻辑系统，作出自己的贡献。冯友兰早年自学过逻辑学，他学的是传统逻辑学，他承认自己在逻辑学的知识方面停留在"一知半解"的程度之上。但如果对于逻辑学的知识没有系统的掌握，是会妨碍我们进入分析哲学的研究领域的。因之，也许可以说冯友兰对于分析哲学是有着一定程度的误解。至于张岱年虽然很重视逻辑分析方法，但是他在自己的哲学著作中所作的分析主要还是语言分析。上述的这种学术背景就在很大程度上决定了中国的分析家走的是语言分析的道路。如金岳霖就非常清楚地指出，对于概念可以有很精深的分析，这种精深的分析就是哲学。他对形而上学的问题和知识论的问题都有相当精深的分析，所以他有"中国的摩尔"之称。众所周知，摩尔走的就是语言分析的道路。又如冯友兰把逻辑分析方法理解为"辨名析理"。而张岱年运用分析方法主要解决的哲学问题也是澄清哲学概念的意谓和命题的意谓。这是他们对逻辑分析方法的运用和性质所达成的一种共识。

当然，中国的分析哲学家们首先是对逻辑分析方法予以相当的重视，金岳霖就是这一方面的重要代表。他的《知识论》一书就充分体现了这样的特色，具有很强烈的技术性，能够自觉地运用逻辑分析方法来处理和解决知识论研究领域内的种种理论问题。而且我们也能看到，在金岳霖的哲学思想体系中，逻辑已不仅仅是哲学分析的工具。如果我们细读他的《论道》一书就不难看出，在形而上学哲学体系之中，逻辑已成了形成万事万物根本的成分之一。在《论道》中有三个最基本的概念，即道、式和能。道是最高的概念，是一种最高的境界。道是由式和能组成的。能是纯材料，没有任何的性质。式是无所不包的可能，这就是说式穷尽了一切的可能。穷尽可能为必然。可见，式就是必然。研究必然的学问是逻辑，所以逻辑就是式。由于式就是逻辑，这样在《论道》中，逻辑就具有了本体论的地位。我们可以清楚地看到，金岳霖的形而上学思想体系之中有着逻辑构造论的思想。

中国分析哲学的另一个特点是，冯友兰、金岳霖和张岱年都不同意维也纳学派拒斥形而上学的极端的哲学立场，而坚决地坚持建构形而上学哲学体系。冯友兰、金岳霖都建构了自己的形而上学的哲学体系。在这一方面他们都有着很强烈的实在论的色彩。因此他们都比较容易接受罗素关于逻辑分析的哲学立场，而很难认同维也纳学派哲学家的态度。这也就是为什么罗素的哲学思想能够比较容易地在中国哲学家中引起强烈反响的一个重要原因。其实罗素早期的哲学思想中是有着比较强烈的形而上学的或实在论的情怀的，这一点恰恰为中国哲学家所看重。

中国的分析哲学家都是人文科学的学者。他们虽然坚决地拥护科学，赞同科学方法，而且能够积极地为科学在中国的普及作不懈的努力，但是他们却能很自觉地把科学与哲学区别开来。如冯友兰认为，科学和哲学的对象都应该是经验事实，然而科学和哲学研究经验事实的方法是不一样的。科学是对经验事实作所谓积极的分析，即对经验事实作有内容的分析，这样分析能向人们提供实际的知识。哲学的分析则与此不同，它只是对经验事实作形式分析，这样的分析不能向我们提供实际的知识。冯友兰的这种看法已经自觉地看到了科学方法与哲学方法之间的差异。金岳霖也很清楚地看到了科学与哲学之间的区别。他们是反对把哲学简单地等同于科学的。中国分析哲学家们的这种态度显然是与西方分析哲学家们的立场有很大的区别的。维也纳学派的哲学家们认为哲学不是一种与科学并列的理论，而只是属于科学之内的澄清科学命题意义的一种活动。罗素在这方面的观点虽然要较维也纳学派来得平和，然而他也是积极地主张要以科学方法来处理哲学问题，这就是数学方法或数理逻辑的方法。他把哲学看作科学方法运用的一个领域。中国分析哲学家和西方分析哲学家之间的这种区别还是源自他们各自不同的学术背景。

中国的分析哲学家没有或很缺乏自然科学的背景，但是他们却具有强烈的人文情怀，他们之所以要运用分析方法建立形而上学的哲学思想体系，其根本原因就是试图将中国传统哲学中的思想道德境界和现代的逻辑分析方法结合起来，为中国传统的人生境界论寻找现代方法论的基础。所以在他们看来，形而上学是哲学中最根本的部分，哲学必须植根于形而上学的土壤中。在冯友兰看来，哲学就是形而上学，形而上学是最典型的哲学。在他整个哲学思想体系中，我们所能看见的就是形而上学，他不讨论知识论的问题，也不讨论逻辑方面及哲学其他领域内的理论问题。金岳霖也同样明确地指出，玄学（形而上学）是统摄全部哲学的，他虽然很重视知识理论的研究和讨论，但他却与罗素不一样。罗素实质上是要将全部哲学建立在知识理论的研究基础之上。而在金岳霖看来，知识论并不是形而上学的理论基础，形而上学才是全部哲学的基础，知识论当然也不例外。这样的哲学立场显然是与西方的分析哲学家们的根本立场是直接冲突的。西方的分析哲学家们运用逻辑分析方法瓦解庞大的哲学思想体系，企图一个一个地来解决哲学问题。中国现代哲学家们却不这样，他们偏要运用西方哲学家们的逻辑分析方法来为形而上学的哲学思想体系奠定方法论的基础。他们虽然极其推崇西方的逻辑分析方法，但是他们决不在西方哲学家们后面亦步亦趋，而是坚持着要走自己的哲学发展道路。

在西方分析哲学的影响与推动下，中国分析哲学的发展虽然是步履蹒跚，但经过一些哲学家坚持不懈的努力，也取得了很大的成绩。金岳霖可以说是中国分析哲学发展的一个集大成者，他的巨著《知识论》就是熟练地运用逻辑分析方法来考析、处理和解决知识理论所必须要解决的种种理论问题。我们往往为他那种细致的分析、充分的论证和严格的推导所折服。他的知识理论是他运用逻辑分析方法的典范。他的《知识论》一书即使与西方那些分析哲学家的著作相比也毫不逊色，甚至要比他们中大部分人的思想更细腻、更严密。

如果说中国有过分析哲学的话，那么冯友兰、金岳霖和张岱年的哲学思想体系就是，尤其是金岳霖，其哲学思想体系达到了中国分析哲学的顶峰。假如我们能够接着这样的分析哲学的传统走下去的话，那么分析哲学在现代中国就会有很深厚的理论基础，也许会取得重大的突破和相当可观的成绩。可惜，受极"左"思潮的干扰和种种政治运动的冲击，在中国现代哲学中好不容易培养发展起来的分析哲学的传统过早地夭折了。其中比较典型的是金岳霖哲学的转变。改革开放以后，学术研究逐渐走上轨道，学者们能够比较自由地讨论各种学术问题。这样的学术环境为西方哲学的输入创造了相对宽松自由的条件。所以20世纪80年代以后，学术界对于西方的分析哲学又有了较多的介绍和研究。这种介绍和研究比起1949年之前要全面系统得多，对于西方分析哲学家的哲学思想的个案研究也相当的深入。不过80年代以后，在分析哲学方面，学术界也仅仅局限于对西方分析哲学发展历史作系统的介绍和研究。尽管研究得很深入细致，也不乏睿见卓识，但中国当代的哲学界还没有能力与西方哲学界进行直接的对话，作针锋相对的讨论和研究，更没能像金岳霖、冯友兰和张岱年那样以逻辑分析方法来构造出中国自己的分析哲学思想体系。诚然，分析哲学在西方哲学界早已衰落退潮了，所以在这样的环境之下，中国当代的哲学界也就完全没有必要如金岳霖等人那样去构造分析哲学的思想体系。

虽然西方分析哲学的发展如今已经失去了强劲的势头，然而分析哲学的优良传统，尤其是它的科学方法论及运用这种方法论分析和解决种种理论问题所取得的成就，我们还是要继承，还有进一步学习和研究的必要。现在看来，逻辑分析方法并不是哲学研究的唯一方法，甚至我们现在也很难说它是主要的方法，但它确实是哲学研究的一种必要的方法论。而且对于中国哲学界来说，逻辑分析方法从未得到过充分的发育和成长，关于逻辑科学知识在学术研究领域内也远远没有普及，金岳霖在20世纪40年代前后所说的中国思想界的逻辑和认识论意识的不发达状况其实远未打破，因此我们现在怎样强调逻辑分析方法在哲学研究中的意义、价值和地位也不为过。由于分析哲学和科学哲学有着密切的关系，而且分析哲学家们总是强调他们就是运用科学方法来分析和解决哲学理论问题的，甚而可以说分析哲学就是科学哲学。我们也同样注意到，罗素来华讲学之所以会产生很大的反响，也是由于罗素的哲学思想充满着科学的精神。而当时中国学人对于科学的精神情有独钟，表现出了极大的热忱，这当然是和新文化运动对于科学的大力提倡分不开的。杜威的来华讲学、胡适等人为科学方法的摇旗呐喊等为罗素的来华讲学创造了一个很好的注重科学方法和科学精神的学术氛围，因而罗素的来华讲学及其哲学思想在中国的传播也有力地扩大了科学思想和方法在中国的影响。

【作者简介】

胡军，北京大学哲学系教授、博士生导师。

马克思的"社会"理论与当代中国的社会实践

——析马克思"巴黎手稿"的现代意义*

许斗斗

社会是什么？何为社会的本质？这是探讨建构"和谐社会"的首要问题。马克思的"社会"理论，是我们构建"和谐社会"的理论基础。目前，国内理论界对"和谐社会"的讨论，主要集中在对"和谐"的内涵、特征以及如何建构上，这是不够的，应该首先关注"社会"思想。笔者认为，《1844 年经济学哲学手稿》（以下简称《手稿》）是包含着马克思丰富"社会"思想的重要著作之一，我们将从中展开对马克思"社会"思想的探讨，并依此而生发出"和谐"的深刻内涵。

一、马克思"社会"理论的叙述背景

《手稿》是马克思完成于其青年思想转变的关键时期。那么，马克思为什么会在这部著作中阐述他的社会思想呢？这就使我们不得不考察马克思阐述其社会思想的前提和背景。而当我们翻开马克思的这部《手稿》时就会发现，它是马克思通过对资本主义社会"异化劳动"这个社会事实的集中揭示来批判资本主义社会之异化的社会关系的主要力作。这就说明，马克思的社会思想是在对资本主义异化的社会关系的揭示和批判的前提背景下阐述和表白的。这种从"异化劳动"到"异化社会"的批判思路实际上是把"劳动"看作"社会"得以产生的根本因素。

马克思认为，资本主义的异化社会主要表现在工人的异化劳动上，因此，马克思从分析异化劳动及其在社会活动中的表现开始。马克思指出，异化劳动有四种表现：①人与劳动产品的异化；②人与自己的劳动相异化；③人与自己"类"的异化；④人与人相异化。其中，异化劳动是最关键和最本质的异化。一方面，劳动的异化使得个人与他人相异化、人与自己的"类"相异化、工人与自己的劳动产品相异化。其实，这些正

---

* 本文原载于《广东社会科学》2007 年第 2 期。

是一切社会关系（即社会）之异化的具体表现，"通过异化的、外化的劳动，工人生产出一个对劳动生疏的、站在劳动之外的人对这个劳动的关系。工人对劳动的关系，生产出资本家……对这个劳动的关系"①。因此，异化劳动生产出了异化的社会关系。另一方面，它使得人的本质异化了。在马克思那里，人的本质是体现在人的劳动中，是体现在劳动所形成的人的各种社会关系中，异化劳动的这四种表现正是人的本质异化的实际表现。

当然，马克思认为，异化劳动和异化社会与私有财产是直接相关的，因而马克思才将批判的核心与焦点从人的异化劳动转而直接针对资本主义的剥削社会关系及其制度，并在这种对资本主义异化社会关系的批判中表达他的社会思想。就思维方式而言，马克思正因为具有这种对资本主义社会的否定性批判，才有对未来社会该如何的肯定性表述。在《共产党宣言》中，马克思、恩格斯就把他们理想的未来社会描述成人的自由发展的联合体，即："代替那存在着阶级和阶级对立的资产阶级旧社会的，将是这样一个联合体，在那里，每个人的自由发展是一切人的自由发展的条件。"② 这种由自由发展的个人所组成的联合体就是一种建立在自由而无异化剥削的社会关系之上的理想社会。

二、马克思生成性"社会"本质

对于社会的本质，笔者认为，马克思为我们的研究指明了方向。马克思指出："首先应当避免重新把'社会'当作抽象的东西同个体对立起来。"③ 就是说，对社会的研究应当避免抽象性和与个体的对立，其实这是一个问题的两个方面，或者是说，社会的抽象性正是因为它与个体的对立，而与个体的对立才成为社会之抽象性的原因。那么，社会如何才不致成为"抽象的东西"？社会如何才不致与个体相对立？笔者认为，其中的关键是转变对"社会"的观察和研究视角，即从既成论的社会静态视角向生成论的社会动态视角转变，把社会看作生成论意义上的动态性质。

那么，马克思是如何在生成论意义上来阐述社会的本质呢？

第一，从社会本质与人的本质的关系看。之所以必须把社会与人的本质相联系，是因为马克思认为："因为人的本质是人的真正的社会联系，所以人在积极实现自己本质的过程中创造、生产人的社会联系、社会本质，而社会本质不是一种同单个人相对立的抽象的一般的力量，而是每一个单个人的本质，是他自己的活动、他自己的生活、他自己的享受、他自己的财富。"④ 在此，马克思把人的本质与社会本质、社会联系相勾连，其核心思想是：社会的本质是人的本质的体现，人在积极实现自己本质的过程中创造出社

---

① ［德］马克思：《1844 年经济学哲学手稿》，北京：人民出版社，2000 年，第 61 页。
② 《马克思恩格斯选集》（第 1 卷），北京：人民出版社，1995 年，第 294 页。
③ ［德］马克思：《1844 年经济学哲学手稿》，北京：人民出版社，2000 年，第 84 页。
④ ［德］马克思：《1844 年经济学哲学手稿》，北京：人民出版社，2000 年，第 170 页。

会的本质,而人的本质是在自己的活动、生活、享受和财富之中生成和实现的,反之,人自己的活动、生活、享受和财富又只能在自己创造和生成的社会中实现。马克思的这一思路后来体现在他所说的人的本质"在其现实性上,它是一切社会关系的总和"① 中。

必须指出,马克思对社会本质的论述实际上是引发了一次关于社会的理论革命,这一革命需要涉及马克思对私有财产的批判。在马克思看来,私有财产具有"积极的本质"和"历史必然性",因为"私有财产的运动……是迄今为止全部生产的运动的感性展现,就是说,是人的实现或人的现实"②。因而可以说,它是人的本质在现阶段的感性表现,它具有历史的阶段性和必然性,因而人的本质在现阶段就以异化和扭曲的形式呈现出来。由于私有财产与异化劳动的直接联系,使得克服异化劳动、克服异化社会、积极扬弃私有财产以及真正复归、占有人的本质成为共产主义运动的现实性根据,共产主义运动就具有扬弃的性质,这也就是社会的性质,也就是说,"社会性质是整个运动的普遍性质;正像社会本身生产作为人的人一样,社会也是由人生产的"③。因此,社会的本质与人的本质是相互生成或生产的,在现实性上,社会是人的本质的展现。于是,"通过私有财产及其富有和贫困……的运动,正在生成的社会发现这种形成所需的全部材料;同样,已经生成的社会,创造着具有人的本质的这种全部丰富的人,创造着具有丰富的、全面而深刻的感觉的人作为这个社会的永恒的现实"④。私有财产作为一个异化而被扬弃的阶段,成为社会本质生成的一个积极环节,也就成为人的本质生成的一个必然过程。

第二,从社会本质与自然界的关系看。马克思在总结异化劳动所带来的直接后果时指出:"异化劳动,由于(1)使自然界,(2)使人本身,使他自己的活动机能,使他的生命活动同人相异化,也就使类同人相异化;对人来说,它把类生活变成维持个人生活的手段。"⑤ 这就是说,异化劳动使人与自然界相分离,也就使得人与"类"相分离,换言之,在马克思的眼里,自然界与人之"类"具有本质的统一性,而这种统一是在实践中获得的。因为马克思认为,对于人"类",自然界具有双重意义。一方面,从理论领域来说,它是作为意识的对象性而存在,即它既作为自然科学的对象,又作为艺术的对象,是人的意识的一部分;自然界是人的精神的无机界。另一方面,从实践领域来说,自然界成为人的生活资料和生命活动的对象,"自然界,就它自身不是人的身体而言,是人的无机的身体。人靠自然界生活","因为人是自然界的一部分"。⑥ 尽管异化劳动使人与自然界相分离,但作为异化劳动之克服的社会性质则能够实现人与自然界相

---

① 《马克思恩格斯选集》(第1卷),北京:人民出版社,1995年,第60页。
② [德]马克思:《1844年经济学哲学手稿》,北京:人民出版社,2000年,第82页。
③ [德]马克思:《1844年经济学哲学手稿》,北京:人民出版社,2000年,第82–83页。
④ [德]马克思:《1844年经济学哲学手稿》,北京:人民出版社,2000年,第88页。
⑤ [德]马克思:《1844年经济学哲学手稿》,北京:人民出版社,2000年,第57页。
⑥ [德]马克思:《1844年经济学哲学手稿》,北京:人民出版社,2000年,第56–57页。

统一的复归，正如马克思指出的："自然界的人的本质只有对社会的人来说才是存在的；因为只有在社会中，自然界对人来说才是人与人联系的纽带，才是他为别人的存在和别人为他的存在，只有在社会中，自然界才是人自己的人的存在的基础，才是人的现实的生活要素。只有在社会中，人的自然的存在对他说来才是自己的人的存在，而自然界对他来说才成为人。因此，社会是人同自然界的完成了的本质的统一，是自然界的真正复活，是人的实现了的自然主义和自然界的实现了的人道主义。"① 在此，马克思赋予"社会"以本质上的理论复归，它是被现代人的技术追求所忘却的本质，这就是：社会是自然主义和人道主义的本质统一。这种自然主义是被人的本质存在与活动所激活的，是自然界的存在价值的真正体现，是自然界为人的本质存在而复活与存在；而这种人道主义是人对自然界的根本依赖，并在自然界中展现人的存在价值的人道主义。"在人类历史中即在人类社会的形成过程中生成的自然界，是人的现实的自然界。"② 因此，自然界的现实性是在社会的形成过程中生成的。社会的本质也就充分体现在自然主义和人道主义的本质统一之中。

第三，从社会本质与自然科学的关系看。马克思指出："无论从理论方面还是从实践方面来说，人的本质的对象化都是必要的。"其中实践是这一对象化的主要方式，但此时的实践主要表现为"工业"，因为"工业的历史和工业的已经生成的对象性的存在，是一本打开了的关于人的本质力量的书"③；作为人的本质力量，工业是对象性的中介和实现，是人与自然界相统一的力量和展示。当然，工业必须借助自然科学，同样，"自然科学却通过工业日益在实践上进入人的生活，改造人的生活，并为人的解放作准备"④。但是，原本在实践上作为人的本质力量、实现人的解放的工业和自然科学，在现实的异化社会中，却"不得不直接地使非人化充分发展"⑤，而成为人的异化的催化剂。一旦失去了人的本质的展现和人的解放性质，自然科学就将陷入"抽象性"中。该如何恢复自然科学的"科学性"呢？对此，马克思指出，"如果把工业看成人的本质力量的公开的展示，那么自然界的人的本质，或者人的自然的本质，也就可以理解了；因此，自然科学将失去它的抽象物质的方向或者唯心主义的方向，并且将成为人的科学的基础，正像它现在已经——尽管以异化的形式——成了真正人的生活的基础一样"，"通过工业——尽管以异化的形式——形成的自然界，是真正的、人本学的自然界"⑥。可见，自然科学的"科学性"本质体现在它成为人的本质力量的展示过程，成为人的解放的实践活动，体现在使"自然界的人的本质"与"人的自然的本质"之生成和统

---

① ［德］马克思：《1844 年经济学哲学手稿》，北京：人民出版社，2000 年，第 83 页。
② ［德］马克思：《1844 年经济学哲学手稿》，北京：人民出版社，2000 年，第 89 页。
③ ［德］马克思：《1844 年经济学哲学手稿》，北京：人民出版社，2000 年，第 88 页。
④ ［德］马克思：《1844 年经济学哲学手稿》，北京：人民出版社，2000 年，第 89 页。
⑤ ［德］马克思：《1844 年经济学哲学手稿》，北京：人民出版社，2000 年，第 89 页。
⑥ ［德］马克思：《1844 年经济学哲学手稿》，北京：人民出版社，2000 年，第 89 页。

一中，这就是上述马克思所说的"社会性质"。换言之，自然科学一方面是作为生成论意义上关于自然界的科学（自然界与人的本质关系的科学），另一方面是作为关于工业（实践）意义上的具体学科（关于自然界的图像、模型等），将在"社会"中体现其真正的科学性本质。必须指出，正是在这一"社会"意义上，马克思才说："自然科学往后将包括关于人的科学，正像关于人的科学包括自然科学一样：这将是一门科学。""自然界的社会的现实和人的自然科学或关于人的自然科学，是同一个说法。"① 自然科学与人的科学的统一是社会的发展过程，是人的本质力量的展示过程，而这就是历史，在马克思看来，历史就是自然界生成为人的现实部分的过程。因此，"自然界的社会的现实"就是使自然界在"社会"中成为人的现实部分的过程。

通过与人的本质的关系、与自然界的关系和与自然科学的关系，马克思的社会理论得到全面的展示，其中，社会作为人的本质的展示应该是一条核心线索，它深刻地贯彻在其他方面的论述中。而贯彻在我们对马克思社会理论之理解的核心思路应该是从劳动、工业到实践意义上的生成论（存在论）研究视角，这种研究视角摒弃了我们对社会、人、自然界和自然科学等概念的既成性知识论，将它们重新纳入前概念和前逻辑的生成论中来审视。在这种生成论视角下，我们就会看到，社会的生成与人的（本质）生成是一个相互促进的过程；只有在生成的社会中，自然界才能成为人的现实部分，自然主义和人道主义的本质统一才是可能，"自然界的人的本质"与"人的自然的本质"才能统一；只有在生成的社会中，关于自然的科学和作为实践（工业）意义上的自然科学才能成为人的本质力量和人的解放力量。历史的动力虽然离不开实践意义上的自然科学，但历史作为人的本质力量的展示过程，是社会的生成与人的（本质）生成的统一过程，是自然界生成为人的现实过程。自然科学只是人的本质之生成的一种方式，是人的本质的实践过程。因此，历史本身也是一个能够为人的意识所理解和认识到的"生成运动"，一个有意识、有目的的运动过程。历史与人的本质生成的这种直接关系，才是真正意义上的克服了抽象性的"历史唯物主义"。因此，海德格尔认为："因为马克思在体会到异化的时候深入到历史的本质性的一度中去了，所以马克思主义关于历史的观点比其余的历史学优越。"② 也就是说，正因为马克思是把历史与人的本质生成相联系，人的异化是历史生成运动意义上的异化，所以，在海德格尔看来，马克思的历史观具有无比的优越性。

三、当代中国的社会实践

马克思哲学的实践性特征决定了他的"社会"理论应该是一场现实的实践运动，

① ［德］马克思：《1844 年经济学哲学手稿》，北京：人民出版社，2000 年，第 90 页。
② 《海德格尔选集》（上册），上海：上海三联书店，1996 年，第 383 页。

当代中国的社会实践，特别是社会主义和谐社会的建构就是这样的实践活动。提高管理社会事务的本领、协调利益关系的本领、处理人民内部矛盾的本领和维护社会稳定的本领，以构建社会主义和谐社会，这是我们的目标。当今构建和谐社会，首要的任务就是要把握马克思的社会思想，以马克思深刻的社会理论为基础。依此，当我们在构建当今社会主义和谐社会时，应该从人的社会观、人的自然观、人的科学观等三个基本要素来建构和谐关系。

首先，以人为本，构建和谐的社会关系，这是根本的社会观。马克思指出，社会本质上就是人的本质，社会的运动过程就是人的本质的发展过程。一个和谐的社会，就是能够使人的本质得到充分发展的社会，因此，构建和谐社会就是要构建和谐的社会关系。马克思对资本主义异化的社会关系之批判，就是批判一个"站在劳动之外"却占有劳动产品的阶级，批判一种剥削的、不公平的社会关系。我们构建和谐社会的重要方面，就是构建一个公平、正义的社会关系和社会机制。社会主义和谐社会的公平是结合我国自身发展的历史性特点，是追求和保证最广大人民群众的根本利益的公平实现，是要坚持把最广大人民的根本利益作为制定和贯彻党的方针政策的基本着眼点，是要综合运用多种手段，依法逐步建立以权利公平、机会公平、规则公平、分配公平为主要内容的社会公平保障体系。必须指出，我们追求的最广大人民群众根本利益的公平不是追求大家的绝对平等或平均，不是回到以往贫穷的平均主义时代，马克思将这种平均主义称为"粗陋的和无思想的共产主义"，这种共产主义"到处否定人的个性"①。因此，追求公平的社会关系，就是要承认人的个性和差异，就是要承认不平等的客观现实性。正如马克思所说的，在经济、道德和精神方面都还带着它脱胎出来的那个旧社会的痕迹，它要默认，劳动者的不同等的个人天赋，从而不同等的工作能力，是天然的特权。所以就它的内容来讲，它像一切权利一样是一种不平等的权利。②因此，只有建立公平与正义的社会关系和社会机制，社会分工（职位）不同和个性不同等的不平等才是客观现实的和可接受的，才是和谐的和合理的。

其次，要构建人与自然界的和谐关系，这是根本的自然观。人与自然界的关系首先是一种存在关系，因而是一种相互生成的关系。在《手稿》中，马克思认为，人与自然界的关系只有在社会中才是可能的和生成的，在社会中，自然主义和人道主义的本质统一才是可能，"自然界的人的本质"与"人的自然的本质"才能统一。构建和谐社会就是构建人与自然界的和谐关系，注重其内在的生成关系，避免将自然界与人的发展变成一种外在的对立关系，避免错误地将自然界当作取之不尽、用之不竭的"资源库"；就是把自然界看作人的生存部分，把人看作自然界的组成部分，就是要把自然界的意义与人的本质的存在与发展看作相互生成的同一个过程。要构建和谐的人与自然界的关

① ［德］马克思：《1844年经济学哲学手稿》，北京：人民出版社，2000年，第79页。
② 《马克思恩格斯选集》（第3卷），北京：人民出版社，1960年，第301页。

系，在根本上就是要处理好生产、生活和生态的和谐关系，人与自然和谐相处，就是生产发展，生活富裕，生态良好。因此，要纠正我们以往对自然界的不正确态度，重新构建我们的生成论价值观，建立一种生成论意义上的生产、生活和生态和谐的价值观，把自然界看作关切人的生存与发展的根本，看作人的本质的生成性基础。

最后，正确看待人的生存与科学技术的关系，这是根本的科学观。我们应该如何看待自然科学的社会意义？近代启蒙运动所发动的人类"理性"革命，把理性、知识转变成为工具理性，自然科学成为人类征服自然、改造自然的工具，这样，自然界难逃其被掠夺的厄运，人类的发展模式也就趋向异化。因此，树立正确的科学观与树立科学的发展观具有本质上的一致性，甚至可以说，正确的科学观是科学的发展观的重要前提。社会主义和谐社会的建构，就是要坚持以人为本，全面、协调、可持续的发展观，就是要树立正确的科学观，在当今科学技术是第一生产力的时代，就是要处理好科学技术在社会发展中的作用。马克思从自然科学的根本意义上阐述了自然科学与人的科学的生成性统一，换句话说，自然科学本质上就是关于人的科学，即它是关于人的存在方式如何展现的科学，是人如何更和谐、合理地展示自身存在的科学。而人的存在方式在根本上涉及人的存在（在世）与自然界的关系，马克思正是在谈及人与自然界的实践（工业）关系和生活关系时才把自然科学纳入人的本质力量的展示和"人的解放"进程中的。因此，在马克思的眼里，自然科学只有成为人的科学，成为人的解放和实现人的本质的科学，"自然科学将失去它的抽象物质的方向或者不如说是唯心主义的方向，并且将成为人的科学的基础"①，才能获得其真正的科学性。正确的科学观就是关于自然科学与人的科学的统一。海德格尔通过现代技术对人的"这种摆置摆置着人，也即促逼着人，使人以订造方式把现实当作持存物来解蔽"②的"座架"本质，揭示出技术社会使人类陷入无家可归的状态，因此他以哲学家的社会责任感告诫人类，科学只是人的活动方式，是人的存在方式，但不是唯一的和最切近的存在方式。海德格尔的这一思想表现出对我们当下技术时代的深刻警觉。因此，自然科学不是价值中立，自然科学只能以人为本；无视人的本质，失去人的解放之意义的自然科学不仅陷入"抽象物质的"和"唯心主义的方向"的泥潭，而且必然会制约人的生存与发展，必然会促使人类坠入技术异化的深渊。反之，把自然科学与人的科学相统一，以人的生存与发展为核心来制约和规范自然科学的发展目标，就能够使自然科学成为实现以人为本，全面、协调、可持续的发展观的有效方式，成为实现人与自然界和谐统一的有效方式。

总之，马克思的"社会"理论表明，社会与人的本质是相互生成的，生成的社会又是人与自然界相统一的基础，自然界只有成为人的生存和生活的部分才是有意义的，因此，在存在论的基础上，马克思的社会、人和自然界等得到了相互生成意义上的整体

---

① ［德］马克思：《1844年经济学哲学手稿》，北京：人民出版社，2000年，第89页。
② 《海德格尔选集》（下册），上海：上海三联书店，1996年，第938页。

统一。社会不是从来就有的，人也不是一成不变的，自然界的意义是生成的，自然科学是人的本质的展示。马克思的这种整体统一思想只有在生成意义上才可能被说明和理解。其实，构建和谐社会已经隐含在马克思的社会生产和生成之中，因为马克思认为，"人的生产是全面的"，"人懂得按照任何一个种的尺度来进行生产，并且懂得处处把内在的尺度运用于对象"，"人也按照美的规律来构造"。[①] 当前，"构建社会主义和谐社会"的提法本身说明了和谐社会不是自发的必然结果，它需要我们在认识社会本质的基础上进行价值理念的构造和赋予，这种价值理念的构造应建立在对人的本质与发展的认识、对自然界的正确认识和对自然科学之本质的正确把握等的基础之上。社会本质的生成性表明，和谐社会的构建是一个过程，是一个不断发展、不断完善的过程，而这些都需要我们对马克思"社会"理论的深层把握。

【作者简介】
许斗斗，福州大学人文社会科学学院副院长、教授。

---

① ［德］马克思：《1844 年经济学哲学手稿》，北京：人民出版社，2000 年，第 58 页。

改革开放 40 年来马克思主义哲学研究的回顾与展望[*]

于永成　贺　来

1978 年是中国现代化进程中具有历史性转折意义的一年，在这一年中，围绕"实践是检验真理的唯一标准"这一重要论题展开了广泛、激烈的讨论，并由此开启了改革开放的重要序幕。在改革开放 40 年的今天反观这一讨论，它实质上是突显了哲学作为思想中把握的时代、作为时代精神的精华，对人的思想解放与时代的引领作用。这场解放首先是哲学面向现实，推动人们在思想上的解放，其次是哲学通过面向自身而展开的自我批判与自我解放。在改革开放的 40 年中，马克思主义哲学作为对现代社会发展规律的科学把握，一直是我们党与国家进行建设和发展的主要指导思想，同时它也在与中国现实发展的密切联系中不断丰富与发展着自身，具有鲜明的与时俱进的理论品格。因此，在改革开放 40 周年之际，结合中国社会主义建设的经验与成果，对国内马克思主义哲学的研究成果进行回顾与总结，将会推动我们对改革开放的深入理解，因此具有重要的理论意义与现实意义。

一、对国内马克思主义哲学研究 40 周年成果的回顾

（一）关于认识论、价值论与主体性问题的讨论

1. 实践基础上的认识论研究

关于"实践是检验真理的唯一标准"的大讨论构成了改革开放的思想起始点，而这一讨论从理论上讲属于马克思主义认识论的范围，即如何使人的认识得到有效的检验并进而正确地引导人的实践。随着讨论的深入，实践检验认识真理性的标准与机制问题、主体与客体的关系问题、实践与认识发生的关系问题等就逐渐显露在人们的理论视

---

*　本文原载于《广东社会科学》2018 年第 4 期。

野之中，认识论就成为马克思主义研究的重要主题，建构马克思主义认识论就成为当时学界的重要任务与使命。在学者们的努力之下，从 20 世纪 80 年代初到 90 年代初相继出版了一大批代表性著作，如：张恩慈的《人类认识运动》（上海人民出版社，1984年）、陈中立的《真理过程论》（中国社会科学出版社，1984 年）、夏甄陶的《认识论引论》（人民出版社，1986 年）、欧阳康的《社会认识论导论》（中国社会科学出版社，1990 年）、冯国瑞的《系统论、信息论、控制论与马克思主义认识论》（北京大学出版社，1991 年）等。在上述著作中，学者们对人类认识运动的发生、发展与内在机制，真理的过程性与整体性，马克思主义认识论的方法论意义等方面进行了探讨，但在这些对认识论的研究中凸显了实践的重要性，诠释了实践在认识的发生、发展，以及认识真理性的检验等方面的关键性作用，由此确立了马克思主义认识论的实践基础。由舒炜光、彭湘庆、张俊心等人合著的《科学认识论（五卷）》（吉林人民出版社，1990 年），从科学认识的发生、形成、发展与价值等不同角度展开了系统深入的探讨，代表了认识论研究的较高水平。

2. 价值渗透认识与关于价值的基本理解

对马克思主义认识论进行研究的时候，学者们注意到一个重要问题，即人对世界的认识并非在纯客观的意义上展开的，也不会把所有的对象都纳入认识的范围之中来，认识活动中渗透着价值因素。因此，有学者指出价值关系也是主客体关系中的重要维度。随着认识论研究的深入，人们就自然转向了对价值论的研究。关于价值论的研究起始于20 世纪 80 年代初，但真正产生影响则是在 80 年代中后期，这个时期相继出版了一批学术成果，奠定了价值论研究的地位。进入 90 年代之后，国内马克思主义哲学界对价值论的研究持续升温，价值论的研究更显成熟，佳作不断。纵观 80 年代到 90 年代价值论的研究成果，主要体现在以下三个方面：第一，价值的本质，如何理解价值。大部分学者都承认价值从本质上看是物对人的一种属性，人是价值的主体，离开了人就没有了价值。有些学者还从价值论与认识论、本体论的相互区别与联系中界定价值论的论域与地位。代表性的著作有：李连科的《世界的意义——价值论》（人民出版社，1985 年）、李德顺的《价值论—— 一种主体性的研究》（中国人民大学出版社，1987 年）、王玉樑的《价值哲学》（陕西人民出版社，1989 年）、袁贵仁的《价值学引论》（北京师范大学出版社，1991 年）等。第二，价值与真理的关系。有学者指出价值与真理的关系，二者在本质上是既相互区别，又相互依赖的关系，即人们对真理的认识往往基于价值的引导与选择，而价值观念的形成与实现往往需要真理的支撑。相关的著作有：汪信砚的《科学价值论》（广西师范大学出版社，1995 年）、温纯如的《认知、逻辑与价值》（中国社会科学出版社，2002 年）等。第三，价值评价研究。这方面的研究者强调价值评价是价值活动的重要组成部分，并侧重从个体评价与社会评价的区别与联系、价值评价的标准与尺度如何形成等角度来分析价值评价。相关的著作有：马俊峰的《评价活动论》（中国人民大学出版社，1994 年）、冯平的《评价论》（东方出版社，1995 年）、张理海的《社会评价论》（武汉大学出版社，1999 年）等。

3. 关于主体性问题的重思

1978 年之前高度集中的政治经济体制限制了人的主体性与能动性，进而使得整个社会发展缺少活力。在改革开放之初，要恢复经济与社会的发展活力，使社会与国家得到快速发展，就需要思考如何重新确立与恢复人的主体性。因此，对主体性问题的重新思考就是时代的需要。关于主体性问题的思想研究，起始于 20 世纪 80 年代中后期，历经 90 年代的发展，一直持续到现在，其间还和人道主义与异化的讨论存在交集。从研究的方向与成果上来看，对主体性问题的研究大致可以归纳为几类：首先，有学者强调马克思充分肯定了人的主体性，人的主体性体现在自由自觉的活动中，但马克思所理解的主体不是指孤立的个体，而是处于相互肯定的交往关系之中。相关的研究著作有：欧阳谦的《人的主体性与人的解放》（山东文艺出版社，1986 年）、高清海的《哲学与主体自我意识》（吉林大学出版社，1988 年）、任平的《交往实践与主体际》（苏州大学出版社，1999 年）、郭湛的《主体性哲学》（云南人民出版社，2002 年）等；其次，有学者强调历史唯物主义视野中的主体性，认为马克思的主体概念不是非历史的抽象主体，而是随着现实实践活动的发展而处于历史的发展之中，各种经济、政治与道德的社会关系就成为规定与理解人的主体性的因素。相关著作有：吴晓明的《历史唯物主义的主体概念》（上海人民出版社，1993 年）、张一兵的《马克思历史辩证法的主体向度》（河南人民出版社，1995 年）等。最后，有学者从后形而上学的视域来理解马克思的主体性。研究者指出马克思反对从形而上学的抽象思维来理解与规定人，而主张从现实的生活与实践来考察主体，强调了主体的历史生成性与开放性，从而克服了西方自笛卡尔以来的先验与抽象主体哲学困境，推动了主体的解放。相关著作有：王南、谢永康的《后主体性哲学的视域——马克思唯物主义的当代阐释》（中国人民大学出版社，2004 年），刘金萍的《主体形而上学批判与马克思哲学"主体性"思想》（中国社会科学出版社，2009 年），贺来的《"主体性"的当代哲学视域》（北京师范大学出版社，2013 年）等。

（二）教科书体系改革、实践唯物主义与辩证法研究

1. 教科书体系的局限与哲学的自我变革

改革开放之后，许多学者在反观国内的马克思主义哲学研究时，发现学界对马克思主义哲学的理解受教科书体系的影响，主要局限于"原理"的水平，对于"原理"，我们主要是将其当作可以随时拿过来用的现成"结论"，而没有去思考这些结论是如何得出的。"原理"体系的这种机械性与僵化性，极大地限制了马克思主义哲学自身发展的活力。由于上述原因的存在，有些学者迫切地感受到时代的发展需要哲学的引领，而哲学的发展则需要进行自我变革，需要打破教科书体系的束缚，重塑对马克思主义基本原理的理解。我国最初的马克思主义哲学教科书是于 20 世纪五六十年代编写的，其中最具代表性的是艾思奇主编的《辩证唯物主义历史唯物主义》（人民出版社，1961 年）。[①]在此基础上，后来根据需要国内又编辑并出版了一批新的哲学教材。这些教材虽然在具体内容上有着诸多差异，但是从理论框架上看，无疑还没有从根本上脱离教科书体系的影响。改革开放之后，在教科书体系改革的呼声中，吉林大学的高清海教授实现了教科书体系改革的突破性进展。高清海以实践的思维方式为基础，以主客体关系为框架，打破了原有的"两个主义""四大块"的局限，出版了《马克思主义哲学基础》（上、下册）（人民出版社，1985、1987 年），实现了辩证唯物主义与历史唯物主义的有机统一，突显了马克思哲学变革的实质内涵与理论的活力，在很大程度上突破了教科书模式的影响，代表了当时国内教科书体系改革的最高水准。但这一教材没有得到普及，所以影响有限。后来，在"实践唯物主义"讨论的推动下，人们对马克思主义哲学的基本理解有了很大的改变，90 年代之后教科书体系的改革因此有了新的发展，代表性的成果有：肖前等主编的《马克思主义哲学原理》（上、下册）（中国人民大学出版社，1994 年），陈晏清、王南、李淑梅合著的《马克思主义哲学高级教程》（南开大学出版社，2001年），李秀林等主编的《辩证唯物主义和历史唯物主义原理》（中国人民大学出版社，1995 年第 4 版；2004 年第 5 版）。这些教材在理论框架的安排上并不一致，但共同点在于都把实践观点作为马克思主义哲学的核心观点，对教科书体系均有实质性的突破，从而真正打开了教科书体系改革的新局面。

2. 关于"实践唯物主义"的大讨论

改革开放以前，受教科书体系的影响，人们对于马克思主义哲学的理解是基本一致的，即认为马克思主义哲学就是辩证唯物主义和历史唯物主义，即唯物主义和辩证法的有机结合、唯物辩证的自然观和历史观的有机结合。但是这两大方面如何实现各自结合，结合的基础是什么？历史唯物主义与辩证唯物主义如何统一？这些问题成为理解马克思主义哲学本质的关键性问题，但在教科书体系时代并没有真正解答这些问题。国内有些学者就此展开深入研究，提出统一两者的真正基础是马克思的实践概念。由此，实践被提升为理解马克思主义哲学实质的关键性概念，有学者也进而将马克思主义哲学概括为"实践唯物主义"。对实践唯物主义的探讨可以追溯至 20 世纪 80 年代初，但对此主题的讨论真正引起人们的普遍关注则是在 80 年代末，讨论本身延续至 90 年代中后期，前后有众多学者参与到这场讨论之中，产生了广泛而深远的影响。通过这场蔚为壮观的讨论，学者们论证了实践在理解马克思主义哲学中的核心作用，深化了对马克思主义哲学变革实质的理解。但在如何具体理解"实践唯物主义"这一问题上，不同的学者有不同的看法，大致可以将其概括为两种主要观点：①主张实践的观点是马克思主义哲学首要的基本观点的，可称为"实践唯物主义"派。在此基础上学者们又形成了不

---

① 杨学功：《学术回顾与反思：马克思主义哲学研究 30 年（1978—2008）之一：从真理标准讨论到哲学教科书体系改革》，《中共天津市委党校学报》，2010 年第 1 期。

同的意见，如有的学者在此基础上主张把实践本体论化，① 而有的学者则明确反对这种做法。② 有的学者则在承认"实践唯物主义"的前提下，界定了马克思主义哲学的范围，即它主要就是"历史唯物主义"，并不是无限的宇宙。③ ②反对"实践唯物主义"的观点，主张马克思主义哲学首要的观点是物质的，可称为"物质本体论"派。他们认为，马克思主义哲学是关于宇宙整体的世界观，因此物质的观点更根本，实践只是理解作为人类世界而非整个宇宙的一个重要环节，因此用"实践唯物主义"概括马克思主义哲学是以偏概全，是错误的。④ 讨论虽然存在分歧，但这场讨论无疑打破了教科书体系一统天下的局面，进而加深了人们对马克思主义哲学实质的理解。

3. 关于辩证法的多样化理解

关于辩证法的讨论我们可以追溯到20世纪70年代中后期，国内学界曾掀起一股辩证法讨论的热潮，但那时对辩证法的理解主要还是局限于教科书体系。80年代之后，伴随教科书体系的改革，辩证法研究有了进一步发展。教科书体系中将辩证法仅仅归结为"三大规律"与"五大范畴"，抑制了辩证法研究的活力，因此有学者提出要重新理解辩证法。在重新理解马克思辩证法的过程中，学者们主要就以下议题展开了深入的探讨：其一，马克思辩证法的来源与特质。学界普遍认同马克思的唯物辩证法实现了对黑格尔唯心辩证法的批判与超越，但关于马克思实现这一超越的基础是什么这一问题，有学者指出马克思是通过实践这个基础确立了人与世界、主体与客体之间的否定性的统一关系。⑤ 其二，马克思辩证法的合理形态与表述问题。马克思本人多次对黑格尔的辩证法思想进行过批判，但是没有正面表述过唯物辩证法的具体形态，所以学者们就马克思辩证法的合理形态与表述问题展开了探讨。⑥ 其三，辩证法与逻辑学的关系。有学者通过研究指出，辩证法从根本上来讲是展现事物自身发展逻辑的学问，因此它同时是逻辑学，但从思维方式上看属于思辨逻辑的范畴。思辨逻辑强调突破知性逻辑的既定规定性，探讨概念之间的对立统一关系，因此与知性逻辑相对立。⑦ 其四，辩证法与认识论、本体论的关系问题。有学者强调辩证法作为表达事物自身发展的逻辑，它不是人为设定的逻辑。在这个意义上，我们说本体论作为对世界内在本质与规律的认识是与辩证法统一的，而认识本身按其真理性的要求则是要认识事物自身发展的逻辑，所以辩证法

① 王于：《"实践本体论"答问》，《哲学动态》，1988年第12期。
② 徐崇温：《实践唯物主义不是唯实践主义》，《哲学动态》，1989年第10期。
③ 崔之元、陈泽环、郑继兵：《历史唯物主义是马克思哲学的实质》，《学习与探索》，1982年第6期。
④ 邓兆明：《用"实践本体论"来取代"物质本体论"的几点质疑》，《西北师大学报（社会科学版）》，1989年第6期。
⑤ 孟宪忠：《论马克思实践辩证法的来源和使命》，《山东大学学报（哲学社会科学版）》，1989年第4期。
⑥ 夏甄陶、欧阳康：《实践的唯物主义和"合理形态"的辩证法》，《哲学动态》，1989年第6期。
⑦ 孙利天：《论辩证法的思维方式》，长春：吉林大学出版社，1994年。

同时也就是认识事物的合理方法。① 其五，辩证法的批判性。有学者指出辩证法作为一种思维方式具有批判的本性，这种批判本性突显在哲学与常识、经验与科学的比较之中，它总是要求人们突破对事物的既定认识及其思维前提，从而推动人们走向更高的认识。② 近些年来，随着生存论、存在论、实践哲学与后形而上学的出现与发展，有学者通过立足这些新视域，阐释了对辩证法的新理解，使辩证法研究获得了新的活力，推动了辩证法研究的新发展。③

（三）部门哲学的兴起与发展

20 世纪 90 年代之后，由于国内外的形势发生了很大的变化，为了适应现实的发展需要，马克思主义哲学研究者自觉实现了从"体系意识"到"问题意识"的转换，④ 以现实的问题为导向，寻求马克思哲学发展的新增长点。在问题意识的引导下，针对特定问题的专题性研究出现了。而随着有些问题的专题性研究的深入与系统化，形成了相对独立的研究领域。因此，有学者用"部门哲学"进行概括。⑤ 其中，历史观、社会发展哲学、文化哲学与人学理论是 20 世纪 90 年代哲学界集中研究的几大重点领域，进入 21 世纪之后，随着社会环境与生态问题、经济问题、社会公平问题和道德问题的不断突显，生态哲学、经济哲学、政治哲学与道德哲学逐渐成为人们进一步关注的领域，部门哲学得到迅速发展。由于文章篇幅所限，笔者只选择几个领域做简要评述。

1. 对历史唯物主义的重释与辩护

历史观的研究与中国的时代境遇有关，改革开放之后，中国面临的新问题与发展的阶段性需要从历史的角度进行反思与定位。围绕这一重要主题，学术界自 20 世纪 80 年代中后期开始从历史观的角度展开了深入的讨论，讨论的基本主题有：历史发展的客观规律与人的自觉活动的关系、历史决定论与历史选择论的关系、历史发展的连续性与断裂性，马克思的历史发展"三阶段"理论等，这些重要问题都被推向了人们的关注视野。进入 21 世纪之后，随着对国外历史唯物主义研究的引入，近些年来国内学术界对历史唯物主义的讨论再次呈现出热潮。在这场持续的讨论中，我们大概可以区分出三个主要的议题：第一，对历史唯物主义是不是"经济决定论"的讨论。多数学者认为马

---

① 孙显元：《辩证法也就是本体论》，《江淮论坛》，1983 年第 5 期；孙正聿、孟宪忠：《列宁关于辩证法就是认识论的基本思想及其现实意义》，《社会科学战线》，1985 年第 4 期。

② 孙正聿：《辩证法的批判本质》，《中国社会科学》，1992 年第 4 期。

③ 贺来：《辩证法的生存论基础：马克思辩证法的当代阐释》，北京：中国人民大学出版社，2004 年；贺来：《辩证法与实践理性：辩证法的"后形而上学"视野》，北京：中国社会科学出版社，2011 年。

④ 孙正聿：《从"体系意识"到"问题意识"——九十年代中国的哲学主流》，《长白学刊》，1994 年第 1 期。

⑤ 孙正聿：《改革开放以来中国哲学发展的历史与逻辑》，《吉林大学社会科学学报》，2008 年第 5 期。

克思虽然强调生产力对整个社会的根本性推动作用，但生产力的这种决定性作用只能在与其他社会因素的相互作用中才能真正得到理解，因此它是在归根到底的意义上的决定作用，用"经济决定论"概括历史唯物主义并不准确。相关的研究著作有：陈晏清的《辩证的历史决定论》（中国社会科学出版社，2007 年）、张文喜的《重建历史唯物主义总体观》（中国人民大学出版社，2013 年）、王晓升的《历史唯物主义的当代重构》（社会科学文献出版社，2013 年）。第二，根据西方学界强调哲学研究的"价值性维度"与"事实性维度"的区分，对历史唯物主义是作为哲学还是科学这一重要主题进行的争论。对此，学者们从不同角度出发，形成了不同的观点，虽然争论中存在分歧，但深化了对历史唯物主义性质的认识。代表性的论文有：俞吾金的《历史唯物主义是哲学而不是实证科学》（《学术月刊》，2009 年第 10 期）、段忠桥的《历史唯物主义："哲学"还是"真正的实证科学"》（《学术月刊》，2010 年第 2 期）、王晓升的《哲学或实证科学——历史唯物主义理论性质讨论之后的冷思考》（《哲学动态》，2011 年第 6 期）等。第三，针对分析马克思主义对历史唯物主义基本概念界定不清的批评，学者们立足于不同的角度，对历史唯物主义的重要概念进行梳理与厘定，对马克思进行辩护。相关的研究成果有：段忠桥的《重释历史唯物主义》（江苏人民出版社，2009 年）、郗戈的《从哲学革命到资本主义批判——马克思历史唯物主义基本范畴的当代阐释》（世界图书出版广东有限公司，2012 年）、王峰明的《历史唯物主义—— 一种微观透视》（社会科学文献出版社，2014 年）等。

2. 社会转型与发展视野中的社会发展哲学

时代的社会发展需要哲学的反思，由此推动了社会发展哲学的研究。关于发展问题的研究兴起于 20 世纪 80 年代中后期，进入 90 年代后，社会发展理论研究则受到了人们的持续关注与研究。在对发展问题的研究中，有学者首先是从马克思主义哲学的立场出发，对一般发展理论进行探讨，关注的问题主要包括发展的合目的性与合规律性、发展的曲折性与代价、发展的当下性与开放性等，对这些问题学者们主张一方面要辩证地看待，另一方面要注意把握发展的过程性与整体性，在尊重社会发展规律的前提下激发人们的能动性。相关的代表性著作有：高清海等的《社会发展哲学——中国现代化的理性思考》（高等教育出版社，1999 年）、庞元正等的《发展理论论纲》（中共中央党校出版社，2000 年）、刘森林的《发展哲学引论》（广东人民出版社，2000 年）、邱耕田的《发展哲学导论》（中国社会科学出版社，2001 年）等。其次，有学者对发展问题的研究是与当下中国市场经济的建设相结合的，核心主张是从社会转型的角度来看待与分析当下中国社会中出现的各种问题，如：新旧价值观念的冲突、效率与公平问题、个人权利与公共伦理责任问题、契约精神的缺失等，进而推动了以社会自身为研究对象的社会哲学的产生。相关的代表性成果有：王锐生等的《社会哲学导论》（人民出版社，1994 年）、陈晏清主编的《当代中国社会转型论》（山西教育出版社，1998 年）、王南的《从领域合一到领域分离》（山西教育出版社，1998 年）、李淑梅的《社会转型与人的现代重塑》（山西教育出版社，1998 年）等。

3. 经济哲学与《资本论》的再研究

改革开放以来，我国对马克思主义哲学的研究侧重于对实践唯物主义与历史唯物主义的理解，对马克思政治经济学的研究重视程度不够，改革开放初期为了探索市场经济的建设，马克思政治经济学的研究出现过一次热潮，但随后走向了沉寂。而近些年来随着对马克思后期文本研究的重视以及现实经济问题的推动，对马克思的《资本论》及其手稿的研究就成为学界的研究热点。纵观国内近些年来的研究成果，学者们对马克思政治经济学的研究主要从以下几个方面展开：首先，有学者通过研究强调了政治经济学研究在推动唯物史观的产生过程中起到了关键性作用。马克思从抽象的人本主义转向历史唯物主义的内在动因是基于马克思的政治经济学研究，但学界之前对唯物史观的研究中很大程度上忽视了这一点。[①] 其次，有学者指出通过研究政治经济学，马克思创立的唯物史观思想才得以具体运用、检验，进而得到丰富和发展，特别是使得马克思对资本主义社会的理解更加深入，揭示了剥削的秘密之所在与其内在矛盾性。[②] 最后，有学者就马克思的政治经济学研究与批判展开论证，即强调马克思对古典政治经济学进行的研究与资产阶级的政治经济学研究不同，他对政治经济学进行研究的目的是对古典政治经济学进行哲学批判。因此，用"政治经济学批判"定义马克思的政治经济学理论更为合理。[③] 正是基于以上原因，学者们普遍强调不研读《资本论》就不能真正理解马克思。除此以外，还有学者从辩证法的角度展开对《资本论》及其手稿的研究。研究者指出马克思虽然没有专门论述辩证法的著作，但马克思的唯物辩证法作为一种根本性的方法体现在《资本论》及其手稿的写作之中，通过对《资本论》及其手稿的解读，我们可以更好地把握马克思的辩证法思想。[④]

4. 彰显正义追求的政治哲学

当代西方学界随着罗尔斯《正义论》的出版，政治哲学再度成为显学。国外政治哲学的复兴与其研究主题的转移影响到了国内学术界的研究。另外，从国内来看政治哲学的兴起也与我国社会的发展密切相关，改革开放之初我国为了推动社会的发展，提出了"效率优先，兼顾公平"的基本原则。在这一原则的引导下，我国的经济活力被充分激发，社会经济水平不断提升。但随着社会的发展，这一原则的局限性也逐渐暴露出来，社会在经济发展上出现贫富分化悬殊、收入差距过大的现象，进而限制了社会整体生活水平的进一步提升与发展成果的共享。因此，缩小社会的贫富差距，实现社会的公平与正义就成为当代中国民众的共同呼声。因此，在上述原因的推动下，政治哲学成为

---

① 张一兵：《回到马克思：经济学语境中的哲学话语》，南京：江苏人民出版社，1999 年。
② 王峰明：《历史唯物主义—— 一种微观透视》，北京：社会科学文献出版社，2014 年。
③ 张雄：《政治经济学批判：追求经济的"政治和哲学实现"》，《中国社会科学》，2015 第 1 期。
④ 白刚：《瓦解资本的逻辑：马克思辩证法的批判本质》，北京：中国社会科学出版社，2009 年。

马克思主义哲学研究的新领域，平等、正义成为政治哲学的基本主题。从研究思路与成果上来看，国内相关研究大致从以下几个方向展开：第一，有学者从思想史的角度展开对马克思政治哲学的研究，突出马克思对西方近代不同政治思想传统的继承、批判与超越。相关的研究著作有：杨晓东的《马克思与欧洲近代政治哲学》（社会科学文献出版社，2008 年），张盾、田冠浩的《黑格尔与马克思政治哲学六论》（学习出版社，2014 年），李佃来的《马克思的政治哲学》（人民出版社，2016 年）等。第二，有的学者通过将马克思放在西方当代政治哲学的语境之中，通过展开马克思与当代西方政治哲学的对话，突显马克思政治哲学的当代性。相关的研究著作有：林进平的《马克思的"正义"解读》（社会科学文献出版社，2009 年），李福岩的《马克思政治哲学与后现代政治哲学的关系》（中国社会科学出版社，2012 年），白刚、张荣艳的《"超越政治"还是"回归政治"——马克思与阿伦特政治哲学比较》（江苏人民出版社，2015 年）等。第三，有学者立足于马克思主义哲学本身，通过对重要哲学范畴与价值观念的政治哲学解读，以及通过对文本的梳理来建构马克思的政治哲学。相关的研究著作有：张文喜的《历史唯物主义的政治哲学向度》（江苏人民出版社，2008 年）、臧峰宇的《马克思政治哲学引论——以人学为视角的当代解读》（中央编译出版社，2009 年）、李淑梅的《政治哲学的批判与重建——马克思早期著作研究》（人民出版社，2014 年）等。

（四）现代性、当代性与文本学视野中的马克思主义哲学

从 20 世纪 90 年代末至 21 世纪，除了部门哲学在发展外，还有另外一些重要的研究主题也值得关注：首先，有些学者从现代性与当代性这两大重要视角对马克思主义哲学的理论价值进行诠释，体现出马克思主义哲学蕴含的时代同步性与重大的现实关怀。其次，在对马克思主义哲学的时代性进行解读的同时，回归文本，重新理解马克思的思想也构成了一个重要的研究趋势。由此，在现实与文本之间，马克思主义哲学显现着它的内在张力与活力。

1. 现代化的中国之路及其特色

对于西方发达国家而言，现代性与现代化是一个趋近于完成的状态，所以西方发达国家出现了诸多对现代性进行反思与批判的理论，更为甚者出现了超越现代性的后现代思潮。对中国而言，这一问题则有很大的特殊性，由此决定了中国的现代化之路不同于西方。这种特殊性首先体现为中国的现代化进程与西方不同，中国的现代化进程还处于过程之中，还远未完成。因此，有学者明确肯定我们目前的目标还是实现现代化，亟须解决的问题是如何完成现代化。在这个过程中，我国当下社会所面临的很多问题是现代化程度不足造成的。① 当然，在这个过程中，传统与现代、如何看待传统文化与道德观念就成为非常重要的问题。对此，有学者指出传统文化主要是基于农业文明产生的，与

---

① 姜义华：《现代性：中国重撰》，北京：北京师范大学出版社，2008 年。

现代化之间有着根本性的差异，所以在现代化的过程中对传统的文化态度是断裂大于继承。① 而有的学者则认为，传统文化虽然产生自农业文明，但不能否定其自身包含的积极建设性因素，而且正是因为它与西方现代文化的异质性，所以才有可能存在克服西方现代化缺陷的因素。② 其次，这种特殊性体现在，中国目前虽然处于现代化的进程之中，但是西方对现代性反思中发现的矛盾与后现代主义所批判的问题有些在中国已经出现了。因此，有学者指出中国在现代性与现代化建设上面临的重要问题就是一方面要大力发展现代化，借鉴西方有利的经验，克服因现代化程度不够引发的各种社会问题，追赶西方；但另一方面我们又要站在社会主义的立场上对西方的现代化经验保持谨慎的态度，尽力避免西方现代化的弊端与弯路。③ 中国在面临现代化历程中的复杂性，这决定了中国的现代化道路不同于西方，不能完全照搬西方的经验与模式，我们需要立足于我们的国情，探索具有中国特色的社会主义现代化建设道路。

在对现代性与现代化的反思中，国外的马克思主义研究也做出了诸多贡献。国外马克思主义哲学自 20 世纪 80 年代被引入我国之后，在稳步推进中发展，并构成了马克思主义哲学研究的重要领域。而国外马克思主义研究之所以受到人们的重视，在很大程度上是由于它是立足于马克思主义哲学，从理论上不断对西方的现代化进程进行反思与批判，因此对中国的现代化建设具有重要的借鉴意义。

2. 当代的马克思主义哲学与马克思主义哲学的当代性

自 19 世纪中叶马克思主义创立以来，当代世界发生了许多令人瞩目的新变化：东欧剧变，其他社会主义国家也面临着不同程度的挑战与危机；当代资本主义出现了值得注意的新情况、新特点，福利保障制度的实施使得阶级矛盾大为弱化；等等。随着这些新的时代问题的出现，如果说马克思主义哲学依然是我们时代的真理，那么我们必须对这些时代问题进行积极的回应，这构成了马克思主义哲学当代性的重要主题。虽然多数学者都充分肯定马克思哲学的当代性，但在如何理解这种"当代性"的内涵上，学者们从不同角度给出了不同的看法。一种看法是立足现代哲学的转向来理解马克思哲学的变革意义和当代价值，这种转向体现为批判近代哲学的理性主义与本质主义，从而走向一种以人的多元的现实生活与实践，以及突显人的自主性与创造性为旨归的新的哲学思维方式。在这种现代哲学的转向中，许多学者认为马克思是现代哲学的同路人，马克思主义哲学是以一种特殊的方式实现与回应着这种转向。④ 另外一种看法认为马克思哲学的当代性在于时代的当代性，即马克思所关注或批判的时代与社会依然延续与影响着我们所生活的当今社会。因此，马克思对现代社会的基本理解从根本上依然适用于我们的

① 金耀基：《从传统到现代》，北京：中国人民大学出版社，1999 年。
② ［美］杜维明：《东亚价值与多元现代性》，北京：中国社会科学出版社，2001 年。
③ 丰子义：《现代化进程的矛盾与探求》，北京：北京出版社，1999 年。
④ 王南湜：《马克思哲学当代性的三重意蕴》，《中国社会科学》，2001 年第 5 期。

时代。① 除此以外，也有学者从马克思主义哲学的基本精神、基本立场与基本方法的角度来诠释其当代性。研究者认为马克思主义哲学在具体观点上可能会随着时代的发展而过时，但它所具有的根本批判精神、强烈的人文关怀、关注社会底层的正义立场与唯物辩证法等是在任何时代都不会过时的精神、立场与方法。②

3. 返"本"开新与马克思思想的"原像"

近些年来对马克思主义哲学的研究呈现出从注重中早期文本的研究，转向马克思后期文本的研究的重要趋势，这一转换弥补了国内马克思主义哲学研究对后期文本重视程度不够的局限，有些学者还在此基础上结合前后期文本中马克思思想的联系与变化，对马克思做整体性的理解与把握，由此推进了对马克思主义哲学的理解。文本的研究中除了将马克思后期文本纳入研究的视野之中外，近些年来随着国际上《马克思恩格斯全集》新历史考证版（MEGA2）的编辑，为重新理解马克思主义哲学提供了重要的依据，因此还存在对文本研究的第二种研究思路，即在新历史考证版的基础上对马克思与恩格斯的思想进行文本学的研究。这方面的研究中成果突出的主要有两个方面的研究：第一种研究是比较新版与旧版之间的差异，对马克思、恩格斯的一些思想进行新的阐释，特别是对马克思与恩格斯合写的部分进行必要的区分，在此基础上重新理解马克思、恩格斯的思想；第二种研究是力图通过文本的重新解读还原真正的马克思思想"原像"。这方面的研究者指出文本自身是静止的存在，文本自身的写作顺序与思想逻辑往往隐藏在文本之中，但对我们理解文本的思想又非常重要。因此，有些学者力图在 MEGA2 的基础上，通过对文本写作背景与文本内容的内在关联性的考察，力图重现文本自身的逻辑。南京大学的张一兵教授无疑是从文本学的角度对马克思的哲学思想进行解读的先行者，他的这一研究路径影响到了国内的马克思主义哲学研究。③ 近些年来又有其他学者，如：清华大学的郝立新教授与北京大学的王东教授、聂锦芳教授等，延续了这一思路，进一步提出了通过文本的回顾与解读，抛开既定的前见与偏颇，重现马克思的真实思想的口号。他们在 MEGA2 基础上对马克思文本所做的研究，对于推动国内的文本研究工作起到了重大的推动作用。相关的代表性著作有：聂锦芳的《清理与超越——重读马克思文本的意旨、基础与方法》（北京大学出版社，2005 年）、王东的《马克思学新奠基——马克思哲学新解读的方法论导言》（北京大学出版社，2006 年）、韩立新主编的《新版〈德意志意识形态〉研究》（中国人民大学出版社，2008 年）等。

---

① 俞吾金：《马克思仍然是我们的同时代人》，《文汇报》，2000 年 8 月 2 日。
② 李本松：《马克思主义哲学的本质精神及其当代性》，《学习论坛》，2006 年第 9 期。
③ 张一兵：《回到马克思：经济学语境中的哲学话语》，南京：江苏人民出版社，1999 年。

二、对未来马克思主义哲学研究的展望

（一）中国特色社会主义语境下的马克思主义哲学创新

改革开放之初，教科书体系的改革曾经对马克思主义哲学的发展产生过重大影响，但如前所述，这场讨论历时虽长，也产生了一定的效果，却没有形成一个统一性的对原理的认识，也没有形成一个成熟性的原理体系。究其原因，有学者归结为："理论资源"储备不足，"理论困境"捕捉不准，"理论思路"深度不够，① 但是经历了改革开放40年的建设经验的积累与哲学探索，站在一个新的历史转折点上，我们应该有理由、有信心为推动中国特色语境下的马克思主义哲学创新做出贡献。笔者认为这种理由与信心主要来自以下几个方面：①在研究人员与队伍方面，我们拥有世界上规模最大、数量最多的研究马克思主义哲学的学者与团队。从队伍自身素质的发展来看，学术视野越来越开阔，学术创新意识越来越强，学术规范性越来越强，这为我们推动马克思主义哲学的创新发展提供了人才上的保障。②针对理论资源不足的问题，国内学界经过多年的积累，一方面对马克思的文本展开了比较系统的研究，无论是对文本的个案性研究还是整体性研究，都取得了可喜的成果。另一方面，国内学术界在进行研究时已经开拓了自身的理论视野，并没有局限于文本的研究，而是通过部门哲学的发展与学科交叉，以及与当代西方哲学的比较、对话使马克思主义哲学研究的理论视野大为开拓，从而为我们的理论创新储备了丰富的理论资源。③针对理论困境捕捉不准的问题，我们可以说通过40年的研究，马克思主义哲学在原来的体系改革基础上通过问题意识的转向与部门哲学的发展，使我们对马克思主义哲学的理解更加深入和具体，为我们突破理论创新的困境提供了重要的基础。④针对理论思路深度不够的问题，笔者认为原因可能存在于两个方面：一方面，学术研究的深度需要积累与积淀。在改革开放之初，学界刚刚突破教科书体系的束缚，思考的深度不可能一下子就提升上来。但在改革开放40年的今天，经历了长时间的学术积累与思想积累，学界对马克思主义哲学的研究深度已经在不断提升了。另一方面，理论是对社会现实的反思，这种反思的深度既与思维本身的特质有关，也与现实社会历史自身的发展有关。只有社会历史发展到一定程度，其本质性的层面才能得到充分的展现，我们对其进行的理论把握才更加深刻。在改革开放之初，我们还处于社会转型的过程之中，社会的本质性层面还未得到充分展现，那么以此为基础展开的马克思主义哲学理解自然不可能深刻。而在改革开放40年后的今天，市场经济发展更加成熟，社会自身的本质性方面也得到了更加充分的显现，这就为我们更加充分与深入

---

① 孙正聿：《改革开放以来中国哲学发展的历史与逻辑》，《吉林大学社会科学学报》，2008年第5期。

地理解马克思主义哲学提供了重要的经验基础。因此，综合上述几种因素，笔者认为推动中国特色马克思主义哲学的创新是未来马克思哲学研究的重要使命与方向，我们也有能力做到这一点。

（二）中、西、马的深层次对话与汇通

近些年来，马克思主义哲学的发展充分表明，要推动马克思主义哲学的发展，我们不能仅从马克思主义哲学的基本框架内来理解马克思主义哲学，而必须推动马克思主义哲学与西方哲学、中国哲学的深层对话与汇通，这将是推动马克思主义哲学发展与创新的重要路径。

从马克思主义哲学的诞生来看，马克思是在充分吸收西方哲学近 2 000 多年以来，特别是近代西方哲学发展的诸多成果基础上得以产生的，而且即使在马克思主义哲学产生之后，马克思本人还一直关注同时代的其他哲学家与思想家的成果，对其进行批判与借鉴。回顾与总结过去是为了更好地面向未来，马克思主义哲学在未来的发展与创新，必然需要马克思主义哲学与当代西方哲学的内在对话与汇通。这种汇通的可能性在于我们当下所生活的时代从根本上说仍然是马克思主义哲学所理解与把握的时代，而马克思主义哲学与当代西方哲学都是通过哲学的思考关注着我们的时代，二者只是在基本的哲学范式与立场上有着重要的区别。但是从关注的问题上来看，如关注当下社会的问题与发展、推动对人自身的哲学理解等，是其共同主题。因此，从关注时代的同一性与关注问题的统一性角度来说，马克思主义哲学与当代西方哲学之间存在对话与汇通的可能性。这种对话与汇通的必要性则在于，我们只有在不断的比较与借鉴中，才能不断发现与突破自身思维框架的局限性，通过不断地吸收其他哲学流派思想的优秀成果，才能使马克思主义哲学得到不断的丰富与发展。与此同时，我们在中国研究马克思主义哲学，必然要推动马克思主义哲学的中国化理解，我们就必须注重推动马克思主义哲学与中国哲学的内在对话与汇通。借用解释学的话来讲，中国哲学是我们理解马克思主义哲学的前提与基础，只有对此有了更深入的认识，我们才能够更好地理解马克思主义哲学。中华民族有着悠久的文化传承与积淀，中国哲学则是以哲学的思维范式对传统文化做出反思与提升，是中华民族传统文化的核心组成部分，反映了中华民族思维上的基本特质与价值观念上的基本取向。所以，在中国进行马克思主义哲学研究，推动马克思主义哲学的发展与创新，必然要展开与中国哲学的内在对话与汇通。当然，近些年来国内有些学者对于推进马克思主义哲学与西方哲学、中国哲学的内在对话和汇通已经有了自觉的意识，而且做了相关的努力，并取得了一定的成果，[①] 但是由于这仅限于部分学者的努力，学界整体缺少这样一种自觉意识，所以相关的研究还不够深入，也缺乏系统性。

---

① 方克立：《"马魂、中体、西用"：中国文化发展的现实道路》，《北京大学学报（哲学社会科学版）》，2010 年第 4 期。

因此，今后还需要在推动学界普遍自觉意识的基础上，展开马克思主义哲学与西方哲学、中国哲学更为深层与系统的对话、汇通，由此推进马克思主义哲学的发展与创新。

（三）对平等、正义、和谐等重要人类福祉的关注与推进

从目前的马克思主义哲学研究来看，对平等、正义与和谐等重要人类福祉的关注是重要的研究主题，而展望未来，这将继续成为学术界研究的重要主题。本文得出这一论断的根据在于，由于我们国家当前处于社会主义初级阶段，按劳分配是基本的分配原则，如前文所述，在改革开放之初，为了激发人们的积极性与社会的活力，我们国家提出了"效率优先，兼顾公平"的指导原则与口号。但在改革开放40年的今天，这一原则的局限性不断暴露，制约着社会整体的进一步发展和社会发展成果的共享，由此影响着全国人民进行现代化建设的积极性与中华民族内在的团结。从目前来看，平等、正义的问题仅仅是刚凸显，并引起了人们的关注，但是由于我国当下社会经济发展的不平衡性与不充分性，所以对这一问题的真正解决是任重而道远的。从观念与制度建构的角度来讲，如何在社会主义的制度框架内建构适合中国国情的平等、正义观念及分配制度是学界仍需不断努力的重要方向。与此同时，随着中国经济的不断发展与国际局势的多变，社会的和谐稳定显得非常关键，对和谐社会的追求与对平等、正义的追求同样重要。在党的十六大报告中，我们党主动提出将社会主义和谐社会的建设作为党与国家努力的重要目标，在党的十九大报告中，习近平总书记则将对社会主义和谐社会的理解进一步拓展与深化，一方面将人与人之间的社会和谐推进到人与自然的和谐共生，另一方面将和谐社会的建设与全球化的背景相结合，提出了建构人类命运共同体、推动国际社会秩序和谐发展的重要使命。习近平总书记对和谐思想的重视与推进，反映了当下中国与世界和谐作为一种价值观念的重要性。因此，和谐作为一种重要的价值观念将会是学界长期关注的主题，进而也将是马克思主义哲学的重要增长点。

【作者简介】

于永成，山西大学马克思主义哲学研究所讲师，哲学博士；贺来，吉林大学哲学社会学院暨哲学基础理论研究中心教授、博士生导师，长江学者特聘教授。

在对社会主义再认识的过程中[*]

于光远

目前，我国正在进行的这一场改革，是当代中国和世界历史发展的产物。它具有客观性，即不以人的意志为转移的历史必然性。即便人们在某一时期没有认识到这种必然性，随着历史的发展，这场改革也是会发生的。但改革毕竟是人们自觉的行动，是广大干部、广大群众以及拥护这场改革的各方面人士在党的领导下的自觉的行动。因此它又总是以反映上述历史必然性的认识作为它的思想基础。

这个思想基础就是对社会主义再认识。改革本身就是对现存社会主义体制的批判，就是对社会主义再认识得出的行动上的结论。不但进行改革的决心来自对社会主义的再认识，而且改革的目标、改革的道路、改革的步骤等都要看我们在对社会主义的再认识中作出一些怎样的判断。而改革的顺利与否，除客观条件外，很大程度上取决于对社会主义再认识是否正确。在对社会主义再认识中取得的成果越丰富、越深刻，改革就越能获得强有力的指导，从胜利走向胜利。

在对社会主义再认识的过程中必然涉及哲学、政治经济学、科学社会主义等方面的许多理论观点。九年来我国的改革进程，就是对社会主义再认识不断深入的过程，就是在哲学、政治经济学、科学社会主义等领域发挥和发展一系列马克思主义的科学理论观点，并在这些观点的指引下，改革不断取得胜利的过程。

对社会主义再认识，有一定的含义、一定的范围。这个含义就是在以往对社会主义正确认识的基础上继续深入。在对社会主义再认识中，我们要发挥和发展对社会主义的正确观点，澄清对社会主义的某些糊涂观点，纠正对社会主义的某些错误观点，排除对社会主义的种种误解和曲解；我们要研究社会主义发展中提出的新问题，形成新观点，使人们对社会主义的认识跟上时代的变化和发展；我们要使社会主义科学与中国社会主义建设的实际密切结合。对社会主义再认识，有极为丰富的内容。

※　本文原载于《广东社会科学》1988 年第 1 期。

我反对在"对社会主义再认识"的名义下，怀疑马克思主义著作中明确作出结论并在实践中早已证明其为真理的那些科学原理。既然是真理，我们理所当然地要去捍卫，不使之受损害。对社会主义真理的怀疑，同我们所说的"对社会主义再认识"是根本不同的两回事。不过我认为我们不必怕有人怀疑这些真理，不必怕有人说出他们的怀疑。有人那么想、那么做，我们马克思主义者就可以更有针对性地去做说服工作，促使我们把道理讲得更充分、更透彻。真理越辩越明。

同时我也并不认为可以不对社会主义的基本原理进行研究。加深对社会主义基本原理的认识，是属于对社会主义再认识的范围。我们要力求对社会主义原理理解得更准确些、更全面些、更深刻些。我们需要按照把社会主义基本原理同中国当前实际相联系的原则去发挥、阐述这些原理的重要意义，包括用新的语言来表述它们，在与实际结合中丰富它们的内容等。十一届三中全会以来，我们在对社会主义再认识中已经做了许多这样的事情。在十三大报告中就有一段大家都很重视的论述："十一届三中全会以来，我们党在对社会主义再认识的过程中，在哲学、政治经济学和科学社会主义等方面，发挥和发展了一系列科学理论观点。"十三大报告还列举了十二个观点。在这十二个观点中就包括"以实践作为检验真理的唯一标准"和"社会主义的根本任务是发展生产力"这样的观点，它们本身就是社会主义的根本原理。但是因为在这几年中我们密切结合了中国的实际，对它们进行了发挥，因而我们对这些原理的意义理解得更深刻、更突出了。因此这样的研究，仍然属于对社会主义再认识的范围。

我认为今天我们面临的任务，不只是把前人已经明确的社会主义基本原理同中国具体实际结合，而且还要去探索新的社会主义基本原理。这一点是同我们在新民主主义革命时期有所不同的。在我国新民主主义革命时期，由于马克思、恩格斯、列宁、斯大林著作中对民主革命基本原理讲得很充分，因此中国马克思主义者的主要任务就是解决如何结合的问题。他们对马克思主义发展所作的贡献，也就主要在这个结合上面。可是今天，已有的马克思主义著作对社会主义建设的基本原理阐述得并不那么充分，有一些重要问题并没有完全得到解决，因此在建设中所需要运用的社会主义基本原理，还有不少有待我们自己去研究和探索。在这种情况下，中国马克思主义者在对社会主义的再认识过程中，就不得不肩负着既要研究属于社会主义基本原理的新问题，又要把社会主义的基本原理和中国社会主义建设的实际相结合这双重任务。这就是当前我们在马克思主义理论建设方面要做的工作比新民主主义革命时期更为艰巨的原因之一。

对中国社会主义特殊问题的研究，更是对社会主义再认识中的一个非常重要的方面。十三大报告所概括的九年来党在对社会主义再认识过程中所发挥和发展的一系列科学理论观点中，就有关于"在经济文化落后的条件下，建设社会主义必须有一个很长的社会主义初级阶段"的观点。这样一个观点，不能说是属于社会主义基本原理的，它属于中国社会主义特殊问题研究的范围。特殊在它自身中包含一般。中国社会主义初级阶段是一个特殊问题，但是对这个问题的探讨中包含着"某一个社会主义国家的经济文化发展程度同这个国家中生产关系和上层建筑间相互关系究竟应该如何来把握"这样一个带一般性的问题。特殊不仅包含一般，还比一般更为丰富。因此我们在对中国社会主义初级阶段的研究中要做的事，不只是通过科学分析和理论概括使我们对中国正处在的社会主义发展阶段有一个清醒的，即既不过高也不过低的估量，而且我们还要从中作出许多有关的结论，使我们对中国社会主义初级阶段的问题有更具体、更全面的认识。十三大报告第二部分中，在对社会主义初级阶段作了一番说明后提出的六条方针，只是回答了"从社会主义初级阶段的实际出发，我们应当确立哪些具有长远意义的指导方针"这个问题。它只是需要从中国社会主义初级阶段出发研究的问题中的一部分而不是全部。

除列举了九年来党在对社会主义再认识过程中发挥和发展了一系列的科学理论观点外，十三大报告本身在对社会主义再认识方面还提出了不少新观点，作了不少新的发挥。但是我们可以看得很清楚，为了指导我国社会主义体制改革事业进一步顺利发展，在对社会主义再认识这件事情上，我们的任务还很艰巨。已经提出和发挥了的观点，还有待进一步的深入研究。同时还有许多问题没有提出来。这就是说，摆在我们面前还有许多重要的课题，有待我们花大力气去完成。今后还有相当长的一段时间，我们还处在对社会主义再认识的过程中。

下面我打算举一些例子来说明这一点。

十三大报告在对社会主义再认识上作出的一个最为重大的贡献，就是作出了中国正处在社会主义初级阶段的科学论断，明确了中国社会主义初级阶段的概念，分析了中国正处在社会主义初级阶段的根据，指出了中国社会主义初级阶段是一个相当长的历史阶段等。但是正如十三大报告所写的那样，我们对中国社会主义初级阶段的状况、矛盾、演变及其规律就知之不多，知之不深。这就要求我们在对社会主义再认识方面继续下功夫进行观察和研究。我认为对社会主义初级阶段的研究应该是具体的，而具体的事物是变化不定的。社会主义初级阶段的今天，异于同属社会主义初级阶段的昨天；而社会主义初级阶段的明天，又异于同属社会主义初级阶段的今天。恩格斯在给施米特的回信中曾说：关于共产主义社会过渡时期问题"是目前存在的所有问题中最难解决的一个，因为情况在不断变化。例如，随着每一个新托拉斯的出现，情况都要有新改变；每隔十年，进攻的目标也会全然不同"（《马克思恩格斯全集》第 38 卷，第 123 页）。如果抽象地研究向共产主义过渡的时期，问题不至于像恩格斯所说的那样困难。如果考虑到历史的发展，情形就不一样了。在恩格斯写了这封信的两个多"十年"之后，列宁总结了许多个新的托拉斯出现后的新情况，写了《帝国主义论》等其他著作，解决了讨论资本主义发展到新阶段后向共产主义过渡的问题。列宁指出的在帝国主义时代我们"进攻的目标"同施米特当时所能想到的就"全然不同"。今天我们对中国社会主义初级阶段的研究，情况当然同恩格斯写这封信时讨论的关于向共产主义社会过渡时期的研究完全是两回事，但从我们的研究有待深入这一点来说，恩格斯所讲的那一番话对我们是有启迪的。

在对社会主义再认识的范围内，要研究的课题很多。其中有许多问题是与社会主义初级阶段有关的。社会主义公有制与社会主义私有制并存的问题就是其中之一。对这个课题就有许多问题需要回答。比如人们也许会问，存在非社会主义所有制的经济成分，是否影响这个社会的社会主义性质？在1957年对生产资料私有制的社会主义改造基本完成之后的22年中，我国基本上实现了单一的社会主义所有制的社会经济结构。1979年后，由于实行对外开放、对内搞活的政策，在我国的历史舞台上重新出现某些非社会主义所有制的经济成分，形成以社会主义公有制为主体的多种经济成分并存的局面。人们也许会就这个现象问：从社会发展史的角度来看，这种现象究竟表明社会是从社会主义发展程度比较低一点的社会向社会主义发展程度比较高一点的社会前进，还是从社会主义发展程度比较高一点的社会向社会主义发展程度比较低一点的社会倒退呢？性质上同这样的问题差不多的问题，还可以举出一些来。为了把这样的问题讲清楚，是要认真进行一番研究的。在这里，涉及看问题的方法和下判断的理论根据。比如为了弄清楚为什么会出现以社会主义为主体的多种经济成分并存，就要树立鲜明的生产力标准的观点。十三大报告把生产力标准的意义提得非常高，指出在初级阶段，"是否有利于发展生产力，应当成为我们考虑一切问题的出发点和检验一切工作的根本标准"，指出"一切有利于生产力发展的东西，都是符合人民根本利益的，因而是社会主义所要求的，或者是社会主义所允许的。一切不利于生产力发展的东西，都是违反科学社会主义的，是社会主义所不允许的"。但是如何运用生产力标准来透彻鲜明地解决上面提出的这个问题，还要求我们作更深刻、更具体的分析。

在这里可以提出一个同我们现在讲的课题有关的问题来讨论。正如大家看到的那样，人们一向对"社会主义社会经济"和"社会主义所有制经济"这两个概念不加区别，用同一个词"社会主义经济"来表示。其实两者的含义是不相同的。"社会主义所有制经济"，指的是社会主义性质的生产关系下的经济，而"社会主义社会经济"，是这样一种性质的社会的经济，在这样的社会中，社会主义所有制经济已经确定无疑地占据主体地位，资本主义所有制经济和社会主义所有制经济谁战胜谁的问题已经解决，非社会主义所有制经济对社会主义所有制经济起着补充和助手作用，不再是与社会主义所有制较量的力量，也就是说，在这样的社会中，整个社会经济发展的趋势，是社会主义所有制经济的发展，或者说，在这样的社会中，非社会主义私有制经济在一定范围、一定程度内的存在，成为社会主义所有制经济能够得到更好发展的一个条件。在这种情况下的社会主义社会经济，就可能是我们所说的以社会主义公有制为主体的多种经济成分并存的经济。我觉得明确区分社会主义所有制经济和社会主义社会经济这两个概念很重要。因为这样我们就不会被社会主义社会中出现多种经济成分并存的现象困惑了。

在这里不妨对列宁在《论"左派"幼稚病和小资产阶级性》一文中的论述作一些介绍。列宁在1918年写的这篇文章中批评"社会主义和资本主义之间的抽象地对立起来"这样一种观点。资本主义和社会主义是对立的两极，这是没有疑问的。但是对具体事物作具体的分析，如列宁指出过那样，是马克思主义的精髓和活的灵魂。在具体的历史条件下，与社会主义对立的资本主义，可以起社会主义助手的作用。列宁在这篇文章中写过这样的话："如果国家资本主义在半年左右能在我国建立起来，那就是一个很大的胜利，那就真正能够保证社会主义在一年以后在我国巩固起来，立于不败之地。"（《列宁选集》第3卷，第540页）我认为列宁的这些论述有助于我们解决社会主义社会经济中多种经济成分并存的问题。关于多种经济成分并存是否影响社会中的社会主义性质这一个问题，可以认为十三大报告中原则上已经作了回答。因为报告指出：在社会主义初级阶段"尤其要在以公有制为主体的前提下发展多种经济成分"，而社会主义初级阶段的社会在性质上是社会主义社会。但是这个问题仍有待于讲得更加明白、更加透彻。

同社会主义初级阶段相联系的还可以举一个多种社会主义所有制性质和形式的问题。

在这个课题中首先应该明确把社会主义公有制视作社会主义所有制的基本性质，而不把它看作社会主义所有制的形式。在这个问题上要进一步探讨的是，社会主义公有制究竟是怎样的公有制？当然它不会是一般的公有制，那么它的特殊性何在？这是一个在政治经济学社会主义部分中过去没有提出来认真讨论过的问题。区分社会主义所有制的性质和形式对于把社会主义所有制问题分析清楚，应该是有重要意义的。

其次要研究社会主义所有制的多种形式问题。大家都知道社会主义所有制是有形式的，且有的可称为基本形式，有的可称为非基本形式。非基本形式是由若干基本形式结合或复合而成的。而基本形式不能视作其他形式的结合物。

社会主义的基本形式不止一种。社会主义国家所有制和社会主义的劳动群众集体所有制是迄今人们公认的两种基本形式。在这两种基本形式外，在我国是否存在或者将要存在第三种、第四种基本形式？对于这个问题，我认为是很值得研究的。比如我国有的经济学家提出的"企业所有制"，我认为很可能是属于国家所有制和集体所有制之外的第三种基本形式。

同时现在公认的那两种基本形式——社会主义国家所有制（指独立的、完全的、直接的社会主义国家所有制）和社会主义的劳动群众集体所有制，它们的产生，有其当时的具体的历史条件。随着历史条件的变化和改革的向前发展，它们在整个社会主义所有制中的地位也会发生变化。明确对这种社会主义所有制基本形式的态度，也是经济改革政策中很重要的部分。从十三大报告的文字来看，党肯定国家所有制和集体所有制这两种基本形式还是要存在下去的。但是对在整个社会主义初级阶段中它们在整个社会主义所有制中的地位将如何变化，这种变化的规律如何等问题，报告中没有涉及。因此这是应该作为对社会主义再认识的课题继续研究探讨的。改革中社会主义国家所有制企业所有权与经营权问题上发生的变化，是否对社会主义国家所有制这种基本形式产生影响？如产生，那么这究竟是怎样的影响？这也是一个值得重视的问题。

对这个问题我的回答是肯定的，而且我认为对由此产生的影响，应该有足够的估量。

近几年来横向经济联合发展的结果，使得社会主义所有制的各种非基本形式的地位大为上升。十三大报告中指出："除了全民所有制、集体所有制外，还应该发展全民所有制和集体所有制联合建立的公有制企业，以及各地区、部门、企业互相参股等形式的公有制企业。"在改革中，社会主义所有制非基本形式的大量出现和它们地位的大大上升，对于社会主义所有制经济究竟会起多大的作用，这也是很值得研究的课题，我们也要充分估量它的意义。

在有多种社会主义所有制形式的情况下，社会有一定的社会主义所有制结构。它包括在特定的社会主义所有制经济中究竟有哪些基本形式和非基本形式。属于同一基本形式或非基本形式，又会有比较细微但在实际生活中有相当重要意义的差别。这多种形式在整个社会主义所有制经济各占一定的比重，它们以某种关系相互结合成社会主义所有制经济和整体。对社会主义所有制形式的研究也包括对社会主义所有制形式结构的研究。

我们不妨来看看与社会主义初级阶段也是有关系的社会主义商品经济体制这个课题。社会主义商品经济体制是整个社会主义历史阶段中都存在的东西，不只是社会主义初级阶段的现象。但是我国正处在"从商品经济非常不发达、人们的商品意识很低的状况"到"商品经济发达，人们的商品意识比较强的状况"的历史转变时期，因此对商品经济问题也就应该予以特别的重视。

"社会主义有计划商品经济体制"是十三大报告中首次出现的一个新名词。从十二届三中全会决定中写的"社会主义计划经济是在公有制基础上的有计划的商品经济"的提法到"社会主义商品经济体制"这个提法，是又一个进步。它把一个科学论断具体化为一个有形的体制。由于社会主义社会中存在商品经济同社会主义社会中存在按劳分配一样，是社会主义社会的一个基本经济特征，也就是说社会主义商品经济体制是属于社会主义基本经济制度范围内的事情。因此，建立起社会主义商品经济的体制，也就属于完善社会主义基本制度的范围。加上商品经济是各社会主义所有制形式之间、社会主义所有制与非社会主义所有制之间、社会主义国家与各种所有制形式的企业及劳动者之间的纽带，社会主义有计划商品经济体制可以视作整个社会主义经济的基础和中心。社会主义经济的发展应该是社会主义商品经济的有计划发展。发展社会主义经济的计划应该是发展社会主义商品经济的计划。关于建立社会主义有计划商品经济的体制，十三大报告从现实经济政策的角度提供了一个简要的描绘。而这些政策的理论基础有一些还有待作进一步的研究和阐发。这种研究和阐发属于对社会主义再认识——特别是对社会主义经济和社会主义计划经济的再认识、对社会主义市场和社会主义市场经济的再认识的范围。对这方面的问题，我国经济学家写了许多文章，发表了许多不同的看法。如果讨论再深入下去，不同的意见还会进一步表露出来。从这个课题来看，现在我们也仍然处在对社会主义再认识的过程中。.

上面我们只是从经济方面举出一些需要研究的课题作为例子。仅仅思考这几个例子，也会加深对社会主义再认识还是一个极为艰巨的任务的认识。十一届三中全会是对社会主义再认识的一个起点。对于 1979 年以来，党在对社会主义再认识过程中我国马克思主义者认识的发展，在十三大报告中作了一个概括。十三大可以视作对社会主义再认识的一个新的起点。在十三大报告的鼓舞下，对社会主义再认识将进一步深入。为此，我们就要全面考虑对社会主义再认识究竟应该提出一些怎样的课题，以便全面地开展这方面的研究。但是列举对社会主义再认识的课题，即便是仅仅列举最重要的课题，也不是本文的任务。对社会主义再认识不只是经济领域里的事情，也是政治领域、文化领域以及其他的社会生活领域的问题。而且仅在经济领域中，需要对社会主义再认识的，也远不止上面举例的这几个课题。退一步讲，即便是这几个课题，其中包括的问题，在上面我也没有讲周全。在社会主义再认识上取得丰硕的成果，绝不是一下子就可以做到的，一定要用很大的力量，花很多的时间。我们现处在对社会主义再认识的过程中，这个过程现在没有走完，也不会很快走完，甚至一直走不完。历史将告诉我们，只要大家扎扎实实地坚持做下去，而且方法对头，到党的十四大时，一定会有许多重要的成果呈现在我们面前。

【作者简介】
于光远，中国社会科学院研究员。

在改革开放中重新认识社会主义

——纪念党的十一届三中全会十周年[*]

王致远

党的十一届三中全会召开迄今已经十年了。这是改革开放的十年，也是对社会主义重新认识的十年。改革，批判了过去对社会主义认识上的错误，变革僵化的社会主义模式，在实践的基础上，产生了对社会主义的新认识，再用这些新认识去指导改革和现代化建设的实践。这是科学社会主义理论同现代化建设实践的结合。在这个结合的过程中，我们抛弃了带有空想因素的个别论断，破除了对马克思主义的教条式的理解和附加到马克思主义名义下的错误观点，根据新的实践使科学社会主义理论得到新的发展，这些新观点，构成了建设有中国特色的社会主义的理论轮廓。今天，我们在纪念十一届三中全会召开十周年的时候，对十年来社会主义再认识的重大成果加以阐述和概括，是很有意义的。

一、理论与实际

社会主义从空想变成科学，从学说变成实践，从一国的实践发展为多国的实践，这一百多年的历史，雄辩地证明了科学社会主义理论是正确的、有生命力的。新中国的成立，使一个半殖民地半封建的贫穷落后国家变成屹立东方的社会主义强国，这个事实也证明社会主义好，证明只有社会主义能够救中国。但是，为什么我国的社会主义建设进行了三十年，却连温饱问题都还没完全解决？反观资本主义国家却比我们发展得快，比我们富裕得多，对比之下，社会主义的优越性又表现在哪里呢？这不能不引起人们的反思。原因固然是多方面的，但根本在于我们长期没有清醒地认识基本国情，正确地认识我国社会主义所处的历史阶段。国情和我国社会现在所处的历史阶段，是我们制定和执行路线和政策的根本依据，是革命和建设的出发点。不从这个最大的实际出发，理论不

---

* 本文原载于《广东社会科学》1988 年第 4 期。

和实际密切结合，再好的理论也不能发挥威力；对国情认识不准确，出发点错了，也必然导致失误。

应该看到，我国进入社会主义，带有历史发展的特殊性，实际上是不够格的社会主义。按照科学社会主义原理，社会主义是资本主义社会矛盾冲突的必然产物。资本主义的基本矛盾即社会化生产与资本主义占有的矛盾，资本主义本身不能解决这个基本矛盾，必须经过社会主义革命，把生产资料所有制的性质由私有变为公有，才能与社会化生产力相适应。

因此，从理论上说，社会主义是在资本主义高度发展的生产力基础上产生的，它理应比资本主义水平更高、更富裕。但是，现实的社会主义却不是这样，它在原来资本主义较不发达或没有充分发展的国家首先实现。这些国家，生产力比较落后，在中国，连资本主义国家已经达到的工业化和生产的商品化、社会化、现代化都还没有实现。按照列宁的观点，这是在帝国主义发展不平衡规律下社会历史发展的特殊性，是合乎辩证法的。但不管怎样说，从生产力的状况和经济文化发展的程度来看，这些国家是先天不足的。这些国家建设社会主义，必须集中力量发展生产力，而且需要经历更长的时间，费更大的力气。

可是，我们过去却没有清醒地认识到这一点，从实际出发来建设社会主义，以为单凭主观愿望，依靠群众运动，不断变革生产关系就可以使生产力急剧提高。在社会主义改造基本完成以后，以阶级斗争为纲，搞"穷过渡"，长期把发展生产力的任务推到次要地位。这是一个重大的失误。这样来认识社会主义，就把许多束缚生产力发展的、并不具有社会主义本质属性的东西，或者只适合于某种特殊历史条件的东西，当作"社会主义原则"予以坚持，而把许多在社会主义条件下有利于生产力发展和生产商品化、社会化、现代化的东西，当作"资本主义复辟"加以反对。在这种"左"倾错误思想指导下，形成了过分单一的所有制结构和僵化的经济体制，以及同这种经济体制相联系的权力过分集中的政治体制，严重束缚着生产力和社会主义商品经济的发展，使我们长期未能摆脱贫困。

十一届三中全会确定了解放思想、开动脑筋、实事求是、团结一致向前看的指导方针，纠正了"以阶级斗争为纲"的错误，作出了把党的工作重点转移到社会主义现代化建设上来的战略决策，从而实现了伟大的转折，开辟了一个新的历史时期。十一届三中全会之所以正确，是因为我们总结了长期的历史经验，重新把马克思主义普遍原理同中国的具体实际密切结合起来。邓小平同志说："过去搞民主革命，要适合中国情况，走毛泽东同志开辟的农村包围城市的道路。现在搞建设，也要适合中国情况，走出一条中国式的现代化道路。"（《邓小平文选》，第 149 页）循着这条实事求是、从实际出发的思想路线，"十三大"更进一步确认我国现在处于社会主义初级阶段，并据此制定了"一个中心，两个基本点"的基本路线。一个中心就是经济建设。因为社会主义的根本任务是发展生产力，而我国初级阶段的主要矛盾是人民日益增长的物质文化需要同落后的社会生产之间的矛盾，我们更应该突出地把发展生产力作为全部工作的中心，才能尽快地摆脱贫穷落后，逐步富裕起来。

"十三大"的报告指出："我国社会主义初级阶段，是逐步摆脱贫穷、摆脱落后的阶段；是由农业人口占多数的手工劳动为基础的农业国，逐步变为非农产业人口占多数的现代化的工业国的阶段；是由自然经济半自然经济占很大比重，变为商品经济高度发达的阶段；是通过改革和探索，建立和发展充满活力的社会主义经济、政治、文化体制的阶段；是全民奋起，艰苦创业，实现中华民族伟大复兴的阶段。"这里所概括的我国现代化建设的出发点和目标，是完全符合我国实际情况的。十年来之所以取得伟大成就，根本的一条正是由于我们能够从国情出发，把马克思主义基本原理同中国具体实际结合起来，走有中国特色的社会主义道路。

二、公与私

社会主义的基本特征是生产资料公有制，没有公有制就没有社会主义，这是人所共知的科学社会主义原理。但是，现在看来，实行公有制也不是简单的事情。这里有公有化程度问题，公有制形式、结构问题，公与私的关系问题，等等。我们过去对这些问题的认识，有脱离实际、绝对化、片面性等毛病，因而未能促进生产力更快发展。

首先，公有化程度究竟怎样才适当？过去我们认为，公就是好，一大二公，越公越好。其实，任何事物都不能孤立地加以评估。生产关系总是和生产力结合在一起的。生产关系一定要适合生产力的状况，适应生产力的发展。离开生产力来孤立地谈论生产关系，是形而上学。在我国完成社会主义改造以后，所有制结构、形式怎样才好，应根据我国现实生产力状况来决定。我国社会主义脱胎于半殖民地半封建社会，生产力水平远远落后于发达资本主义国家，就全国范围来说，它又是多层次、发展不平衡的。广大的农村比城市更落后，基本上是手工劳动的自然半自然经济，所有制公有化程度应该比较低，才能与生产力状况相适应。可是，我们不顾这种情况，错误地认为不断变革生产关系，就可以迅速提高生产力，于是不断提高公有化程度，搞"穷过渡"。这在农村合作化运动中表现得尤为突出。当时，我们企图不停顿地由小集体过渡到大集体，再由集体所有过渡到全民所有，然后由社会主义过渡到共产主义。这实际上是一种完全脱离实际的空想。"大跃进"、人民公社、"文化大革命"使我们碰得头破血流。在严重挫折面前，我们才逐渐清醒过来。十一届三中全会以后，农村率先改革，不再搞人民公社那一套，而是实行家庭联产承包责任制，把公有化程度大大降下来。这样一来，生产关系适合生产力状况，农民的积极性像地下涌泉般迸发出来，生产成倍增长，农民收入也大幅度增加，既发展了农业，又改善了农民生活。由此可见，在现实生活中，并不是公有化程度越高越好。在一定条件下，公有化程度低反而比高好。农村改革的成功，给我们后来的全面改革以很大的启迪。

其次，在建立公有制之后，在以公有制为主体的前提下，是把私有经济彻底消灭好还是让它在一定范围内继续存在并有一定程度的发展好？过去，我们对此认识绝对化，认为公与私是绝对对立、水火不相容的。容许私有经济存在和发展，就会导致资本主义复辟。《共产党宣言》的精神就是要消灭私有制，要实现"两个彻底决裂"。在这种认识之下，私营企业被消灭了，公私合营企业不存在了，个体经济大大削弱了。几乎清一色的公有制经济把私有经济压制得奄奄一息。这从社会主义革命角度来看是够彻底的了，可是人为地使生产关系跑在生产力前面，反而阻碍生产力的发展，出现了生产发展不快、物资不丰、供应不好、到处要排队、衣食住行处处不方便的局面，一些小企业被国家包起来之后，反而成了包袱。我国现在处于社会主义初级阶段，离开旧社会的时间还不长，旧社会痕迹还不少，而在社会主义自身基础上成长的新东西还不完备，要发展也要有个过程。在这个时候，一下子把私有经济彻底消灭了，对生产、生活和劳动就业都不利。固然共产主义要求消灭私有制，但我们不能对马克思主义作教条式的、绝对化的理解，不顾实际情况，急于求成，用空想论来指导我们的工作。根据历史唯物主义原理，一种生产关系在它所能容纳的全部生产力发挥出来以前，是不会灭亡的。

三、统与分

社会主义由于实行生产资料公有制，人民与国家的根本利益是一致的，因此，有必要也有可能实行统一的领导和管理。分散主义和无政府状态，都是与社会主义相悖的。但是，我们过去统得太死，在体制上僵而不活，反而束缚了生产力的发展。

在经济体制上，我们过去政企不分，国家对企业统得过多过死，忽视商品生产、价值规律和市场的作用，分配中平均主义严重，造成企业缺乏自主权，严重压抑了企业和职工的积极性、主动性、创造性，形成了僵化的经济管理体制。由于指导思想上的"左"倾错误，长期以来在对社会主义的理解上形成了若干不适合实际情况的固定观念，把搞活企业和发展社会主义商品经济的种种正确措施当成"资本主义"，结果就使经济体制上过分集中统一的问题不仅长期得不到解决，反而变得越来越突出。

对社会主义理解上长期形成的固定观念之一，就是认为社会主义经济是计划经济，把计划经济和商品经济对立起来；把计划调节和市场调节对立起来，而计划则是指令性的，一切由计委下达。这样，就使企业受行政直接干预，成为政府的附属物。经济体制改革的重大突破，就是认识到社会主义经济是有计划的商品经济。我国可以不经过资本主义充分发展的阶段进入社会主义，但是，商品经济的发展阶段却不能逾越。为了发展商品经济，就必须政企分开，下放权力，使企业成为自主经营、自负盈亏的社会主义商品生产者和经营者；就必须使所有权与经营权分开，实行各种经济承包责任制、租赁制以至成立股份公司，使企业不受行政干预，建立国家调节市场、市场引导企业的经济运行机制，国家对企业，只实行宏观调节的间接管理。在财政上，也要实行分权分利。这样一来，国家对企业的控制减弱了，会不会造成混乱？在改革之初，新旧两种体制并存，法制不完备、管理不善的时候，发生某些混乱现象是难以完全避免的，但建立了商品经济新秩序，有一套新的体制，一切按商品经济的发展规律办事，是不会乱的。

在政治体制上，我们过去的重大弊病，是权力过分集中，地方、企业缺乏应有的权力，某些机构未能充分发挥其职能，形同虚设，某些领导人有职无权，人大被视为"橡皮图章"。这种过分集权的政治体制，使民主不能充分发挥，广大人民群众未能真正参政、议政，不适应在和平条件下进行经济、政治、文化等方面的现代化建设，不适应发展社会主义商品经济的需要。随着经济体制的改革，人们认识到，政治体制也非改革不可。政治体制改革现在虽正开始，但方案已定，总的精神是进一步下放权力，改革政府工作机构，改革干部人事制度，建立社会协商对话制度，完善社会主义民主政治制度，加强社会主义法制建设，等等。总之，社会主义政治制度必须真正由人民当家作主；在运用国家权力的机构和程序方面，则必须认真放权，进行制衡，加强监督。

在意识形态领域上，过去我们也管得过多过死，缺乏生气。长期以来坚持以阶级斗争为纲，轻视教育科学文化建设，极端夸大意识形态领域的阶级斗争，直到发生"文化大革命"。虽提出了百花齐放、百家争鸣的方针，但实际上，百家只是两家，要兴无灭资，则成为一家。在政治挂帅的口号下，文学艺术成为阶级斗争的工具，理论学术则成为经典著作和党的政策的诠释，舆论一律，缺乏生气，"两个凡是"更压抑了思想理论的创造性。运动一来，文艺、理论界首当其冲，创作、学术问题变成政治问题，抓辫子，戴帽子，打棍子，使人们心有余悸，不敢发表不同意见，不敢开拓创新。十一届三中全会以后，通过改革开放，确认精神文明是社会主义重要特征，社会主义精神文明建设是关系社会主义兴衰成败的大事，要把它放在战略地位上，与物质文明建设一起抓，以培养有理想、有道德、有文化、有纪律的社会主义公民，提高整个民族的思想道德素质和科学文化素质。对思想理论、文化艺术要遵守宪法规定的原则，实行学术自由、创作自由、讨论自由、批评和反批评自由，党和政府不要横加干涉，以活跃思想理论、文化艺术。

四、单一与多样

社会主义有它特定的本质，不能让它走样，求纯是对的。但是，不顾实际情况，盲目求纯，认为越纯越好，这样做，不但没有好处，实际上也难办得到。世界上没有绝对纯粹的东西，能达到什么样的纯度要依时间、地点、条件而定。

社会主义建立于公有制之上，这没有什么疑义。但是，在整个社会中，是不是就只能有单一的公有制，不能有其他经济成分？公有制也只能有全民和集体两种形式，而不能有其他形式？所有制结构究竟是单一好还是多样化好？这也是在改革中接触到而不能不解决的问题。过去，我们盲目求纯，所有制结构单一，不允许其他经济成分存在。但是，既然现实生产力是多层次的，有现代化的尖端技术、几万人规模的现代化工厂，也有大量的手工劳动，甚至还有刀耕火种，那么，单一的所有制形式、结构怎么能够与这种生产力状况相适应呢？社会主义社会这个概念应该比社会主义这个概念的内涵更广泛。从现实的情况来看，以公有制为主体，同时允许个体经济、私营经济、外资企业等其他经济成分存在和发展，使它们成为公有制的补充，对生产和生活都有很大好处。所有制形式多样化，既有主体，又有补充，就更能发挥各个方面的积极性，适应各个方面的需要，促进生产力发展。

分配形式也是这样。是不是社会主义的分配形式只能是按劳分配，而不允许有非劳动收入？过去我们固守这个传统的原则，唯恐一突破就导致资本主义，其实却是在搞平均主义，集体吃大锅饭，压抑了人们劳动的积极性，使人不能尽其才。既然生产力是低水平、多层次、不平衡的，所有制是多种形式的，有多种不同的经济成分，那么，分配形式也应该是多样的。现在实行以按劳分配为主体的多种分配形式，除劳动所得工资外，人们投资于生产可以获利，入股可以分红，承包经营，收入可以比原来工资成倍增加，如果自己创办企业，办得好，利润更是不可限量（当然得征调节税）。这样，分配形式多样化，人们挣钱的门路多了，在竞争中，人们意识到，收入不是光靠国家给予，而要靠自己挣来，就可以改变大家吃大锅饭的状况，合理拉开收入差距，让一部分人先富起来，逐步达到共同富裕。有人担心这样的分配政策会不会导致两极分化、贫富悬殊？不会的。因为大多数人还是按劳分配的，对少数收入特别高的人，国家可以通过税收政策加以调节。

社会主义社会是统一的，又是多样化的。因此，利益结构也应该是多样的。过去我们强调工、农、知识分子都是劳动者，有共同的利益；国家、集体与个人的利益是一致的，强调个人应多服从国家和集体的利益，提倡大公无私，公而忘私。政策、措施单一，甚至一刀切，个人的利益和需要得不到应有的照顾和满足。但在现实社会中，人是有差别的，存在各种不同的利益集团；而人是社会的主体，人民是国家的主人翁，我们的一切工作都是为人民服务的，因此，从人的利益和需要是多样的这一实际情况出发，国家的政策，应该在维护国家根本利益的前提下，尽量照顾到各种不同需要、不同利益的团体和个人，在国家、集体、个人的根本利益一致的前提下实现利益多样化。在政治、经济、意识形态领域都应如此。

在改革开放中，人们囿于传统观念，习惯于单一形式，往往对多样化的出现表示惊异，或者目瞪口呆，迷惑不解，提出了是姓"社"还是姓"资"的问题。这是可以理解的，是在对社会主义再认识过程中必然会出现的现象。经过讨论，取得一致的看法，就成为对社会主义再认识的成果。党提出生产力标准，就是解决这个问题的利器。我们不必纠缠于姓"社"姓"资"的争论，只要用生产力标准来衡量，就可以得到答案。凡是有利于生产力发展的，即使形式多样，都是符合人民根本利益的，因而是社会主义所要求的，或者是社会主义所允许的。

五、封闭与开放

现代世界是开放的世界。马克思早就说过，资产阶级开拓了世界市场，使一切国家的生产和消费都成为世界性的了。过去那种地方的、民族的自给自足和闭关自守状态，被各民族各方面的互相往来和各方面的互相依赖所代替了。物质生产和精神生产都是如此。时过一百多年，情形更是如此。社会主义是在资本主义的基础上产生的，生产社会化程度更高，就更应该对外开放。随着科学技术的发展，世界各地的距离日益缩短，联系更加密切，生产越来越社会化以至于国际化，到将来某个时候，全人类都自觉地联合起来，整个世界就会变成"地球村"。

但是，新中国建立以后，我国社会基本处于封闭状态。原因是多方面的。建国伊始，帝国主义企图扼杀我们于摇篮之中，朝鲜战争爆发以后，封锁禁运，把我们和资本主义世界隔离开来，这个客观形势迫使我们不能不如此。在主观认识上，我们由于对资本主义认识不切合实际，加上受到斯大林统一的世界市场已分解为两个世界市场的理论的影响，产生了狭隘的观点，也不想对资本主义世界开放。我们建国坚持独立自主、自力更生的方针，这是正确的，但在理解和执行中都有片面性，几乎变成一切完全依靠自己。门关起来，自然无法吸收外界有益的东西，发展经济的机遇，也一次又一次地失去了。

十一届三中全会以后，我们把实行对外开放作为基本国策，敞开大门，对资本主义国家、第三世界发展中国家和苏联、东欧等社会主义国家全方位开放。密切与外界的联系，增加进出口贸易，建立经济特区和沿海开放区，大力引进国外资金、科学技术、管理方法和有益的学术、文化艺术，参加国际经济大循环，等等，这样既扩展了同各国的贸易合作和交流，也促进了我国的现代化建设，证明对外开放是正确的。

对外开放的实践使我们对现代资本主义、对社会主义都有了新的认识。资本主义世界自第二次世界大战结束以后，已出现许多新情况，它和马克思、恩格斯时代以至列宁时代的资本主义已有了很大变化。现在看来，它不是腐朽的，而是还有生命力；它不是垂死的，而是正在继续发展中；它与社会主义不是誓不两立、水火不相容的，而是互相依存、可以共同发展的。我们应该消除长期以来形成的"恐资症"，在国内、国外，大胆利用资本主义来促进社会主义，实行"一国两制"，加快社会主义现代化建设。

我国原来没有经过资本主义充分发展的阶段，目前正在大力发展社会主义商品经济。社会主义和资本主义是两种不同的制度，但商品经济有共同的规律，资本主义国家在发展商品经济方面有很丰富的经验，它先进的科学技术、组织现代化大生产的经验，以及科学的管理方法，特别是发挥市场作用的种种做法，都值得我们学习。就是在政治、法律、文化、艺术等方面，也有许多好的东西值得我们借鉴。过去，我们对开放存在许多顾虑，怕损害主权，怕影响民族工业，怕受资产阶级腐朽思想的侵蚀，怕人才外流，怕受骗上当，我们就是多考虑消极方面，少考虑积极方面。其实，对外开放是实现社会主义现代化必要条件之一，闭关自守，是不可能实现社会主义现代化的。特别是现在世界正在进行新的技术革命，资本主义国家生产的增长，越来越依赖科学技术的进步，一旦新技术革命有所突破，生产力将会有飞跃性提高。我们对外开放，目前主要是通过引进资金、技术与管理方法，加快现代化建设，逐步缩小与经济发达国家的差距。到下个世纪，则要通过新技术革命，争取在国际大舞台上占据优越的地位，在世界经济中取得较大的份额。这是关系重大的事情，至于意识形态上的问题，我们也不必过虑。马克思说过，资本主义使各民族的精神产品成了公共的财产。既然如此，我们为什么要拒绝吸收全世界各民族的优秀精神产品呢？当然，敞开了大门，不可能完全没有消极的影响，但是，我们不能因噎废食。只要我们采取正确的政策和措施，问题是可以解决的。

对社会主义再认识的十年，是科学社会主义战胜空想论、机械论的十年，也是辩证唯物主义、历史唯物主义战胜唯心主义、形而上学的十年。建设社会主义新社会，要从我国的国情出发，遵循社会历史发展的客观规律，走有中国特色的现代化道路，而不能凭主观意志和愿望，急于求成。生产力是社会发展的最终决定力量，这是历史唯物主义的基本原理，我们却把阶级斗争作为社会主宰；生产关系一定要适合生产力的性质和水平，这是社会发展的普遍规律，我们却不顾生产力的现实状况，盲目求大求公求纯，凭主观意志，使生产关系超越了生产力；社会主义社会是充满辩证法的活生生的社会形态，我们却把它看成单一的、僵化的、封闭的、缺乏生机活力的一块铁板。唯心主义、形而上学使我们偏离了社会历史发展的轨道，遭受到挫折和损失。十一届三中全会批判了唯心主义、形而上学，拨正了我们前进的方向，使社会主义事业焕发了青春活力。但是，对社会主义再认识是一个长过程，不能到此为止。我们也不能说，唯心主义、形而上学已经失去了土壤和市场。实践，认识，再实践，再认识，这是认识的发展过程。我们要在这个过程中，解放思想，勇于探索创新，不断提高、加深对社会主义的认识。

【作者简介】

王致远，广东省社会科学院研究员。

毛泽东科学方法论的思想理论渊源[*]

李恒瑞

以毛泽东为代表的中国共产党人在自己长期的革命理论、实践活动中，在对马克思主义普遍原理与中国革命具体实践相结合的历史经验不断进行哲学总结的过程中，形成了具有中国特色的、比较完整的科学方法论体系，使马克思主义哲学方法论获得了相对独立的理论表现形态。毛泽东科学方法论体系包括既相互区别又相互渗透的三个层次的内容：第一，调查研究的理论和矛盾分析方法，这是毛泽东思想方法论基础和核心的内容，或者说是它的"元方法论"；第二，党的实事求是的思想路线和"从群众中来，到群众中去"的工作路线，这是毛泽东思想方法论的根本原则，当然也是根本的思想方法、工作方法；第三，各个具体领域和各项具体工作中的方法论，如军事辩证法、政策和策略的辩证法、党的团结的辩证法，以及具体的领导方法、领导艺术等。毛泽东思想方法论，是指导人们实现马列主义普遍原理同中国革命具体实践相结合的科学方法论，又是唯物主义的认识论、辩证法、历史观三者"一体化"的科学方法论。

毛泽东思想方法论是具有中国特色的马克思主义的科学方法论，它是马克思主义的，同时又是中国的。从思想理论渊源上看，它首先是马克思主义哲学方法论的继承和发展，它把马克思主义哲学方法论的基本原则运用于现代中国社会环境和中国革命的实践，并在总结中国革命的实践经验的基础上加以扩展和创造性地发挥，形成了比较完整的思想体系；其次，它又是在吸收和综合中国传统哲学思想精华的过程中形成和发展起来的，是中国传统哲学思想在现代社会条件下合乎逻辑的发展，是在中国革命实践的基础之上把马克思主义哲学的基本原理与中国传统哲学思想的精华有机地结合起来进行理论再创造的优秀思想成果。

---

[*] 本文原载于《广东社会科学》1992 年第 4 期。

一、毛泽东思想方法论的直接的、主要的思想理论来源，是马克思主义的哲学世界观和方法论，特别是列宁的哲学思想

毛泽东在创立中国革命的科学方法论的过程中，对马克思主义哲学的继承和发展，主要是从两个方面进行的。一方面，是对马克思、恩格斯、列宁所提出的科学方法论的基本原则的直接运用、展开和再创造。马克思、恩格斯和列宁他们都曾经明确地提出和论述过科学方法论问题，引出过许多极为重要的结论，毛泽东把这些结论作为研究和解决中国革命方法论问题的直接的理论出发点。例如，马克思、恩格斯不仅把唯物主义的基本立场、观点作为世界观，而且还强调必须把唯物主义的方法同唯心主义的方法对立起来；不仅把辩证法作为关于自然、社会和人的思维的普遍规律的学说加以论述，而且还强调辩证法本身也是科学的思维方式和研究方法，并引出了辩证逻辑的一系列原则。毛泽东把这些重要的方法论原则直接融于他的调查研究理论之中，提出"没有调查就没有发言权""不作正确的调查同样没有发言权"，并论述了一系列具体的调查研究的方法。再如，毛泽东直接吸收了列宁的思想。特别是列宁关于一般与个别的关系的思想及对《资本论》矛盾分析方法的论述，对之加以深化、展开，并作出了多方面的理论创造，形成了自己的完整的矛盾分析的方法论体系。至于无产阶级政党的政策和策略的方法论问题、阶级分析的方法论问题等，同样也是以列宁提出的方法论原则作为理论生长点。另一方面，则是综合吸收、运用马克思主义哲学世界观的基本立场和观点，依据中国社会和中国革命的实际，加以引申、扩展，再进一步将它们转化为相对独立的、具体的科学方法论。比如关于"从群众中来，到群众中去"的群众路线的领导方法、工作方法，它的哲学世界观的基础主要是马克思主义的实践观点、群众观点和辩证观点。毛泽东把这些基本观点综合地运用，并把它们同无产阶级政党的民主集中制的原则糅在一起，加以引申、创造，具体地解决无产阶级政党制定和执行路线、方针、政策的思想方法和工作方法问题，形成了一整套完整的领导方法。这样，科学的世界观就转化成了相对独立的、具有可操作性的科学方法论。再如关于社会主义社会矛盾的分析方法，同样也是对唯物史观的社会矛盾学说、辩证法的对立统一学说以及科学社会主义的基本理论观点加以综合性引申、创造使之向具体方法论转化的结果。马克思主义哲学的革命性和实践性的本质，无产阶级革命实践本身的发展，都要求无产阶级政党善于把理论的、科学的世界观转化为具体的、科学的方法论。中国共产党人在这方面作出了创造性的贡献。特别是在毛泽东手中，可以说已到了运用自如、炉火纯青的地步。总之，毛泽东以马克思主义哲学为直接的理论源泉，从中国革命的实际和需要出发，通过上述两个方面的"转化"，建立起了与世界观理论既相联系又相区别的、具有相对独立的表现形态的科学方法论的思想体系。

毛泽东思想方法论体系以实现马列主义与中国实际相结合为主题，以唯物主义的认

识论、辩证法、历史观三者的"一体化"为理论基础。毛泽东思想方法论的这两个基本理论特点，其直接的思想理论渊源也是马克思主义哲学。

理论与实际相统一，马克思主义普遍原理同各国革命的具体实践相结合，是马克思、恩格斯、列宁反复申明的一个基本思想原则。马克思、恩格斯在创立马克思主义的时候，就特别强调他们的学说不是教条而是行动的指南，必须善于把他们学说的基本原理运用于本国的经济条件和政治条件，必须随时随地以当时的历史条件为转移，而且必须由处于事变中心的各国革命者自己决定革命的纲领和斗争策略。① 当世界进入帝国主义和无产阶级革命的时代，在革命中心东移的过程中，列宁尤其强调理论和实践的统一，强调从本国实际出发"独立地探讨马克思的理论"，把马克思的学说在理论上和实践上运用于本国的具体环境，"自己来找出路"。② 斯大林曾经高度评价列宁的这种科学的态度，并明确地指出：理论和实践的统一，是无产阶级政党的指路明星，是列宁主义的方法的基础和实质所在。③ 毛泽东非常重视列宁、斯大林的这种见解。同样把理论和实践的统一这一马克思列宁主义的原则作为科学方法论的基础和实质，并且进一步提出马克思列宁主义的普遍原理同中国革命的具体实践相结合的具体原则，将它作为中国共产党人的科学方法论研究的主题。毛泽东不仅从哲学理论基础上科学地、全面地阐述了马克思列宁主义普遍原理同中国革命的具体实践相结合的道理，而且建立起了实行和实现这一"结合"的科学方法论的思想体系。在国际共产主义运动史上，在马克思主义发展史上，中国共产党人始终一贯地重视这一问题，并把它提到党的思想路线和哲学理论形态的高度，自觉地加以解决，从而保证了中国革命和建设事业的胜利发展，拓宽了马克思主义学说发展的道路。

马克思主义哲学是一个完整的世界观理论体系，用列宁的话来说，它是在解决意识和存在的关系问题上"由一整块钢铁铸成的"，决不能去掉任何一个基本前提，也不能把它的各个方面或部分割裂开来或孤立起来，当成一种"板块结构"的东西。列宁曾经致力于研究和解决这一问题，提出"辩证法也就是马克思主义的认识论"这一重要的见解，强调要充分地利用"《资本论》的逻辑"来观察和处理各种现实问题。我们知道，《资本论》这部政治经济学巨著，同时也可以看作认识论、辩证法和历史观的著作，马克思是把认识论、辩证法、历史观融为一体去解决政治经济学的研究方法、叙述方法的。这是马克思方法论的一个突出特点，也是所谓"《资本论》的逻辑"的实质所在。毛泽东直接继承和发展了马克思、列宁的这种方法论传统，打破了"斯大林哲学模式"和以其为蓝本建构起来的传统哲学教科书的"板块结构"的框架，从唯物主义的认识论、辩证法、历史观三者的"一体化"上，去研究和解决中国革命的方法论问题。

---

① 《马克思恩格斯选集》（第 4 卷），第 472、450、292 页。

② 《列宁选集》（第 1 卷），第 82 - 83、203 页；《列宁选集》（第 4 卷），第 626 页。

③ 《斯大林选集》（下卷），第 436 页；《斯大林选集》（上卷），第 194 页。

毛泽东思想方法论体系的这一理论特点，对于马克思和列宁的方法论思想来说，是直接的继承和发展；而对于"斯大林哲学模式"和传统哲学教科书的结构来说，则是一个重大的理论突破和创新。

二、毛泽东思想方法论又是在马克思主义哲学同中国优秀的传统思想文化成果相结合的过程中形成的，因此，中国思想文化传统中的方法论思想的精华，是它的另一个重要的理论来源

中华民族素以富有理论思维的传统而著称于世。在中华民族古代和近代的精神文明发展史上，涌现出了许多著名的哲学家、思想家，形成了许多传世的哲学学说和哲学学源。传统的中国哲学，无疑是一个思想方法论的宝库。中国哲学史，是自身哲学思想的积累和中外哲学思想的融合这两个过程相统一、相交汇的历史，毛泽东哲学思想则是这种统一的历史过程在现代中国的必然结果。现代中国革命斗争的历史过程，同时也是马克思列宁主义及其哲学思想中国化的过程。而所谓"中国化"的过程，从哲学思想史的角度来看，实质上是实现两个"结合"的过程：一个是马克思列宁主义的普遍原理同中国革命的具体实践相结合，再一个是马克思列宁主义的科学世界观、方法论同中国优秀的思想文化传统相结合。这是两个相交汇、相统一的同步发展的过程。毛泽东不仅致力于解决前一个"结合"的任务，而且同样致力于解决后一个"结合"的任务。毛泽东哲学思想及其方法论体系，是发生在 20 世纪中国的这两个"结合"过程的思想结晶。

毛泽东对中国传统哲学的继承与改造，一是依据马克思列宁主义的立场、观点和方法，二是依据中国革命实践的经验和需要，他所遵循的仍然是马克思主义理论和中国革命实践相统一的原则。毛泽东遵循这一原则，一方面直接对中国传统哲学中的方法论思想的精华加以批判继承，把它糅进马克思主义的方法论思想体系；另一方面，又将中国传统哲学中属于"本体论"、历史观、伦理观等方面的优秀成分加以改造，转化为现代的科学方法论思想，把它糅进马克思主义的方法论思想体系。这种吸收与改造，可以概括为以下三个基本方面：

首先，对传统哲学的知行统一观和"实事求是"思维方式的发掘与改造。中国传统哲学中以主体亲身践履为基础的知行统一观，这种注重"行"的作用的哲学思想传统，强调主体的实践性和能动性，强调"实事求是""经世致用"的思维方式和治学精神，在中国思想史上产生长远而深刻的影响。毛泽东十分重视对这一思想传统的改造与吸收，用以丰富科学方法论体系，这主要表现在：第一，用马克思主义的科学认识论审视中国传统的知行统一观，继承、阐发其精义，提出"主观和客观、理论和实践、知和行的具体的历史的统一"的重要结论，重点解决马克思列宁主义理论同中国革命实践的结合问题，并对古代原指务实求真的治学修身态度的"实事求是"的概念作出马克思主义的解释，赋予新的含义，用以表述中国共产党人的科学的思想路线。第二，批判地继承中国传统哲学中重视主体亲身践履。强调主体能动作用的合理思想，引申出中国革命的认识和实践活动的独立自主的原则，要求中国革命者立足于自己的艰苦的认识和实践活动，把马克思主义的学说独立地运用于中国社会环境和中国革命实际，使自己的主观世界与中国社会、中国革命的客观世界具体地、历史地统一起来。第三，将中国传统哲学中的实践主体性思想加以改造，从只注重个体实践的作用，扩展为重视阶级、群众主体实践的作用，全面地提出和解决领导机关、领导者同人民群众之间在认识和实践活动过程中发生正确关系的思想，形成了"从群众中来，到群众中去"的工作路线和领导方法。

其次，批判地继承中国丰富的辩证法传统，充分吸取传统辩证法思想的精华，并使之与马克思主义唯物辩证法思想出色地融为一体。从古代阴阳概念、老子的"相反相成""反者道之动"的命题、孔子的"中庸"理论及《孙子兵法》，到历代学者对这些思想的引申、增益和发展，中国传统的辩证法思想内容十分丰富，而且独具民族特色。毛泽东十分重视马克思主义的唯物辩证法思想同中国传统辩证思维的精华相结合，从科学方法论思想体系上看，这种结合突出地体现在形成矛盾分析的方法和创立军事辩证法。毛泽东的矛盾分析的方法论体系对中国传统辩证思想精华的吸收和改造，主要包括：第一，关于"相反相成"的矛盾同一性思想和"反者道之动"的矛盾转化思想。毛泽东把这些优秀的传统思想加以引申、改造，提出了著名的"两点论"、"重点论"、矛盾转化的条件论等思想方法论原则，并把它具体地运用于制定战略和策略的过程中。第二，关于防止两极片面性思维的"中庸"理论。孔子提出的"执其两端用其中""过犹不及"，墨子主张"两而无偏""正而不可担"，都主张把握事物相对稳定的质，反对陷入两极思维的片面性。毛泽东对这一方法论思想极为重视，并作了充分的发挥。他指出，中国传统哲学的"中庸"思想是"一大发现，一大功绩，是哲学的重要范畴，值得很好地解释一番"。他用唯物辩证法的观点加以引申，指出："一定事物在时间与空间中运动，当其发展到一定状态时，应从量的关系上找出与确定其一定的质，这就是'中'或'中庸'，或'时中'。"毛泽东把"相反相成"与"执中性思维"这两个方面的辩证法传统思想统一起来，加以马克思主义的改造、解释，使之成为矛盾分析方法的重要内容。以《孙子兵法》为代表的中国古代优秀军事思想，是中国传统的辩证思维方式的宝库。毛泽东在领导中国革命战争的过程中，大量地借鉴和吸取了中国古代优秀军事思想中的辩证法的精华，并运用马克思主义哲学的观点加以概括、提高，创立了驰名中外的毛泽东军事辩证法学说。

最后，毛泽东思想方法论科学体系的辩证法、认识论、历史观三者"一体化"的特点，也同中国古代哲学思想的"德""知"结合的传统有着直接的渊源关系。比如孔子"中庸"思想，既包含前述的"执中性思维"的全面性要求的合理成分，因而具有重要的思想方法论意义，同时又是一种理想的君子人格，是一种"德"，甚至是"至德"，因而又具有历史观、伦理观的意义。这种学说认为，要达到"中庸"这种"至德""至善"，就必须做到"仁"与"知"、道德与智慧的完美结合，以"仁"为行为定向，以"知"使行为适度。这种德性与知性并重、善与真统一的思想传统，在人类思想史上具有重要的理论价值。当然，孔子的"知"在很大程度上是一种道德范畴的东西（知命、知礼、知人），不等于我们所说的认识、理论，他的"仁"更带有唯心史观的人性论的色彩，我们"应给以历史的唯物论的批判，将其放在恰当的位置"，用马克思主义的观点赋予"知""仁"新的含义，如把"知"理解为理论、计划、方案、政策等，把"仁"理解为拿理论、政策等付诸实践时应采取的态度。[①] 那么知仁统一就是一个重要的认识论和历史观的原则。中国古代哲学史上的这种德性与知性并重、结合的传统，无疑具有一定的合理性。毛泽东提出的真、善、美相统一的思想，文艺批评中的政治标准与艺术标准相统一的思想，调查研究的科学态度与科学方法相统一的思想，群众路线与认识路线相统一的思想，以及刘少奇提出的关于共产党员个人思想修养的理论，都贯穿着唯物主义认识论和历史观相统一的原则。毛泽东哲学思想的这一特点，与中国古代哲学史上的德知并重的思想传统有着密切的关系，是运用马克思主义的观点对这种思想传统的批判、改造和继承。

三、研究毛泽东思想方法论的思想理论渊源，还要从总体上把握思想发展史上的积累现象、融会现象和势差现象

有价值、有生命力的哲学学说和哲学流派，它的发展过程是后继者不断对之阐发、增益、更新的积累过程。这里，既有世界范围内的积累现象，如马克思主义及其哲学的发展；也有民族范围内的积累现象，如中国的儒家思想主要是在中华民族范围内发展。同时，中外不同的思想文化体系必然越来越频繁地互相接触，最终必然发生融会现象。这也是人类思想发展史上的动力之一。20 世纪初，马克思主义及其哲学传入中国，发生了中国思想史上最深刻、最大规模的中外思想融会的过程，中国哲学思想史上的积累过程因此也进入了一个崭新的阶段。中国哲学思想自身的积累和中外哲学思想的融会，是两个互相渗透、互相促进的过程，而毛泽东哲学思想及其方法论体系，就是现代中国这两个过程的必然结果。另外，还不能忽视思想文化接触的势差现象。不同思想文化体系的接触、融会，绝不是势均力敌的对接、嵌合，而总是高层次的一方去影响低层次的一方，同时吸取低层次一方中的积极因素充实自己。古代中国的中原文化当时属于高层次的文化，因此它在与周边民族文化的接触、融合过程中总是起着主导作用。但到了近代，由于中国社会的进化过程落后于西方发达国家，外国资本主义的入侵又打破了中华民族传统封建思想文化的旧格局，它在这种中外思想文化的撞击中只能处于劣势。

因此，近代中国的志士仁人总是从西方资产阶级的思想体系中寻找救国救民的真理。但由于世界已进入无产阶级革命的时代，比资产阶级思想体系更高层次的无产阶级

---

① 《毛泽东书信选集》，第 145 – 148 页。

思想体系已经形成并将其影响从西方扩展到东方，也由于新的时代条件已将中国革命从旧民主主义革命推向了新民主主义革命，因此产生于西方的先进的无产阶级的思想体系就顺理成章地传入中国并逐步成为中国革命的指导思想，在中外思想文化的接触、融会过程中必然处于主导的地位以及发生主导的作用；而在这一融会过程中产生的毛泽东思想及其哲学，当然以马克思主义及其哲学体系为"源"，以中国传统哲学的优秀遗产为"流"，或者说以前者为"主源"，以后者为"次源"。在毛泽东思想及其哲学今后的发展过程中，无疑将会越来越多地糅进中国传统思想文化的精华，并在中外思想文化体系的接触中发生越来越大的、主动性的影响。

【作者简介】

李恒瑞，广东省委党校教授。

毛泽东探索我国社会主义建设道路的心路[*]

范湘涛　范贤超

我国社会主义三大改造以后，开创了社会主义建设的新时代。由于当时历史条件的制约，我国经济技术落后，也没有管理现代化经济的经验，在计划管理、金融财政等方面，基本上是照搬苏联的。但是，斯大林逝世以后，苏联也发生了一系列事情，使毛泽东觉察到了苏联经济建设经验也存在一些问题，即使是那些成功的经验，也不适合我国的国情。在这种情况下，毛泽东根据我国的实际和已经积累起来的经验，对我国经济建设问题进行了认真的探索。在探索的过程中，既受到国内、国际客观形势的影响，又受到中华民族历史文化传统的制约，更有毛泽东个人文化性格的积淀。认真梳理毛泽东探索社会主义建设道路的心路，对我国今天全面建设小康社会，构建社会主义和谐社会，具有重要的理论意义和实践意义。

一、球籍危机的挑战

毛泽东在中共八大预备会上，谈到要加速社会主义建设、赶超资本主义强国时强调："这是一种责任。你有那么多人，你有那么一块大地方，资源那么丰富，又听说搞了社会主义，据说是有优越性，结果你搞了五六十年还不能超过美国，你像个什么样子呢？那就要从地球上开除你的球籍！"这不是毛泽东的危言耸听，而是一个严峻的客观现实，为毛泽东探索社会主义建设道路提供了客观依据，增强了时代紧迫感。

新中国成立时，毛泽东接过来的是一个烂摊子：工业在整个国民经济中所占比重很小，至1949年，使用机器的工业产值，只占工农业生产总值的17%左右，而农业及其副业、个体手工业和工场重工业的产值占了工农业生产的83%左右。在仅有的工业产业中，重工业比重不到30%，轻工业占全部工业的70%以上。在重工业内部，也是门

* 本文原载于《广东社会科学》2008年第1期。

类残缺不全、互不协调，多数是采矿业或生产初级原料的工厂，除一些修理和装配的工厂外，没有自己独立的机器制造业。由于工业落后，旧中国的农业和手工业的生产工具基本上还是几千年传下来的手工工具，有些农村地区甚至还停留在杵臼时代，生产力水平极其低下；现代交通工具和通信设备极其缺乏；科学、文化、医疗卫生事业也极不发达。新中国成立后，毛泽东以极大的热情致力于我国的经济建设，经过"一五"计划，工农业生产得到了很大的发展。但是，由于生产资料所有制的社会主义三大改造的工程巨大，加之帝国主义在政治、经济上的封锁，在军事上又挑起朝鲜战争，给我们的建设事业造成了一定的困难。中国的经济发展状况与世界发达国家相比，与周边国家相比，差距越来越大；与中国在国际上应有的地位相比，很不相称。生产力水平仍然很落后，不仅没有形成自己的工业生产体系，而且绝大部分工业还停留在以手工操作为主的、半机械化生产的水平上。国防工业也很薄弱，没有具备生产现代常规武器的能力。广大农村则仍然是以牲畜和人力进行耕种，有些偏僻的山村甚至还处在刀耕火种的时代。

与此相联系，我国的文化科学技术也很落后。据 1957 年的统计，当时全国高等学校在校学生仅 44.7 万人，中学生仅 708.1 万人，小学生仅 6 428 万人，农村人口大多是文盲或半文盲。全国科技人员不足 5 万人，其中专门的科学研究工作者不到 500 人，专门的科研机构只有 30 多个。科学技术水平同发达国家相比竟落后半个世纪。这种状况，显然远远不能适应经济发展的需要。

毛泽东在 1958 年 1 月 28 日最高国务会议上的讲话中说：我们的国家是又穷又白，穷者一无所有，白者如一张白纸，一谈起来，我们国家这么多人口，地大物博，人口众多，有四千多年历史，但现在的生产与我们的地位完全不相称，钢铁生产还不如一个比利时。它有 700 多万吨钢，我们只有 520 多万吨。他还指出，过去我们有本领，会打仗，会搞土改，现在仅仅有这样的本领就不够了，要学新本领，要真正懂得业务，懂得科学技术，不然就不可能领导好。在这一转变的过程中，我们的管理干部严重缺乏，这与大规模的建设很不适应。

当时，人民的生活仍然处于贫困状态。1957 年，农村人均年收入仅 70 元，相当一部分农民仍然没有解决温饱问题。走上了社会主义道路的人民，仍然处于这种缺吃少穿的境地，一种巨大的历史责任感和时代紧迫感撞击着毛泽东的心灵。他决心迎接"球籍危机"的挑战！

二、对公平分配的孜孜追求

毛泽东提出社会主义建设的总路线，在中国大地上开展轰轰烈烈的"大跃进"、人民公社化运动，除了迎接"球籍危机"的挑战之外，他还希望另辟蹊径，寻找一条人们收入均等、防止两极分化、向共产主义按需分配跃进的理想道路。

纵观毛泽东的经济发展理论和制定国民经济发展的方针政策，可以发现贯彻其中的一条红线，就是社会产品的公平分配问题。

公平分配，这是人类进入文明史以来就一直在寻求解决方式的课题。科学社会主义的创始人马克思所处的时代，正是工业革命引起英国等西方国家进入工业化的时代。在自由资本主义时期，工业迅速发展，社会财富极大地增加，但与此相伴随的是贫富悬殊的扩大和工人生活的绝对贫困化。在马克思看来，资本家对财富的永无止境的追逐，必然导致无产阶级的境况愈加贫困。要改变贫富分化的不平等状况，只有彻底破除旧的社会经济制度，把一切资本集中到社会手中，才能消除不平等分配的经济根源。在社会占有一切生产资料的社会主义社会，能够进入分配领域的只能是最终消费资料，能够参与分配的只能是社会成员提供的属于自己的劳动量。因此，分配的差异只表现在劳动量的差异上。但是，马克思基于对共产主义的理想追求，他并没有到此止步。他认为这种劳动量上的差异，仍然是资产阶级法权的表现。因此，他进一步强调，以劳动量参与分配也还只是形式上的平等，在事实上却是不平等的。因为还存在劳动者个人禀赋的差异、人口供养的不同。真正平等的分配方式是按需分配，依据社会成员各自的特别需要而获得足够的消费资料，劳动不再是谋生的手段，不再是分配的尺度，仅仅是劳动者全面发展的一种享受活动。在这里，马克思的历史与逻辑相结合的推论，正确地揭示了人类历史进程发展的一般规律。受当时历史条件的限制，他不可能具体揭示平均分配与经济增长的内在动态关系，这就给当代世界社会主义国家留下了一个难题。

在中国，社会财富的分配方式同样是一个长期争论不休的话题，儒家以民为本、均富养民的原则深深扎根于中国的传统文化之中。在封建社会，由于生产力极端不发达，自然经济束缚着人们的生产方式，虽然财富供给大大高于原始社会，但是仍然相当匮乏，养民只有靠平均财富才能实现。平均分配观念一直根植于中国百姓的心中。

毛泽东是一个马克思主义者，同时也深谙中国的传统文化。因此，当他在解决经济增长与公平分配动态关系的难题时，他运用马克思主义的平等原则对中国传统的平均观念进行了综合的剖析，提出一个公平分配优先、均平求富的经济发展方针。

毛泽东在青年时代就曾"梦想新社会生活"，认为"劳动者欲求完全之平均分配，非在社会制度改革之后，不能得到"。据此，他主张创造以求人格完全独立的新家庭，由若干新家庭汇合而创造一种新社会。在这个新社会里，从公共幼儿园到公共学校，从公共银行到公共工厂，从公共消费社到自治会，样样齐全，应有尽有。这里，尽管是一种空想，却充分体现了毛泽东对公平分配的关注。

在革命战争年代，毛泽东着重于变革农村的封建所有制，消灭和打击农村的土地富有者，实行耕者有其田的小农生产方式，以解放农民，满足农民均等拥有土地的要求。在革命队伍中，主张实行革命的民主主义，采取供给制的分配方式，在经济上官兵一律平等。

在20世纪40年代，他设计了新中国平均地权与节制资本的新民主主义社会的发展模式。平均地权使占中国人口80%的农民获得相等的土地份额，这既为实现公平分配作了实质性大变革，又为中国工业化扫清了障碍。节制资本，就是在城市限制资本扩张，适当提高工业劳动者的工资收入，"劳资两顾"，既承认已有的贫富差距，又抑制资本的扩张。这两项政策，对公平分配与经济增长进行了独特的思考。

中华人民共和国成立之后，毛泽东根据形势发展的新变化，进行了生产资料所有制的社会主义改造。这场深刻的社会变革，最突出的一个结果就是使任何人都不能孤立于他人而独占集体或社会的生产资料，凭借生产资料所有权获取生产收入的分配方式就此消失了。在农村，早先对生产资料的人均分配，使小农拥有了自己的土地，而这次则使小农交出土地，归集体所有。在城市，公私合营和手工业合作社，使大部分生产资料集中到国家手里，少量归集体所有。这样，就为马克思关于社会主义社会公平分配原则的实施创造了社会条件。农村的合作化运动，打击了富裕农民，扶持了贫苦农民，铲除了收入分配重新出现的不平等现象，激发了广大农民的劳动热情。在城市的和平赎买中，消除了城市收入不平等现象，使城市人民感受到一种从未有过的公平感。同时，由于政府控制了社会所有资产，就能依据政府意图发展工业生产。因此，在"一五"计划期间，中国经济发展较快，国民收入总额增长53%，全国职工的平均实际工资增长了42.8%，农民收入增长近27.9%。显而易见，毛泽东的分配公平化改革，在新中国工业化建设的第一阶段产生了经济、政治效应，不但改善了人民群众的生活水平，强有力地推动了经济的增长，而且为巩固新生的政权打下了坚实的经济基础。

毛泽东并没有满足于此。他认为，在工商业的公私合营企业中，资本家还拿定息，还存在着剥削。就所有制这一点来说，这类企业还不是完全社会主义性质的。农业生产合作社和手工业生产合作社有一部分也还是半社会主义性质的。也就是说，从分配上看，还没有建立起完全的社会主义公平分配原则，社会还存在着造成不平等的经济根源，应该进一步改革利益结构，消除不平等因素，以使经济收入分配更加均等化。这就需要寻找一个既能保证收入均等，又能极大地提高人民生活水平的超常规的赶超式经济发展战略。于是，从1958年起，毛泽东从分配与增长两个方面进行了异乎寻常的大胆试验。在分配上，通过建立人民公社，取消工分制，吃公共食堂，向共产主义的按需分配跃进，以使分配趋于平均化，消除因天赋或家庭人口多少等方面造成的收入差异。在财富增长上，轰轰烈烈地开展"大跃进"运动。在工业生产上，以钢为纲，9 000万人齐上山，大炼钢铁。在农业生产上，以深耕密植为特征，争"放"亩产3.6万斤的"大卫星"。这样，分配公平与财富增长、生产关系与生产力，在"大跃进"、人民公社化运动中，达到了毛泽东设想的"和谐统一"，分配与增长的两难问题在中国人民的革命历史进程中被"解决了"，在"一穷二白"的国度里，描绘出了"最新最美"的图画。不难看出，以"快"为灵魂的"三面红旗"，正是毛泽东借以实现孜孜追求的公平分配目标的大胆实验。但是，这个实验由于违背了经济发展的客观规律而以悲剧的形式失败了。

三、实现跨越式发展的情怀

毛泽东在探索社会主义建设道路的过程中，还包含了他那永不满足现状、想要超越局限的个人主观情感。如前所说，毛泽东早年由于变革现实的强烈愿望，他在寻求救国救民的途径时，积淀了主动尚变的文化心理。1958 年 1 月 31 日，他在《工作方法六十条（草案）》中说：我们的革命和打仗一样，在打了一个胜仗之后，马上就要提出新任务。这样就可以使干部和群众经常保持饱满的革命热情，减少骄傲情绪，就算想骄傲也没有骄傲的时间。新任务压来了，大家的心思都用在如何完成新任务的问题上面去了。这种思维方式，反映在他的实践中，就是趁热打铁，不断革命，他要求革命一个接着一个，中间不要停顿，突破现实时空的局限，以自己的智慧和想象，以对民族的责任感，向未知世界进军，向生产的广度和深度进军。因此，毛泽东在领导中国革命和经济建设的过程中，设计了中国革命历史进程中一个又一个的奋斗目标。抗日战争全面爆发后，毛泽东便从中日双方的矛盾分析入手，确定了抗日战争过程中的退却、相持、反攻三个阶段；解放战争伊始，面对美式装备的 400 万强敌，断言 5 年打败蒋介石；中华人民共和国成立后，根据国内阶级关系的新变化，毛泽东计划 10 年到 15 年完成生产资料所有制的社会主义改造；如此等等。所有这些构想，实际进程比他预想的要快得多。这些成功的经验，更激起了他"坐地日行八万里，巡天遥看一千河"的超越情怀。于是，他对实现未来的奋斗目标，愿望越来越强烈，信心越来越坚定，激情越来越高昂，步伐越来越急迫，时间越来越紧促。

在完成社会主义三大改造之后，特别是 1957 年通过反"右"斗争等方式完成了政治战线和思想战线的社会主义革命之后，毛泽东认为，"革命尚未成功，同志仍需努力"。他要求人们解放思想，破除迷信，进行一场新的战争，向自然界开战，革地球的命。应该肯定，在探索社会主义建设道路上的跨越战略，不是毛泽东一时的心血来潮，而是他一贯思想的继续发展。毛泽东认为，任何一个国家在无产阶级夺取政权后，最紧迫的任务就是发展生产力，创造比资本主义更高的劳动生产率，这是一个带有世界意义的普遍规律。列宁在苏维埃政权刚刚成立时就大声疾呼，在任何社会主义革命中，当无产阶级夺取政权的任务解决以后，随着剥夺剥夺者及镇压他们反抗的任务大体上和基本上解决，必须把创造高于资本主义的社会结构的根本任务提到首要地位，这个根本任务就是：提高劳动生产率。[①] 但是走什么样的发展道路才能创造高于资本主义的劳动生产率，是亦步亦趋地追随发达资本主义国家，还是打破历史的常规，实施跨越式发展战略，这一直是毛泽东思考探索的主题。早在 20 世纪 50 年代，毛泽东就提出了"打破常规"的跨越式发展战略："我们不能走世界各国技术发展的老路，跟在别人后面一步步

---

① 《列宁选集》（第 3 卷），北京：人民出版社，1976 年，第 509 页。

地爬行。我们要打破常规，尽量采用先进技术，在一个不太长的历史时期内，把我国建设成为一个社会主义现代化的强国。"① 1960 年毛泽东在读苏联《政治经济学教科书》时指出，对于生产力处于落后状况、工业基础差的国家来说，速度问题是一个非常尖锐的问题，"原来的工业越落后，速度问题也越尖锐，不但国与国之间比较起来是这样，就是一个国家内部，这个地区和那个地区比较起来也是这样"②。因此，为了解决速度问题，就必须打破常规，实施跨越式发展战略。按照毛泽东的设想，在 100 年或更长的时间内，首先是建立一个独立的比较完整的工业体系和国民经济体系，使我国社会生产力大体上接近或达到世界先进水平，其次是把我国建设成一个人民共同富裕的强大的现代化国家，彻底改变中国贫穷落后的面貌。

跨越式发展战略的本来意蕴，就是从一个台阶跨越到较高台阶，巩固稳定以后，再向更高的台阶跨越，是连续性与间断性的辩证统一过程，用毛泽东的哲学语言说，社会主义经济发展是波浪式前进的过程，有进有退，主要是进，但不是直线前进，而是波浪式前进。

当然，毛泽东跨越式发展战略，作为一种探索，既有成功经验，也有像"大跃进"那样的失误，但无论是成功的经验还是失败的教训，对我们今天落实科学发展观都是珍贵的历史借鉴。

【作者简介】

范湘涛，湖南城建职业技术学院教师；范贤超，湘潭大学毛泽东思想研究中心教授、博士生导师。

---

① 《毛泽东著作选读》（下卷），北京：人民出版社，1986 年，第 849 页。
② 《毛泽东文集》（第 8 卷），北京：人民出版社，1999 年，第 124 页。

邓小平理论是当代中国的马克思主义[*]

刘　嵘

一

一代伟人、伟大的马克思主义者邓小平同志离开了我们。但是，邓小平同志的丰功伟绩永远铭记在我们的心中，邓小平理论的光辉永远照耀着我们前进的道路。

我有幸在 1979 年 3 月北京召开的中央理论工作务虚会议上，聆听邓小平同志所作的关于《坚持四项基本原则》的讲话。当时，我深为他在讲话中的革命的激情和冷静的科学态度所吸引；为他在讲话中关于中国实现四个现代化必须坚持四项基本原则的鲜明态度和对马列主义、毛泽东思想的科学体系的科学论述所折服，感到十分钦佩。在讲话中，邓小平同志还专门讲述了"思想理论工作的任务"，提出"深入研究中国实现四个现代化所遇到的新情况、新问题，并且作出有重大指导意义的答案，这将是我们思想理论工作者对马克思主义的重大贡献，对毛泽东思想的真正高举"的号召。邓小平同志这个讲话以及有关著作一直指引着我们研究马列主义、毛泽东思想哲学的方向，鼓舞着我们研究毛泽东思想哲学的信心和决心，并把研究毛泽东思想哲学和中国现代化建设实际结合起来，进而把哲学研究的重点放在邓小平理论的哲学基础上，把毛泽东思想哲学和邓小平理论的哲学基础作为科学体系、作为一门学科，进行硕士生、博士生的培养，并且取得了一定的成果。这完全是在邓小平理论的指导下取得的。

二

邓小平对思想理论的伟大贡献之一，是他在拨乱反正中，恢复和发展了毛泽东思想

---

[*]　本文原载于《广东社会科学》1997 年第 2 期。

哲学，恢复和发展了实事求是的思想路线。邓小平第三次复出后，面临"文革"后问题成堆、困难成山、错综复杂、百废待举的严峻局势，他和其他中央领导同志一起从千头万绪中，抓住决定性环节，从思想路线的拨乱反正入手：批评"两个凡是"，支持开展真理标准问题的讨论，强调这场讨论"实际上也是要不要解放思想的争论"。邓小平同志还进一步指出："'两个凡是'的观点就是原封不动地把毛泽东晚年的错误思想坚持下去。"所以，"两个凡是"不是高举毛泽东思想的旗帜，而是"假的高举"。邓小平同志正是在和"两个凡是"的错误思想的斗争中，恢复和发展了毛泽东实事求是的思想，提出实事求是、一切从实际出发、理论联系实际、在实践中检验和发展真理的思想路线；强调实事求是是毛泽东思想的精髓和出发点。因而，顺利地纠正、平反一切冤、假、错案，调动了国内外的一切积极因素；并从而纠正了以"阶级斗争为纲"的错误路线，作出了"以经济建设为中心"的工作重点转移的重大战略决策。

在拨乱反正中，邓小平同志还以高度的政治责任心和非凡的领导艺术，在批评毛泽东同志的晚年错误后，又和怀疑"四项基本原则"的"自由化"和"非毛化"思潮作斗争，批评了把毛泽东思想归结为毛泽东个人的思想的所谓"正确的毛泽东思想和错误的毛泽东思想"，指出"我们坚持的和当作行动指南的是马列主义、毛泽东思想的基本原理，或者说是由这些基本原理构成的科学体系。至于个别的论断，那么，无论马克思、列宁和毛泽东同志，都不免有这样那样的失误。但是这些都不属于马列主义、毛泽东思想的基本原理所构成的科学体系"。后来，邓小平还在一系列讲话中和1981年6月的十一届六中全会通过他主持起草的《关于建国以来党的若干历史问题的决议》（以下简称《历史决议》）中，实事求是、恰如其分地评价毛泽东的功过是非，维护了毛泽东崇高的历史地位，认为毛泽东"是中国共产党和中国人民的伟大领袖"。《历史决议》还从三方面对毛泽东思想下了科学的定义："毛泽东思想是马克思列宁主义在中国的运用和发展""毛泽东思想是被实践证明了的关于中国革命的正确理论原则的经验总结""毛泽东思想是中国共产党集体智慧的结晶"。这样，就从理论、理想上明确了毛泽东思想是马列主义在中国的运用和发展，是在中国长期的、艰苦卓绝的革命实践中产生、形成、发展并检验了是正确的科学理论，不包括在实践中检验是错误的成分；它不是个别天才头脑的先验的产物，而是中国革命斗争经验的结晶，是中国人民和中国共产党人用鲜血凝结成的，是中国共产党人集体智慧的结晶。《历史决议》还科学地、深刻地指出，要把"经过长期历史考验为科学理论的毛泽东思想，同毛泽东同志晚年所犯的错误区别开来"，"毛泽东同志发动的'文化大革命'的这些'左'倾错误论点，明显地脱离了作为马克思列宁主义普遍原理和中国革命具体实践相结合的毛泽东思想的轨道"。

正是邓小平同志在拨乱反正的历史转折时期对思想、理论的伟大贡献，才使社会主义建设事业沿着正确的科学轨道前进。

三

邓小平对思想理论的又一个伟大贡献，是在社会主义建设新时期中，创造性地运用马列主义、毛泽东思想哲学的立场、观点和方法，科学地研究、分析当今时代提出的关于什么是社会主义、如何建设社会主义以及如何巩固和发展社会主义一系列基本问题，并且总结我国社会主义胜利和挫折的历史经验和其他社会主义国家兴衰成败的经验，集中全党、全国人民的智慧，科学地把握社会主义的本质，创立了有中国特色的社会主义理论，发展了马列主义、毛泽东思想，实现科学社会主义理论发展的第三次飞跃。

邓小平同志一再指出："搞社会主义一定要遵循马克思主义的辩证唯物主义和历史唯物主义，也就是毛泽东同志概括的实事求是，或者说一切从实际出发。"[1] 又说："如果'一国两制'的构想是一个对国际上有意义的想法的话，那要归功于马克思主义的辩证唯物主义和历史唯物主义，用毛泽东主席的话来讲就是实事求是。"[2] 解放思想、实事求是不仅成为马列主义、毛泽东思想的出发点和精髓，还成为邓小平理论的出发点和精髓。因为，一是主观和客观的关系是哲学的基本问题。坚持从客观实际出发，才能使主观符合客观实际。所以，邓小平说："解放思想，就是使思想和实际相符合，使主观和客观相符合，就是实事求是。"[3] 言简意赅、精辟地回答了哲学基本问题，成为邓小平理论的出发点和根本点。二是从实际出发、实事求是渗透于邓小平的讲话和活动中，贯穿于邓小平理论的各个领域。邓小平创造性地运用了毛泽东关于"从国内外的实际出发"的观点，从中引出规律，作为行动指南。在国内，邓小平运用生产方式决定社会性质及其发展阶段的唯物史观原理，认为从实际出发，就是从基本国情出发；并进而概括当代中国的基本国情是社会主义初级阶段的科学论断。在国际，从国外实际出发，提出和平与发展是当今时代的主题和时代特征。当代中国国内社会主义初级阶段与和平与发展的时代特征，成为建设中国特色社会主义理论的全部根据。如果没有对"从国内外的实际出发"的深刻研究和科学概括，就没有科学的、有中国特色的社会主义理论。邓小平正是从当代中国国内外实际出发，从当代中国社会主义初级阶段和当代时代特征出发，提出一系列战略决策："一个中心，两个基本点"的基本路线；发展生产力是长期的根本任务；改革开放是解放生产力、发展生产力的必由之路；中国现代化建设走自己的道路，建立以公有制为主体、多种所有制经济共同发展，以按劳分配为主体、多种分配方式并存的经济制度；"三步走"的战略步骤；"两个文明"建设一起抓；"一国两制"统一祖国大业的理论；等等。这些都是对马列主义、毛泽东思想的发展，又都贯穿

---

① 《邓小平文选》（第 2 卷），第 190 – 191 页。

② 《邓小平文选》（第 3 卷），第 118 页。

③ 《邓小平文选》（第 2 卷），第 364 页。

"从国内外的实际出发"的思想路线，从当代中国社会主义初级阶段和时代特征的"实际"出发。江泽民同志在党的十四大对此进行了科学的概括：有中国特色的社会主义理论是马列主义基本原理与当代中国实际和时代特征相结合的产物。江泽民同志的新概括，深刻地揭示了邓小平理论是当代中国的马克思主义。

邓小平对马克思主义哲学的贡献，还表现在：继承和发展毛泽东关于"两个出发点"的思想，即一切从人民利益出发和一切从实际出发。邓小平一方面认为"我所做的事无非反映了中国人民和中国共产党人的愿望"，把"人民拥护不拥护""人民赞成不赞成""人民高兴不高兴""人民答应不答应"作为制定各项方针政策的出发点和归宿；[①] 另一方面又强调一切从实际出发，并把两者结合起来。它体现了唯物史观关于人类社会历史"合于目的性"和"合于规律性"的特点。邓小平还进一步提出"三个有利于"是在实践中检验是非得失的综合标准。这样，也就把马克思主义的真理原则和价值原则统一起来。如关于社会主义的本质的论述，关于"三步走"的战略步骤的制定，都是把"一切从人民利益出发"和"一切从实际出发"结合起来，进行分析、研究得出的结果。

总而言之，中国的基本国情已由过去的半殖民地半封建社会向当代社会主义初级阶段转变；在国际上，已由革命与战争的时代特征，向和平与发展的时代特征转变，中国已由革命时期向中国建设时期转变。毛泽东关于有中国特色的新民主主义革命理论是马克思列宁主义基本原理和现代中国实际与时代特征相结合的产物；邓小平有中国特色的社会主义理论是马克思列宁主义基本原理和当代中国实际与时代特征相结合的产物。邓小平理论是毛泽东思想在当代中国建设新时期的继承、运用和发展，是当代中国的马克思主义。

【作者简介】
刘嵘，中山大学原副校长、教授、博士生导师。

---

① 江泽民：《在〈邓小平文选〉第三卷报告会上的讲话》，《求是》，1993年第22期。

"三个代表"重要思想与马克思主义理论创新*

杨 耕

党的十六大的一个历史性决策和历史性贡献，就是把"三个代表"重要思想确立为我们党长期坚持的指导思想。十六大报告强调"用发展着的马克思主义指导新的实践"，而"三个代表"重要思想就是这种发展着的马克思主义。所以，我们必须深化对"三个代表"重要思想的认识，深刻理解和把握"三个代表"重要思想与马克思主义、新的实践的关系。

一、"三个代表"重要思想与马克思主义

邓小平同志曾提出过"什么是社会主义"和"什么是马克思主义"两个问题，并认为我们过去对这两个问题的认识不是完全清醒的，或者说并没有完全搞清楚。邓小平同志回答了第一个问题，即"什么是社会主义"。这就是大家所熟悉的"解放生产力、发展生产力，消灭剥削，消除两极分化，最终达到共同富裕"。但什么是马克思主义，他没有直接回答，只是强调马克思主义的最基本原则就是发展生产力。在笔者看来，"三个代表"重要思想就是马克思主义本质的体现。也就是说，"三个代表"重要思想回答了什么是马克思主义的本质。

什么是马克思主义？列宁说过，马克思主义是马克思的观点和学说的体系。从马克思主义的创立者这个角度来说，脱离了马克思的观点和学说的马克思主义，只能是打引号的马克思主义。

可是我们又不能把马克思主义同马克思的观点、学说简单地等同起来。如果说只有坚持马克思、恩格斯的所有观点才是马克思主义，这同样是一种打引号的马克思主义，即教条主义。

* 本文原载于《广东社会科学》2003 年第 1 期。

马克思主义是一个不断发展的理论体系。马克思、恩格斯一再强调，我们的理论不是教条，而是发展的理论。历史上众多的思想流派随着其创始人的逝世而逐渐走向没落，但马克思主义不是这样。马克思和恩格斯逝世之后，一代又一代马克思主义者依据新的实践进行理论创新，不断发展着马克思主义，从而使马克思主义与时俱进，显示出旺盛的生命力和巨大的吸引力。正如江泽民同志所说："马克思主义是发展的科学。……一百多年来，世界发生了很大变化。一代又一代马克思主义者，从时代的发展和本国的国情出发，以创造性的态度对待马克思主义，从而保持它的巨大的影响和旺盛的生命力。"从内容上看，马克思主义是由马克思、恩格斯所创立，为其后继者所发展的，关于批判资本主义和建设社会主义的学说。我们必须从对马克思主义的错误的、教条式的理解中解放出来。

自称包含一切问题现成答案的学说，只能是神学而不可能是科学。从历史上看，凡是自称终极真理体系的学说，如同希图万世一系的封建王朝一样，无一不走向没落，只能作为思想博物馆的标本陈列于世，而不可能兴盛于世。马克思主义不是这样。马克思一开始就宣布：反对"教条式地预料未来"。所以，对未来的社会主义社会，他只是提出了几条基本原则，而未提供具体方案。为什么？马克思说过这样一句话，在将来应该做什么，应该马上做什么，取决于将来具体的历史环境。也正因为如此，他告诫人们：不要以"刻板的正统"来对待他们的理论。实际上，马克思是反对以教条式的态度对待自己的理论。马克思主义不仅以批判的态度对待其他社会思潮，而且以批判的精神对待自己。可以说，在人类思想史上以一种彻底的批判精神对待自己的，当推马克思主义。

我们都知道，《共产党宣言》是共产党的"周详的理论和实践的党纲"。《共产党宣言》是1848年发表的，到了1872年，即出版还不到30年，马克思、恩格斯就提出，《共产党宣言》的一些观点已经过时了。这是一个典范。因为一般人很少承认自己的错误，而马克思批评的是自己写的《共产党宣言》。到了1873年，欧洲发生了一次严重的经济危机。按照马克思过去的观点，经济危机意味着资本主义即将灭亡。可是此时马克思改变了自己的态度，意识到资本主义出现了新的情况，形成了新的特点。也就是在这一年，马克思决定停止出版《资本论》第二卷，而且一直到10年后逝世，他都没有再提出版《资本论》第二卷的事。《资本论》第二、三卷是马克思逝世之后，恩格斯整理出版的。那么，恩格斯呢？19世纪末股份制的出现使恩格斯认识到，资本主义生产的无计划性已不复存在了，资本主义的私人生产也会改变性质。这实际上改变了马克思、恩格斯原来的观点。马克思、恩格斯一开始就是以一种发展的态度对待马克思主义的。

从根本上来说，马克思主义是方法，不是教条，这是恩格斯早就说过的。所以，我们只能要求马克思主义做它所能做的事，而不能要求马克思主义做它不能做的事。马克思主义不可能囊括当代社会的一切问题，相反，马克思主义始终关注变化中的实际，及时总结新的实践经验，创造新的理论。

列宁深知这一点，所以他认为，马克思主义者必须考虑生动的实际生活，必须考虑现实的确切事实，不要根据书本来讨论社会主义，而只能根据经验来谈论社会主义。正是俄国当时"生动的实际生活"和"现实的确切事实"使列宁对社会主义的整个看法发生了根本性改变。俄国的社会主义实践使列宁意识到必须改变社会主义建设的总体思路。用列宁本人的话说，就是"我们对社会主义的整个看法根本改变了"。这句话的分量非常重。这使笔者不禁想起了邓小平同志的话，即什么是社会主义，我们过去对这个问题并没有完全搞清楚。实践证明邓小平同志是正确的。这也使笔者不禁想起了江泽民同志的话，即我们不能用"本本"来框实践，而要用实践来发展"本本"。

我们必须进行理论创新，并通过理论创新推动制度创新、科技创新和文化创新。十六大报告指出："实践基础上的理论创新是社会发展和变革的先导。"如果马克思、恩格斯不以批判的精神对待自己的理论，不进行理论创新，马克思主义就会停滞在《共产党宣言》；如果没有列宁的理论创新，没有列宁主义，马克思主义就会终止于19世纪；如果没有邓小平同志的理论创新，没有邓小平理论，马克思主义、社会主义很可能成为20世纪的历史遗产了。江泽民同志说过，马克思主义的生命力就在于它能够在实践中不断创新。的确如此，马克思主义必须发展，只有发展着的马克思主义才有生命力，只有发展着的马克思主义才有影响力和吸引力，只有发展着的马克思主义才有说服力和战斗力。

什么是马克思主义本性？在笔者看来，密切关注变化中的实际，自觉地植根于实践，随着实践的发展而发展，这就是马克思主义的"本性"。所以马克思主义是科学而不是启示录，是方法而不是教条。从马克思主义创始人的著作中，找不到关于当代问题的现成答案，这不能责怪他们，要责怪的是自己对马克思主义"本性"的无知。邓小平同志说过，马克思不能对他逝世后100多年的历史负责，列宁也不能对他逝世后的历史负责。如果说与时俱进是马克思主义的理论品格，那么，创新发展就是马克思主义的内在要求。所以江泽民同志一再强调，我们不能以教条主义的态度对待马克思主义。以教条主义的态度对待马克思主义，马克思主义就会静止不变，就会变成没有生命力的教条。江泽民2002年"5·31"讲话提出"三个重大变化"，即《共产党宣言》发表以来，世界经济、文化、科技发生了重大变化，中国的社会主义建设发生了重大变化，人们的工作条件、生活方式、社会环境发生了重大变化，并认为这三个重大变化对我们党执政、对马克思主义理论本身都提出了严峻的挑战和崭新的课题。所以，我们必须用新的思想去发展马克思主义，并用发展着的马克思主义指导新的实践。正如十六大报告所说的："世界在变化，我国改革开放和现代化建设在前进，人民群众的伟大实践在发展，迫切要求我们党以马克思主义的理论勇气，总结实践的新经验，借鉴当代人类文明的有益成果，在理论上不断扩展新视野，作出新概括。""三个代表"重要思想就是这种新概括，它坚持马克思主义基本原理，与马克思列宁主义、毛泽东思想、邓小平理论一脉相承，同时又是对历史经验和新的实践的新概括，从而谱写了新的理论篇章。

"三个代表"重要思想和马克思列宁主义、毛泽东思想、邓小平理论一脉相承体现在什么地方？首先体现在"三个代表"重要思想是马克思主义本质的体现。"三个代表"重要思想以高度浓缩的形式体现着历史唯物主义的基本原理和科学社会主义的基本原则，蕴含着马克思主义创始人关于共产主义社会基本特征的规定。

从共产主义社会的经济特征看，是物质财富的极大丰富、按需分配。无论是物质财富的极大丰富还是按需分配，其前提都是生产力的高度发展，没有这一条，一切都无从谈起。马克思曾在他的名著《德意志意识形态》中说了这样一句话：生产力的巨大增长和高度发展是社会主义社会"绝对必需的实际前提"，没有生产力的巨大增长和高度发展，"那就只会有贫穷、极端贫困的普遍化；而在极端贫困的情况下，必须重新开始争取必需品的斗争，全部陈腐污浊的东西又要死灰复燃"。改革之前的中国社会主义实践和东欧剧变充分证实了马克思这一观点的真理性、预见性。所以邓小平同志多次指出，马克思主义最注重发展生产力，社会主义的根本任务、主要任务、首要任务就是发展生产力。十六大报告明确指出："马克思主义执政党必须高度重视解放和发展生产力。离开发展，坚持党的先进性、发挥社会主义制度的优越性和实现民富国强都无从谈起。"

共产主义的政治特征是什么？就是最广泛、最彻底地代表人民群众的根本利益。《共产党宣言》讲得很清楚，共产主义运动就是为绝大多数人谋利益的运动。马克思说过一句话："人们奋斗所争取的一切，都同他们的利益有关。"这是马克思主义的基本观点。我们不但要从总体上满足人民群众的需要，而且要满足个人的正当的、合法的利益要求。列宁说过，整个国民生产都要建立在满足个人正当利益要求的基础上。十六大报告提出全面建设小康社会的四个目标，每一个目标的落脚点都是人民群众。任何一个政党，一旦违背历史规律，并同人民群众相对立，最后只有一个结果——被老百姓抛弃。所以，十六大报告指出："党执政后的最大危险是脱离群众。"共产党必须代表人民群众的利益，共创幸福生活和美好未来。否则，将失去存在的根基。

从共产主义社会的文化特征来看，就是人们的科学文化素质、思想道德素质极大提高，用一句哲学的话说，就是真善美的统一，人得到全面发展。马克思早在《德意志意识形态》中就指出：共产主义社会就是要"确立有个性的人"，也就是人的全面发展。《共产党宣言》重申了这个观点，说代替资本主义旧社会的新社会将是一个联合体，在这个联合体中，"每个人的自由发展是一切人的自由发展的条件"。到了《资本论》，马克思再次申明：未来共产主义社会的根本原则就是实现人的自由个性。1894年，意大利社会党人卡内帕请恩格斯为《新纪元》杂志题词，并要求这一题词能够表达未来共产主义社会的基本特征。恩格斯给他回信了，写的就是《共产党宣言》中的那句话——每个人的自由发展。可以说，人的全面发展是马克思主义、社会主义的根本原则。江泽民"七一讲话"明确指出：促进人的全面发展是马克思主义建设社会主义新社会的本质要求。十六大报告重申这一点，并指出"文化的力量，深深熔铸在民族的生命力、创造力和凝聚力之中"，所以要"牢牢把握先进文化的前进方向"。我们要在提高人们的思想道德素质、科学文化素质和健康素质的基础上，促进人的全面发展。所以说，"三个代表"重要思想实际上是高度概括、精辟反映了马克思主义关于未来社会主义社会的基本规定。

"三个代表"重要思想还包含着毛泽东、邓小平的一系列重要思想。江泽民同志指出："我们要坚持毛泽东同志、邓小平同志关于党的建设的理论和一系列重要思想，集中起来最重要的，就是要在思想上和行动上坚持这'三个代表'。这是我们党的立党之本、执政之基、力量之源。"换句话说，"三个代表"重要思想不但是党建理论，而且包含着"一系列重要思想"；不是一个一般的理论观点，而是"本、基、源"。所以，"三个代表"重要思想集中体现马克思主义的本质，或者说，"三个代表"重要思想是从马克思主义的本质来思考和概括的。反过来说，马克思主义的本质集中体现在"三个代表"重要思想之中。由于"三个代表"重要思想还包含着毛泽东、邓小平同志的党的建设理论和一系列重要思想，所以它与马克思列宁主义、毛泽东思想、邓小平理论一脉相承。

二、"三个代表"重要思想与新的实践

"三个代表"重要思想既与马克思列宁主义、毛泽东思想、邓小平理论一脉相承，又具有鲜明的时代性和现实的针对性，实际上是对新的历史条件、新的历史任务和党的建设面临的新问题的新概括，开拓了马克思主义理论发展新境界。以江泽民同志为核心的党的第三代领导集体所面临的历史条件已经不同于毛泽东同志以及邓小平同志面临的历史条件。历史条件以及矛盾特殊性的差别和不同，必然导致理论思考侧重点的不同。正如十六大报告所说："'三个代表'重要思想，是在科学判断党的历史方位的基础上提出来的。我们党历经革命、建设和改革，已经从领导人民为夺取全国政权而奋斗的党，成为领导人民掌握全国政权并长期执政的党；已经从受到外部封锁和实行计划经济条件下领导国家建设的党，成为对外开放和发展社会主义市场经济条件下领导国家建设的党。"深刻理解"三个代表"重要思想，首先就要准确判断这个"历史方位"，正确把握新的历史条件、新的历史任务和我们党建设面临的新问题。任何一种思想的出现，从根本上说都是时代和历史条件的产物。

就新的历史条件而言，从国际看，可以概括为三句话：科学技术信息化、经济全球化、政治格局多极化。科学技术的信息化以及信息时代的到来不仅改变了经济增长的方式，使生产方式发生了根本性的变化，而且使人们的生活方式、思维方式、交往方式都发生了根本性的变革。现在人们利用一台小小的电脑，在几平方米的房间内可以展开全世界的交往。大洋彼岸发生的事情几秒钟之内就能传到大洋此岸，并能在大洋此岸引起思想震荡。几十卷的《大不列颠百科全书》通过多媒体几秒钟就能传到世界的任何一个角落。这么一个信息化时代，我们的工作方式能不变吗？所以江泽民同志说，党的一

切工作，包括思想政治工作都要适应网络化。

科学技术的信息化使我们面临着新的问题，即我们的工业化任务还未完成，又面临着信息化的任务。所以十六大报告提出，"信息化是我国加快实现工业化和现代化的必然选择"，因此，我们要优先发展信息产业，"坚持以信息化带动工业化，以工业化促进信息化"，"走新型工业化道路"。同时，我们还要注意到，以信息科学和生命科学为代表的当代科学技术突飞猛进，为生产力的发展打开了新的广阔空间，而西方发达国家通过吸收和利用这一新的成果，"为资本主义社会的生产力的发展提供了新的空间"。这同样是新的问题。江泽民同志在"七一讲话"中提出两个概念，一个是"先进生产力"，一个是"发达生产力"。十六大报告再次申明，必须发挥科学技术作为第一生产力的重要作用，加速科技成果向现实生产力的转化。这样，我们就能代表先进生产力的发展要求，形成发达生产力，实现生产力的跨越式发展，实现可持续发展。

科学技术信息化必然大大加快经济全球化的进程。经济全球化的最大特点是什么？它导致了全球循环的物质流、技术流、资金流、信息流。"文化大革命"时期，我们曾自豪地宣布既无内债又无外债。现在不可能，现在是别人欠我们的债，我们也欠别人的债。经济全球化导致这么一个物质流、技术流、资金流、信息流的全球大循环，使任何一个民族或国家都不可能长久地孤立于世界之外。这就像人的肢体、器官不能离开人的血液循环系统一样。邓小平同志说过，中国长期贫穷落后、愚昧无知的一个重要原因就是闭关自守。为什么？因为闭关自守存在着封闭行为的重复效应，即凡是处在闭关自守的民族，一切都要从头开始，一切都要重新开始，别人做过的事情，走过的艰辛之路，你还得再走一遍。同你自己的过去比是前进了，但横向比，你还是一个历史落伍者。而在开放当中则存着交往行为的相加效应，即进入交往之中的民族或国家，都是用自己优势的、富余的东西换取其他东西，以弥补自己的不足。这就能够利用其他民族的先进成果获得发展的"爆发力"，并以别人的先进成果作为自己的发展起点，从而实现跨越式发展。

经济全球化的确给发展中国家带来了新的发展机遇，我们必须抓住这一机遇。十六大报告重申，"坚持'引进来'和'走出去'相结合，全面提高对外开放水平。适应经济全球化和加入世贸组织的新形势，在更大范围、更广领域和更高层次上参与国际经济技术合作和竞争"。但我们又必须看到经济全球化的负面效应。这就是在经济全球化的过程中，资本流遍全球，利润流向西方，发达国家享尽全球化的"红利"，西方资本主义国家在世界市场上获得了巨大的利润，获得了"它们继续发展的重要条件"。为什么会出现这种情况？这是因为经济全球化是西方发达国家发动和主导的，经济全球化的"游戏规则"是西方发达国家制定的，经济全球化是在不公正、不合理的国际政治经济旧秩序下发生和发展起来的，而社会主义现在处于低潮，不可能主宰全球化进程。所以经济全球化是把"双刃剑"。经济全球化在给发展中国家带来发展机遇的同时，又有威胁发展中国家的经济主权、经济安全甚至文化安全的问题。因此，十六大报告提出"在扩大对外开放中，要十分注意维护国家经济安全"，同时，要着眼于世界文化发展的前沿，弘扬和培育我们的民族精神，并明确指出："民族精神是一个民族赖以生存和发展的精神支撑。一个民族，没有振奋的精神和高尚的品格，不可能自立于世界民族之林。"所以说，我们国家在经济全球化的进程中，并不仅仅有机遇，同时还面临着挑战、风险。这些都是新的课题。

与经济全球化密切相关但表面看又相反的是政治格局多极化。20 世纪 90 年代以来，可以说国际形势发生了半个世纪以来最为深刻的变化，这就是：东欧剧变、苏联解体、冷战结束，两大格局被彻底打破，世界开始多极化的进程。其一，这么一个重大变化使世界处在一个新的矛盾之中，过去一些被美苏斗争所掩盖的问题现在暴露出来了，比如地区冲突、民族问题、宗教问题，国际恐怖主义、宗教极端主义、民族分裂主义三种势力也开始抬头。其二，多极化在曲折中发展，发展得很不稳定，江泽民同志指出："多极化格局的形成需要经历相当长的时期，其间会充满各种政治力量之间的激烈斗争。"现在"单边主义"仍然不可一世，最典型的口号就是"人权高于主权"。这就向我们提出了挑战。其三，西方发达国家通过体制改革，在一定程度上缓解了制度危机，通过引进计划经济和建立完善的社会保障制度，"调节并在一定程度上缓解了生产资料私人占有对生产力发展的制约"。这也向我们提出新的问题。江泽民同志指出："世界多极化、经济全球化极大地影响着各民族的生存环境和发展前途。"那么，在这样一个多极化进程中，我们怎么样才能既做到"韬光养晦，决不当头"，又做到"有所作为"？这都是新的问题、大的问题。

从国内看，新的历史条件也可以概括为三句话：发展进入关键时期；改革处在攻坚阶段；社会生活发生了深刻变化。其中最重要的变化就是我们从传统的计划经济转向社会主义市场经济。正如十六大报告所说："由计划经济体制向社会主义市场经济体制的转变，实现了改革开放新的历史性突破，打开了我国经济、政治和文化发展的崭新局面。"我们的市场化并不是一个简单的资源配置方式问题，而是一个重大的社会转型问题。具体地说，我们要通过经济市场化来实现社会现代化。我们的市场化也好，现代化也好，都受到社会主义制度的制约，也就是说，社会主义制度规定了我们市场化和现代化可能达到的边界，或者说给你框了一个大框子。同时，社会主义制度本身又处在改革之中，我们的市场化、现代化是和社会主义改革联系在一起的。也就是说，我们是把市场化、现代化和社会主义改革这三重重大的社会变迁浓缩在同一时空中进行了。这的确是一场特殊而又极其复杂的社会实践。新的实践必然带来一系列新的矛盾。

从经济成分看，我们国家现在是多种经济成分迅猛发展，非国有制经济已占国内生产总值的四分之一，在工业总产值中占 38%，在社会消费品零售总额中占 62%，实际上已经形成了多种经济成分共同发展的局面。现在仅仅用"补充"二字已经不能准确说明非公有制经济的地位和作用了。所以江泽民同志指出，非公有制经济是社会主义市场经济的重要组成部分，我们实行的是"以公有制经济为主体，多种所有制经济共同发展"这一基本经济制度。注意，这里不是"策略""政策"，而是"制度"。还应注意的是，以公有制为主体，不是一个简单的数量问题，而主要指国有经济要控制国民经济的命脉；更重要的是，"公有制实现形式可以而且应当多样化"。十六大报告重申了这一点，并提出两个"毫不动摇"：即毫不动摇地巩固和发展公有制经济，毫不动摇地鼓励、支持和引导非公有制经济发展，同时指出"除极少数必须由国家独资经营的企业外，积极推行股份制，发展混合所有制经济"。

既然以公有制为主体、多种所有制经济共同发展是基本经济制度，那么由此产生一个问题，即如何看待依附在非公有制经济上的新的社会阶层？20世纪90年代以来，我们国家社会生活出现了多样化趋势，经济成分、组织形式、就业方式、利益关系、分配方式都日益多样化了，而且形成了新的社会阶层。这就是"七一讲话"中提到的七种新的社会阶层，即民营科技企业的创业人员和技术人员、受聘于外资企业的管理技术人员、个体户、私营企业主、中介组织的从业人员、自由职业人员等社会阶层，而且这些人在不同的所有制之间、不同的行业之间、不同的地域之间频繁流动。那么，如何看待这七种新的社会阶层，尤其是私营企业主；如何看待民间资本；如何对待合法的非劳动收入；如何对待私人财产；等等。这些都是敏感而复杂的问题。十六大报告明确提出"保护一切合法的劳动收入和合法的非劳动收入""完善保护私人财产的法律的制度"，对七种新的社会阶层进行了准确的定性，即"都是有中国特色社会主义事业的建设者"，而要扩大党的群众基础，也应该把他们当中的优秀分子吸收到党内来。

与此相关的是"两个先锋队"问题。"七一讲话"提出、十六大报告重申，要通过锲而不舍的努力，保证我们党始终是中国工人阶级的先锋队，同时是中国人民和中华民族的先锋队。正确理解这一命题，同样需要科学判断党的历史方位。党的历史方位是什么？就是长期执政的党，是在对外开放和发展社会主义市场经济条件下领导国家建设的党。作为执政党，中国共产党不仅要代表中国工人阶级的利益，而且要代表中国人民和中华民族的利益。《共产党宣言》指出，无产阶级只有解放全人类才能最后解放自己。同样，中国工人阶级只有使全体中国人民都过上幸福生活，并实现中华民族的伟大复兴，才能最后解放自己。不是中国人民、中华民族的先锋队，我们党怎么能增强在全社会的影响力和凝聚力？我们必须牢记，"最大多数人的利益和全社会全民族的积极性创造性，对党和国家事业的发展始终是最具决定性的因素"。"两个先锋队"是一个马克思主义的命题。实际上，在抗日战争时期，我们就提出，中国共产党既是中国工人阶级的先锋队，也是中华民族的先锋队。十六大报告中的"两个先锋队"是这一命题在新的历史条件下的深化、丰富和发展。

党在新时期的历史任务是什么？一言以蔽之，即全面建设小康社会。十六大报告的大主题就是"全面建设小康社会"。首先，把"小康"作为我们党的奋斗目标提出来的，是邓小平同志。1979年他在会见当时的日本首相大平正芳时明确提出，"中国本世纪的目标是实现小康"。实际上，邓小平同志是用"小康"这个中国人耳熟能详的词语来表述"中国式的现代化"，并作为我们的奋斗目标。党的十二大确定 20 世纪末使人民物质生活达到小康水平。这是党的全国代表大会首次使用小康这个概念，并把它作为社会发展的阶段性标志。1990 年，党的十三届七中全会通过的《中共中央关于制定国民经济和社会发展十年规划和"八五"计划的建议》对小康的内涵作了详细的描述，明确指出："所谓小康水平，是指在温饱的基础上，生活质量进一步提高，达到丰衣足食。"现在，邓小平同志提出的目标已经实现，人民生活总体上达到了小康水平。这已经是一个了不起的进步了。但是，我们头脑必须保持清醒。十六大报告提醒我们，"必须看到，现在达到的小康水平还是低水平的、不全面的、发展很不平衡的小康"。所以从 21 世纪开始，我们进入全面建设小康社会，加快推进现代化的新的发展阶段。

十六大报告提出了全面建设小康社会的四个目标。我们应该注意，其一，这四个目标是中国特色社会主义经济、政治、文化全面发展的目标。其二，这些目标关注的是人民群众的根本利益、人民群众的生活水平，如第一个目标的落脚点是"人民过上更加富足的生活"；第二个目标的落脚点是"人民安居乐业"；第三个目标的落脚点是"人的全面发展"；第四个目标的落脚点是"人与自然的和谐"，走向文明发展道路。为此，十六大报告提出，要"把不断改善人民生活作为处理改革发展稳定关系的重要结合点"，要"不断提高人民生活水平，保证人民共享发展成果"。其三，这些目标"是与加快推进现代化相统一的目标"，并与中华民族的复兴联系在一起。所以江泽民同志说，"面对新世纪，我们再次走到一个实现中华民族伟大复兴的历史关头"。正如十六大报告所说，在中国特色社会主义道路上实现中华民族的伟大复兴，这是历史和时代赋予我们党的庄严使命。我们要在社会主义改革的基础上实现中华民族的伟大复兴，同时在实现中华民族伟大复兴的过程中使社会主义再造辉煌。全面建设小康社会目标和现代化目标的实现，就是中华民族复兴的根本体现。党的十六大把全面建设小康社会作为主题，表明我们党在新世纪的高瞻远瞩，同时又表明我们党更加求真务实，同人民群众息息相通。

就党的建设面临的新问题而言，我们党所处的环境是一个新的环境，这就是长期执政、市场经济和对外开放的环境。在这样一个环境中，我们党如何保持自身的凝聚力、对人民群众的吸引力以及在改革和建设中的战斗力，同样是一个新的实际问题。党的领导方式和执政方式同新形势和新任务的要求还不完全适应，充分反映党员和党组织意愿的党内民主制还有待于建立健全，而"党内民主是党的生命，对人民民主具有重要的示范和带动作用"。目前，有些腐败现象仍然突出，而"不坚决惩治腐败，党同人民群众的血肉联系就会受到严重损害，党的执政地位就有丧失的危险，党就有可能走向自我毁灭"。这就把反腐败问题提到相当高的位置了。我们必须坚决解决党内存在的突出问题。江泽民同志指出："时代在发展，形势在变化，我们党要不断巩固自己的执政地位，必须紧跟世界发展进步的潮流，始终代表中国先进生产力的发展要求、先进文化的前进方向和最广大人民的根本利益，坚决解决党内存在的突出问题。提出坚持'三个代表'

的要求，其出发点和着眼点就在这里。"

"三个代表"重要思想就是在分析和总结新的历史条件、新的历史任务和党的建设面临的新问题基础上提出来的，它本身就是一个新的理论整体。从 2000 年 2 月的"广东讲话"、同年 5 月的"上海讲话"到 2001 年"七一讲话"，再到十六大报告，江泽民同志从理论根据、科学内涵、基本要求、实现途径、重要意义、如何贯彻等方面深入、全面和系统地论述了"三个代表"重要思想，体现了卓越的理论创造性。我们要充分认识并深刻理解其中的新思想、新观点和新论断，如科学技术是先进生产力的集中体现和主要标志的思想；使我国形成发达的生产力的思想；着眼于世界文化发展前沿进行文化创新、培育和弘扬民族精神的思想；建设社会主义政治文明的思想；在提高人们的科学文化素质、思想道德素质和健康素质的基础上不断促进人的全面发展的思想；发展是党执政兴国的"第一要务"的思想；等等。毛泽东同志说过，真正的理论就是从客观实际抽象出来又在客观实际中得到证明的理论。"三个代表"重要思想就是这样一种"真正的理论"，它本身就是对共产党执政的规律、对社会主义建设的规律、对人类社会发展的规律认识深化的结果。它不仅以高度精练的表述概括了党的性质、宗旨和根本任务，而且以高度浓缩的形式蕴含着唯物主义历史观和科学社会主义的基本原理。其理论特征就在于：把唯物主义历史观和科学社会主义的基本原理同党的建设学说融合为一个理论整体，是立党、执政和兴国三者统一的新的理论形态。"三个代表"重要思想以一系列新的思想、新的观点和新的论断发展了马克思主义，是一种同中国具体实际相结合，具有中国特色、中国作风和中国气派的发展着的马克思主义，因而成为党在新世纪的新的理论武装。我们必须用"三个代表"重要思想这一发展着的马克思主义指导新的实践，这是我们不断取得建设中国特色社会主义事业胜利的根本保证。

【作者简介】

杨耕，中国人民大学教授、博士生导师。

科学发展观：提出的背景和根据[*]

徐崇温

在新世纪新阶段的新起点上，继续推进社会主义现代化，必须有统领经济社会发展全局、贯穿改革开放和现代化建设全过程的重大战略思想。这个重大战略思想，就是胡锦涛总书记提出的以人为本、全面协调可持续发展的科学发展观。

胡锦涛同志 2003 年 8 月 28 日至 9 月 1 日在江西考察工作时，提出"科学发展观"的概念，2003 年 10 月 14 日在党的十六届三中全会第二次全体会议上提出要树立和落实科学发展观，此后，在全党和全国人民中迅速形成了广泛的共识。几年来的实践更证明，这种科学发展观是指引中国的经济、政治、文化、社会沿着以人为本、全面协调可持续的科学发展，实现各方面事业有机统一、社会成员团结和睦的和谐发展，实现既通过维护世界和平发展自己、又通过自身发展维护世界和平的和平发展的道路向前迈进的重要指导思想，是中国特色社会主义必须坚持和贯彻的重大战略思想。那么，提出科学发展观的背景和根据，又是什么呢？

一、科学发展观是适应于新阶段、新要求而提出来的

科学发展观首先是适应于进入新世纪新阶段以后，我国的发展呈现出一系列新的阶段性特征以及新的发展要求而提出来的。中华人民共和国成立以后，特别是改革开放以来，我国取得了举世瞩目的发展成就，从生产力到生产关系、从经济基础到上层建筑都发生了意义深远的重大变化，使我国的改革开放和社会主义现代化建设处在可以大有作为的黄金发展期，面临着许多机遇。但这只是问题的一个方面，问题的另一个方面是我国仍处于并将长期处于社会主义初级阶段的基本国情没有变，人民日益增长的物质文化需要同落后的社会生产之间的矛盾这一社会主要矛盾没有变，长期形成的结构性矛盾和

---

[*] 本文原载于《广东社会科学》2008 年第 5 期。

粗放型增长方式尚未根本改变，影响发展的体制机制障碍依然存在，收入分配差距拉大的趋势还未根本扭转，缩小城乡、区域发展差距和促进经济社会协调发展任务艰巨，这些矛盾的凸现又使我国的经济社会发展面临一系列严峻挑战。在这样一个关键时期，如举措得当，就能促进经济快速发展和社会平稳进步，如应对失误，则可能导致经济徘徊不前和社会长期动荡。科学发展观正是在深刻分析和把握我国发展的这个阶段性特征的基础上，为适应新的发展要求而提出来的，它旨在奋力开拓中国特色社会主义更为广阔的发展前景。

二、科学发展观是在总结改革开放实践的基础上形成的

科学发展观也是在总结近三十年来改革开放实践的基础上形成的。我们要实现全面建设小康社会的宏伟目标，全面地使经济更加发展、民主更加健全、科教更加进步、文化更加繁荣、社会更加和谐、人民生活更加殷实，就必须促进社会主义物质文明、政治文明、精神文明和生态文明协调发展，坚持在经济发展的基础上促进社会全面进步和人的全面发展，坚持在开发利用自然中实现人与自然的和谐相处，实现经济社会的可持续发展。科学发展观反映了社会发展的客观规律：生产力的发展是人类社会发展的最终决定力量，只有坚持以经济建设为中心，不断解放和发展生产力，才能为社会全面进步和人的全面发展奠定坚实的物质基础；同时，经济发展又同政治发展、文化发展紧密联系，经济发展从根本上决定政治发展和文化发展，但政治发展和文化发展也会反过来对经济发展产生作用，并在一定条件下产生决定性作用。在经济发展中，要正确处理增长的数量和质量、速度和效益的关系，如果单纯扩大数量、追求速度，而不重视质量和效益，如果不重视人与自然的和谐，就会出现增长失调、最终制约发展的局面。忽视社会主义民主法制建设，忽视社会主义精神文明建设，忽视各项社会事业的发展，忽视资源环境保护和生态文明建设，经济建设是难以搞上去的，即使一时搞上去了，最终也可能要付出沉重的代价。

三、科学发展观是在吸取国外发展经验、借鉴国外发展理论的基础上提出来的

科学发展观又是在吸取世界各国发展经验教训、借鉴国外发展理论有益成果的基础上提出来的。"二战"以后，在世界各国把加快经济增长奉为共识的情况下，出现了前所未有的经济增长奇迹，但因片面地追逐经济增长，不重视社会发展和社会公平，忽视环境保护和能源、资源节约，因而在发展过程中，有的国家为解决能源资源消耗过大和生态环境严重恶化问题付出了高昂的发展代价；有的国家由于经济结构失衡、社会发展滞后，导致发展的质量不高、后劲不足；有的国家则出现了贫富悬殊、失业人数增加、

社会腐败、政治动荡等问题。当代世界的发展实践证明，发展不仅是经济增长的数量和速度，还包括发展的质量和效益；不应是单纯的经济增长，而应是包括经济、政治、文化、社会的全面协调发展，人与自然和谐相处的可持续发展。

国外发展理论的发展也与此相适应。从世界范围来说，自从 1955 年美国普林斯顿大学教授刘易斯提出把发展等同于经济增长，认为有了经济增长就有了一切的发展观在实践中受挫以后，人类对发展道路的反思和总结不断走向深入。1962 年，美国出版了蕾切尔·卡逊的《寂静的春天》一书，列举了大量污染事实说明，人类一方面在创造高度文明，另一方面又在毁灭自己的文明，环境问题如不解决，人类将"生活在幸福的坟墓之中"；1972 年，罗马俱乐部发表了米都斯等人的报告《增长的极限》，认为如果世界现有的人口、工业化、环境污染、粮食生产、资源耗竭的发展趋势不变，那么，世界就将在未来 100 年内的某时达到增长的极限，崩溃为凄凉和枯竭的生活。20 世纪 80 年代以后，国外提出了种种新的发展观，它们大致向三个方向发展：

第一个方向是横向扩展发展观念，如 1983 年，联合国教科文组织委托法国学者佩鲁撰写和发表的《新发展观》，认为传统的增长理论把增长只看作由资本、价格、供需等自发调节的结果，而排除了教育、职业培训、人口群体质变和增长率的联系，造成了经济与文化的对立，导致了人对物的贪恋，实用主义盛行，享乐主义、利己主义泛滥。为此，他提出了"整体的""内生的""综合的""关心文化价值"的新发展理论。

第二个方向是纵向扩展发展观念，如 1980 年世界自然保护联盟提出的"可持续发展"概念，1987 年世界环境与发展委员会提出的"可持续发展战略"，1991 年世界自然保护联盟等三组织共同发表的《保护地球——可持续生存战略》，认为"要在生存于不超过维持生态系统涵容能力的情况下，改善人类的生活品质"，提出人类可持续生存的 9 条基本原则，以及人类可持续发展的价值观和 130 个行动方案。

第三个方向是从内涵上扩展发展观念，如 20 世纪 90 年代出现的人类自身的发展观等。诺贝尔奖获得者、印度学者阿马蒂亚·森认为，发展的目的不仅在于增加人的商品消费数量，更重要的是在于使人们获得能力。在 1999 年出版的《以自由看待发展》一书中，他又进而提出发展就是扩展自由，自由是发展的首要目的，也是促进发展的不可缺乏的重要手段，尽管人们追求财富、收入、技术进步、社会现代化，但它们最终只属于工具性的范畴，是为人的发展服务的，最高的价值标准是人的实质的自由。

科学发展观既汲取了世界各国发展的经验教训，借鉴了国外发展理论的有益成果，又丰富和发展了它们，如在横向扩展发展观方面，使发展中国特色社会主义事业的布局由经济、政治、文化建设三位一体，发展成经济、政治、文化、社会建设四位一体；在纵向扩展发展观方面，提出了节约发展、清洁发展、安全发展、可持续发展以及发展循环经济、建设资源节约型和环境友好型社会，促进经济发展与人口、资源、环境相协调等；在从内涵上扩展发展观方面，阐明了发展要以人为本，要以人的全面发展为目标，以最广大人民的利益为出发点和归宿；在国际上则提出和平、开放、合作、和谐的发展观，建设一个民主、和谐、公正、包容的和谐世界。这样，科学发展观就顺应了当今世界的发展潮流，反映了当代世界的最新发展理念。

四、科学发展观继承和发展了马克思列宁主义、我党三代中央领导的发展观

科学发展观是马克思主义关于发展的世界观和方法论的集中体现，是对中国共产党三代中央领导集体关于发展的重要思想的继承和发展。马克思、恩格斯深刻论述了人类社会的发展问题，认为生产力的发展是人类社会发展的最终决定力量，生产力和生产关系、经济基础和上层建筑的矛盾运动是社会发展的根本动力，人类社会发展要逐步消灭阶级之间、城乡之间、脑力劳动和体力劳动之间的对立和差别，使物质财富极大丰富、人的精神境界极大提高，实现每个人全面而自由的发展。马克思主义指导下的无产阶级的解放斗争、世界社会主义运动的不断推进，从根本上说就是在推动人类社会朝着更加繁荣、文明、进步的方向发展。列宁指出，无产阶级取得国家政权以后，最主要、最根本的任务就是增加产品数量、大大提高社会生产力。在我们这样一个经济文化比较落后的社会主义大国，如何带领人民推动经济社会又好又快发展，不断满足人民日益增长的物质文化需要，是我们党执政以后必须下大气力解决好的重大课题，以毛泽东、邓小平、江泽民为核心的三代中央领导都曾对此进行过深入思考、作出过重要论述，深刻阐明了我国的发展目标、发展战略、发展动力等一系列重大问题，如毛泽东提出建设社会主义现代化强国的目标和战略设想，努力探索了符合中国国情的发展道路，提出了很多关于发展的重要思想。在经历了"大跃进"、人民公社化运动和"文化大革命"等弯路和曲折以后，邓小平在党的十一届三中全会上把党和国家的工作重心转移到经济建设上来，实行改革开放的历史性决策，确立社会主义初级阶段的基本路线，开辟了中国特色社会主义的伟大道路，创立了邓小平理论，制定了分三步走基本实现社会主义现代化的发展战略，提出了社会主义的根本任务是解放和发展生产力、发展才是硬道理、解决中国所有问题的关键在发展、"两手抓，两手都要硬"等一系列重要思想，使我们党的发展观发生了一次重大飞跃，推动了改革开放和现代化事业的迅速发展。在党的十三届四中全会后，江泽民创立了"三个代表"重要思想，提出把发展作为党执政兴国的第一要务，坚持用发展的办法解决前进中的问题，正确处理改革、发展和稳定的关系，建立社会主义市场经济体制，坚持依法治国和以德治国相结合，实施科教兴国、可持续发展、西部大开发等重大战略，不断推进社会主义物质文明、政治文明和精神文明建设，促进社会全面进步和人的全面发展等，使我们党的发展观得到进一步的丰富和发展。

科学发展观坚持党的三代中央领导集体关于发展的重要思想，与马克思列宁主义、毛泽东思想、邓小平理论、"三个代表"重要思想一脉相承，又在进入新世纪、新阶段，随着工业化、信息化、城镇化、市场化、国际化的不断发展，我国发展呈现出一系

列新的阶段性特征、提出新的发展要求的情况下，与时俱进地发展了我党的发展观：一是进一步回答了实现什么样的发展、怎样发展等重大问题，反映和体现了我们党对共产党执政规律、社会主义建设规律、人类社会发展规律的最新认识；二是针对我国发展过程中出现的某些领域和方面发展不够平衡的问题，着眼于实现经济社会又好又快地发展，提出了统筹城乡发展、区域发展、经济社会发展、人与自然和谐发展、国内发展与对外开放，促进协调发展的新思路和正确道路；三是着眼于建设富强民主文明和谐的社会主义现代化国家，要求我们全面推进经济、政治、文化和社会建设，这就完善了中国特色社会主义发展道路、发展模式、发展战略，对于发展中国特色社会主义具有长远的指导意义。

具有这样背景和根据的科学发展观在提出以后，受到国外媒体和舆论的高度关注。在党的十七大召开之际，日本共同社发表报道评论说："胡锦涛所倡导的科学发展观是一种以人为本的理念，把只重视经济发展在量上的扩大，转变为对生活质量和公平观等内容的关注，为构建和谐社会提供了理论指导。这使得长期以来'一边倒'式的开发，开始向重视民生及民权的方向转变，大力推进经济、社会、政治、文化、环境等各个领域的协调、平衡发展。"美国《新闻周刊》则针对在美国不时掀起的"中国威胁论"，用我们党的十七大强调科学发展观去说明中国正在全神贯注谋发展。这篇由安德鲁·莫劳夫奇克发表的文章说，美国的"中国威胁论"所谓的中国日益壮大的军事力量和经济实力，在某种程度上已成了美国的一块心病，它们营造了一种难以磨灭的恐惧感，说美国与中国在太平洋地区的军事竞争将成为21世纪的特色，然而，中国的情况看来完全不同。虽然经过了近30年的发展，今天的中国才刚刚摆脱贫困20年，一半人口仍处境艰难，因此，中国压倒一切的考虑仍然是经济，对外政策则摆在后面。至于帝国主义野心，想都未想。中国完全专注于国内经济的迹象，在最近召开的中共十七大上可以说表现得最为明显。①

【作者简介】

徐崇温，中国社会科学院荣誉学部委员，哲学研究员，博士生导师。

---

① ［美］安德鲁·莫劳夫奇克：《专注自我的龙》，（美国）《新闻周刊》，2007年10月29日。

新时代·新思想·新特征

——习近平新时代中国特色社会主义思想及其理论特征[*]

冯立鳌

十九大报告的一个重要内容，是在作出了中国特色社会主义进入新时代政治判断的基础上，全面阐发了习近平新时代中国特色社会主义思想，展现了这一马克思主义中国化最新成果的丰富内涵与鲜明特征，把中华民族在新时代前进的旗帜点染得色彩亮丽。

一、中国特色社会主义建设进入了历史新时代

历史进程是一个客观过程，时代移易具有客观依据，正确把握历史进程及其应有的时代转化，反映着对自己国情的清醒认识。毛泽东曾指出："认清中国的国情，乃是认清一切革命问题的基本的根据。"[①] 十九大作出中国特色社会主义进入新时代的重要判断，反映着以习近平同志为核心的党中央对当代中国国情客观状况的全新认知和对历史进程中阶段性演进的精准把握。

首先，我国人民多年努力奋斗的一个阶段性目标已确定实现。改革开放之初，邓小平提出了建设中国特色社会主义的理论，其中，人民生活达到小康水平，是经济建设分三步走总体战略的一个重要节点。邓小平在 1979 年 12 月就提出："中国本世纪的目标是实现小康。"他为此确定了"翻两番"的经济目标，认为："到本世纪末，争取国民生产总值每人平均达到一千美元，算个小康水平。"[②] 从十五大到十八大，我们党对小康社会建设完善理念、充实内涵，不断提出了更高更严的标准。现在，经过近 40 年的改革开放，我们早已解决了人民的温饱问题，小康社会建设也已超越了原初的设定与水平，特别是十八大以来对社会主义建设的强力推进，我们至今已经行进到了全面建成小

---

* 本文原载于《广东社会科学》2018 年第 1 期。

① 《毛泽东选集》（第 2 卷），北京：人民出版社，1991 年，第 633 页。
② 《邓小平文选》（第 2 卷），北京：人民出版社，1994 年，第 259 页。

康社会的决胜阶段，临近"两个一百年"奋斗目标的历史交汇点。在中国特色社会主义的发展进程中，我们已经实现了总的量变过程中的部分质变，跨越了发展过程中一个阶段性转化的节点。

其次，我国社会的综合国力与国际地位有了显著提升。近些年，我国经济发展在世界主要国家中名列前茅，国内生产总值稳居世界第二，科技实力、国防实力和综合国力已跃居世界前列，人民的生活状态已经发生了前所未有的变化，中等收入群体持续扩大，民主法治建设成效显著，社会治理体系更加完善，强军兴军迈出坚定步伐，全面从严治党成效显著，"一带一路"建设已经得到了 100 多个国家和国际组织的支持，其中有 40 多个同中国签署了合作协议，一系列重大项目落地开花。在世界经济复苏乏力、局部冲突和动荡频发、大多国家面临发展困境时，中国正大步走向世界舞台的中央。中国特色社会主义建设还在持续行进，但我们所处的环境、面临的任务、需要解决的问题及应对的方式已经与以往大为不同。

最后，中国社会的主要矛盾有了转化。社会是矛盾的集合体，社会内部矛盾状态的变化决定着事物的不同发展阶段。十一届三中全会上，我们党纠正了十年"文革"中关于社会主要矛盾的认识偏失，果断地停止了"以阶级斗争为纲"的口号，理念上恢复了 1956 年中共八大对社会主要矛盾的认识，确立了以经济建设为中心的正确观念。1981 年党的十一届六中全会把社会主要矛盾概括为"人民日益增长的物质文化需要同落后的社会生产之间的矛盾"[①]。这一切合中国实际的正确判断，为我们坚持以经济建设为中心、牢固确立党的基本路线奠定了思想理论基石。改革开放以来，关于社会主要矛盾的这一认识引导我们在社会生产上大力开掘规模，努力提高效率，推动经济建设取得了世人瞩目的成就。十九大报告认定："我国社会主要矛盾已经转化为人民日益增长的美好生活需要和不平衡不充分的发展之间的矛盾。"[②] 这是党中央全面把握时代演进趋势、深切体察社会现状而作出的判断，是一个重大的理论与实践问题。社会主要矛盾的变化是关系全局的历史性变化，它表征着全社会一个新的发展阶段的总体状况，是社会发展阶段性转化的重要标志。

同时，社会生活的治理状况和人民群众的精神面貌也是时代转化的重要标识。十八大以来，我们党面对国内外许多重大风险考验和党内存在的突出问题，出台一系列重大方针政策，推进一系列重大工作，推动党风和社会风气的好转，反腐败斗争取得了压倒性态势，全面从严治党成效卓著，党的团结统一更加巩固，党群关系明显改善，社会主义核心价值观深入人心。中华民族焕发出新的强大的生机活力，同心共筑中国梦的磅礴

---

① 《中国共产党中央委员会关于建国以来党的若干历史问题的决议》，北京：人民出版社，1981年，第 170 页。

② 《决胜全面建成小康社会　夺取新时代中国特色社会主义伟大胜利——在中国共产党第十九次全国代表大会上的报告》（单行本），北京：人民出版社，2017 年，第 11 页。

力量已经形成。这些都表明，历经百年磨难的中华民族因为中国共产党的坚强领导和全体中国人民的不懈努力，已经迎来了从站起来、富起来到强起来的伟大飞跃，这一飞跃已使中国社会跃升到面貌全新的发展阶段，中国特色社会主义顺乎自然地进入了新时代。

习近平指出："认识和把握我国社会发展的阶段性特征，要坚持辩证唯物主义和历史唯物主义的方法论，从历史和现实、理论和实践、国内和国际等的结合上进行思考，从我国社会发展的历史方位上来思考，从党和国家事业发展大局出发进行思考，得出正确结论。"① 社会的发展是一个客观的过程，历史阶段的转换有着自己内在的依据，而人们对时代的把握则离不开观察事物的基点和特定的价值取向。中国特色社会主义进入新时代的重大判断，反映了当代中国共产党人宽广的眼界和敏锐的认知力，彰显了中国共产党人推进中国特色社会主义发展的坚强决心和坚定意志，证实了马克思主义指导社会发展、推动人类进步的真理价值；确认了中国共产党在中华民族复兴中的坚强领导核心地位，印证了以习近平同志为核心的党中央的卓越领导，同时也更加增强了全党全国人民对新时代思想指导的渴求。

二、当代中国共产党人对新时代课题的系统回答

2016 年，习近平总书记在哲学社会科学工作座谈会上指出："这是一个需要理论而且一定能够产生理论的时代，这是一个需要思想而且一定能够产生思想的时代。"② 新时代在呼唤新的理论，要求我们党对新时代面临的问题作出全面回答。顺应时代要求和人民的渴望，习近平总书记在十九大报告中系统阐述了新时代中国特色社会主义思想，全面准确地回答了新时代坚持和发展什么样的中国特色社会主义、怎样坚持和发展中国特色社会主义这一根本问题。围绕这一问题，对社会生活的各个方面都作出了理论分析和政策指导，描绘了中国特色社会主义在新时代完美周详的建设方案以及梯次推进的路线图、时间表，从而对新时代的重大课题作出了全面应对。

在阐述新时代中国特色社会主义思想时，习近平总书记用"八个明确"归结了这一思想的核心内容，并提出"十四条坚持"，表明了工作中贯彻落实的重点，由此展现了新时代中国特色社会主义思想深邃的精神实质和丰富的理论内涵。其中新论迭出、亮点纷呈：一是第一次郑重表明："中国特色社会主义最本质的特征是中国共产党领导，中国特色社会主义制度的最大优势是中国共产党领导，党是最高政治领导力量。"③ 坚

---

① 习近平：《在省部级主要领导干部专题研讨班开班式上的讲话》，《人民日报》，2017 年 7 月 28 日第 1 版。

② 习近平：《在哲学社会科学工作座谈会上的讲话》，《人民日报》，2016 年 5 月 19 日第 2 版。

③ 《决胜全面建成小康社会 夺取新时代中国特色社会主义伟大胜利——在中国共产党第十九次全国代表大会上的报告》（单行本），北京：人民出版社，2017 年，第 20 页。

定地肯定了中国共产党在中国社会政治生活中的地位。二是把共产党统领一切的崇高地位与自身建设的严格精神结合起来，在"十四条坚持"中首尾照应。三是把"坚持以人民为中心"的根本理念与"坚持人民当家作主"①的制度安排分置论述，强调了人民在社会生活中各个重大环节上的至高无上和无可侵犯性。四是突出了民生建设、生态建设、军队建设等各个方面的工作重点，使人们思有要领、行有方向。五是以社会主义核心价值体系推动民族力量的凝聚，强调"五大发展"理念对经济生活的统领作用，彰显了理念、思想的力量。六是把国内、国际两个大局一并统筹，用当代中国的价值理念"推动构建人类命运共同体"②，为中国特色社会主义设定了全球治理方案。这些思想和其他许多新颖观念，包含着中国共产党人在新时代的坚定的原则立场、明确的价值理念和切实的行动方法，对推动社会主要矛盾的解决，领导人民实现新时代的总任务、总目标都有方向性指导。

以习近平同志为核心的党中央五年来面对党内外、国内外诸多险难问题，以绝大的政治勇气和高度的历史担当精神沉着应对，反腐惩恶、正风肃纪，迎难而上、激浊扬清，以抓铁有痕、踏石留印的工作力度部署和推动全面深化改革的进程；在国际舞台上守护国家利益，整合正义力量，凝聚中国气场，提出和实施了一系列治国理政的新理念、新思想、新战略，带领全党全国人民把中国特色社会主义推进到了新时代。习近平总书记运用马克思主义立场、观点、方法对中国特色社会主义事业新实践、新经验作出了创新性的总结，形成了新时代中国特色社会主义思想。这一思想既是对新时代历史课题的全面回答，也是全党全国人民为实现中华民族伟大复兴而奋斗的行动指南。

三、新时代中国特色社会主义思想的理论特征

新时代中国特色社会主义思想是马克思主义中国化的最新成果，作为一种适应新时代的成熟的理论形态，它具有自身鲜明的特征：

第一，理论的严整性。改革开放之初，我们曾以"摸着石头过河"的方式进行多方面实践探索，从中发现经验、探求规律。随着改革的逐步深入和改革面的渐次扩大，我们在经济建设、党的建设和社会建设诸方面形成了一些较为系统的思想结晶，在其他方面也有一些卓越的认识结论。然而由于改革没有涉及社会生活的全部领域，也由于认识的阶段性局限，我们整体上并没有完全摆脱深水摸石的经验式探索，没有形成关于中国特色社会主义建设各个领域和全方位相互协调、相互配合的系统性思想。习近平总书

---

① 《决胜全面建成小康社会　夺取新时代中国特色社会主义伟大胜利——在中国共产党第十九次全国代表大会上的报告》（单行本），北京：人民出版社，2017年，第21-22页。

② 《决胜全面建成小康社会　夺取新时代中国特色社会主义伟大胜利——在中国共产党第十九次全国代表大会上的报告》（单行本），北京：人民出版社，2017年，第25页。

记早在十八届中央政治局第二次集体学习时就指出："改革开放是一个系统工程，必须坚持全面改革，在各项改革协调配合中推进。"① 现在，习近平新时代中国特色社会主义思想涵盖了改革发展稳定、内政外交国防、治党治国治军各个方面，在政治建设领域、生态建设领域、全球治理领域作出了开拓性认识，在党的建设和法治建设领域作出了深度创新，并且强化了思想理念的系统性、整合性和协调性，形成了"五位一体"总体布局、"四个全面"战略布局等综合性、有深广度的科学认识，绘制了有路线图、时间表的全面建设蓝图，提出了涉及各个领域和全方位的战略方略。这是关于新时代全面推进社会主义现代化建设的顶层设计。中国特色社会主义在新时代获得了系统严整的理论，新时代中国特色社会主义思想把中国特色社会主义推进到了更具理性、更为自觉的全新阶段。

第二，内容的实践性。像马克思主义中国化的其他成果一样，新时代中国特色社会主义思想来自实践又指导实践，不是脱离实践生活的书斋理论。不仅如此，新时代中国特色社会主义思想还是在实践的淬火中铸就的钢铁般的思想武器。比如，关于党的建设和反腐惩恶的思想，关于深化改革的思想，关于军队建设的系列思想，就是在同腐败分子作斗争、同既得利益集团作较量的伟大斗争实践中形成，在人们刷洗灵魂、筑牢思想提防的人格重塑实践中完善的；构筑人类命运共同体的全球治理观，是在与"一带一路"建设的国际关系运作实践中双向推动、相互促成的。习近平总书记多次强调说，"空谈误国，实干兴邦"，"一分部署，九分落实"。② 他提出，"实现伟大梦想，必须进行伟大斗争"，"全党要充分认识这场伟大斗争的长期性、复杂性、艰巨性，发扬斗争精神，提高斗争本领"。③ 这里指出了实践的艰难性，并且把全民实践引入了新时代中国特色社会主义思想的完整理念中。

第三，精神的凝聚性。习近平新时代中国特色社会主义思想特别注重全民族精神力量的凝聚，其中以实现"国家富强、民族振兴、人民幸福"④ 的"中国梦"来凝聚全党全国人民的意志；以社会主义核心价值观统一各类各层人们的行为取舍，同时用中华优秀传统文化涵养人们的道德心性，要求认真汲取中华优秀传统文化的思想精华和道德精髓，主张"使中华优秀传统文化成为涵养社会主义核心价值观的重要源泉"⑤，并力求用广大人民群众在改革进程中的获得感赢得人们对深化改革的坚定支持。在党的思想建设和作风建设方面，强调"抓关键少数"，希望以上率下，增强党内和人民群众的凝聚

① 《习近平谈治国理政》，北京：外文出版社，2014 年，第 68 页。

② 《习近平谈治国理政》，北京：外文出版社，2014 年，第 101 页。

③ 《决胜全面建成小康社会 夺取新时代中国特色社会主义伟大胜利——在中国共产党第十九次全国代表大会上的报告》（单行本），北京：人民出版社，2017 年，第 15 - 16 页。

④ 《习近平谈治国理政》，北京：外文出版社，2014 年，第 56 页。

⑤ 《习近平谈治国理政》，北京：外文出版社，2014 年，第 164 页。

力；要求全党增强"政治意识、大局意识、核心意识、看齐意识"①，以便凝聚起全党的力量。习近平总书记作为中国共产党的最高领导人，他党性坚强、忠诚人民，勤奋干事、无私无畏，在党内纪律和传统道德的遵循上率先垂范，赢得了全党全国人民的衷心拥戴，极大地增强了全国人民的精神凝聚力。新时代中国特色社会主义思想，把人民群众放置于历史中心地位，把人民群众对美好生活的需要作为做好各项工作的准星，提出了符合人民群众心愿的目标蓝图和战略方略，能更好地凝聚起中华民族同心共筑中国梦的坚强力量。

第四，思想的创新性。创新是历代中国共产党人坚守和拥有的优秀品格，十八大以来，习近平总书记一直把创新摆在了推动全局工作的重要位置，他深刻地指出，创新"是中华民族最深沉的民族禀赋"②。他要求全党同志要"把创新摆在国家发展全局的核心位置，不断推进理论创新、制度创新、科技创新、文化创新等各方面创新，让创新贯穿党和国家一切工作，让创新在全社会蔚然成风"③。在治国理政的实践中，从经济建设倡导的"创新驱动"，到"五大发展理念"中以创新居首；从五年来多领域的开拓进取和全方位多层次的实践创新，到新时代中国特色社会主义思想的全面理论创新；从对中华优秀传统文化的创造性运用、创新性发展，到对马克思主义在中国社会生活中的创新性发挥，都显示了以习近平同志为核心的中央领导集体的创新智慧，展现了新时代新思想对创新理念的推崇。习近平总书记在十九大报告中指出了实践进展与理论创新的无穷性，要求人们"不断认识规律，不断推进理论创新、实践创新、制度创新、文化创新以及其他各方面创新"④。新时代中国特色社会主义思想的形成，是在实践基础上实现理论创新的典范，是当代中国共产党人创新成果的最高展现；也正因为其具有创新的品格，才能对新时代的实践创新作出引领和指导。

第五，本根的民族性。任何一种能产生强大社会影响的思想理论，都有自身生长生存的社会文化基础，即它代表了什么人的愿望，凝结了什么人的意志，反映了什么人的思想要求。这些确定的关系就是该思想理论的生长点、立足点和归结点，是理论壮大的根系所在，可以称作思想理论的立场或本根。思想本根是一种理论体系中一切理念、观点、原理形成的营养之源，最终决定着该思想理论为什么人群的生存和发展服务，它统摄和影响着各种观念和理论原理。毛泽东指出："为什么人的问题，是一个根本的问题、原则的问题。"⑤ 就是说明立场、生长点对一种思想文化形态的决定性作用。

---

① 《决胜全面建成小康社会　夺取新时代中国特色社会主义伟大胜利——在中国共产党第十九次全国代表大会上的报告》（单行本），北京：人民出版社，2017 年，第 20 页。

② 《习近平谈治国理政》，北京：外文出版社，2014 年，第 51 页。

③ 《习近平总书记系列重要讲话读本》，北京：学习出版社、人民出版社，2016 年，第 133 页。

④ 《决胜全面建成小康社会　夺取新时代中国特色社会主义伟大胜利——在中国共产党第十九次全国代表大会上的报告》（单行本），北京：人民出版社，2017 年，第 26 页。

⑤ 《毛泽东选集》（第 3 卷），北京：人民出版社，1991 年，第 857 页。

习近平总书记一直非常看重思想形态的立场和本根，他指出："立场，是人们观察、认识和处理问题的立足点。"① 他曾阐述了无产阶级革命导师和我党领袖人物思想理论的人民性本根，认为"始终站在人民大众立场上，一切为了人民、一切相信人民、一切依靠人民，诚心诚意为人民谋利益。这是马克思列宁主义的根本出发点和落脚点，也是毛泽东思想、邓小平理论、'三个代表'重要思想以及科学发展观等重大战略思想的根本出发点和落脚点"②。习近平新时代中国特色社会主义思想同样对"以人民为中心"的理念作了清楚表达和充分发挥，人民性的立场十分鲜明。

然而，习近平新时代中国特色社会主义思想所代表的社会对象、所凝结的意志主体、所服务的利益人群，还不仅限于当代生存生活的中国人民大众，作为一个历史感极强烈、文化感极深沉的当代领袖，他一直牢记着党、国家和民族先辈们的意志与追求，也始终考虑着我们子孙后代的生存与发展。他曾向青年学生表白："建设富强民主文明和谐的社会主义现代化国家，是我们的目标，也是我们的责任，是我们对中华民族的责任，对前人的责任，对后人的责任。"③ 他一再提出，当代社会建设要"为子孙后代留下天蓝、地绿、水清的生产生活环境"④。在中国大地上，血缘上世代相继、文化上延绵传承的人民大众，或者人民大众的世代集合，其实体对象就是中华民族，中华民族的千年追求和根本利益正是习近平新时代中国特色社会主义思想的立足点和生长点。

事实上，十八大后，习近平总书记即以实现中华民族伟大复兴的中国梦来凝聚全民族的力量，认为"中国梦是历史的、现实的，也是未来的"⑤。他说："团结统一的中华民族是海内外中华儿女共同的根，博大精深的中华文化是海内外中华儿女共同的魂，实现中华民族伟大复兴是海内外中华儿女共同的梦。"⑥ 他提醒人们："不忘初心，方得始终。"认为"中国共产党人的初心和使命，就是为中国人民谋幸福，为中华民族谋复兴"⑦，要求每一位共产党员都要牢记我们党最初的心愿，世代坚守为民族谋复兴的伟大理想。他在十八届中央政治局常委同中外记者见面时就表示："我们的责任，就是要团结和带领全党全国人民，接过历史的接力棒，继续为实现中华民族伟大复兴而努力奋斗。"⑧ 在治国理政的实践活动中，他要求当政的县委书记们"要有'功成不必在我'

---

① 习近平：《深入学习中国特色社会主义理论体系 努力掌握马克思主义立场观点方法》，《求是》，2010年第7期，第19页。

② 习近平：《深入学习中国特色社会主义理论体系 努力掌握马克思主义立场观点方法》，《求是》，2010年第7期，第19页。

③ 《习近平谈治国理政》，北京：外文出版社，2014年，第150页。

④ 《习近平谈治国理政》，北京：外文出版社，2014年，第212页。

⑤ 《习近平谈治国理政》，北京：外文出版社，2014年，第49页。

⑥ 《习近平谈治国理政》，北京：外文出版社，2014年，第63页。

⑦ 《决胜全面建成小康社会 夺取新时代中国特色社会主义伟大胜利——在中国共产党第十九次全国代表大会上的报告》（单行本），北京：人民出版社，2017年，第1页。

⑧ 《习近平谈治国理政》，北京：外文出版社，2014年，第4页。

的境界，像接力赛一样，一棒一棒接着干下去"①，看重的是历史接续中的整体效果。在强调培育好青少年一代的无上意义时，他运用俗语同教育工作者谈心说："前人强不如后人强。"② 表达的是对民族未来前途的看重。他抒发共产党人的民族情怀，多次强调对中华民族的文化自信，显示着崇高而强烈的民族情结。十九大报告末尾有一段专谈青年和民族的未来，认为国家和民族的前途寄望在中国青年一代的身上，认为"中华民族伟大复兴的中国梦终将在一代代青年的接力奋斗中变为现实"③。应该说，民族性是习近平新时代中国特色社会主义思想的本根所在。认清这一点，才能全面理解该理论的历史含义，准确把握它的思想精髓。

十九大是中国社会历史行程中标识新时代的重要里程碑，习近平新时代中国特色社会主义思想是中国共产党领导人民迈进新时代、开启新征程、续写新篇章的政治宣言，是指导我们各项工作的行动纲领。这一思想将以其丰富的内涵、鲜亮的特征和对社会生活的全面指导展现出强大的真理力量。

【作者简介】

冯立鳌，广东省社会科学院哲学与宗教研究所研究员。

---

① 习近平：《做焦裕禄式的县委书记 心中有党心中有民心中有责心中有戒》，《人民日报》，2015 年 1 月 13 日第 1 版。

② 习近平：《做党和人民满意的好老师——同北京师范大学师生代表座谈时的讲话》，《人民日报》，2014 年 9 月 10 日第 2 版。

③ 《决胜全面建成小康社会 夺取新时代中国特色社会主义伟大胜利——在中国共产党第十九次全国代表大会上的报告》（单行本），北京：人民出版社，2017 年，第 70 页。

和谐社会与文化自觉[*]

乐黛云

我们正面临一个重大的社会转型时期，和谐社会是当今人类的普遍追求。过去大规模的社会转型都是通过战争（包括宗教战争）、暴力革命、血腥镇压来完成的，这给人类带来极大的苦难；再沿着这条道路走下去，在科学高度发展、权力空前集中的今天，人类的前途只有毁灭。正如蕾切尔·卡逊所指出的：今天，人类正处在走向毁灭或者美好生存的"十字路口"！

一、西方对和谐社会的追求

从西方来看，早在 20 世纪初奥斯瓦尔德·斯宾格勒在《西方的没落——世界历史的透视》一书中已相当全面地开始了对西方文化的反思和批判，对文化的反思和批判就是一种文化自觉。到了 21 世纪，这种自觉达到了更加深刻的程度。例如，法国著名思想家、高等社会科学院研究员埃德加·莫兰（Edgar Morin）指出，西方文明的福祉正好包藏了它的祸根：它的个人主义包含了自我中心的闭锁与孤独；它的盲目的经济发展给人类带来了道德和心理的迟钝，造成各领域的隔绝，限制了人们的智慧能力，使人们在复杂问题面前束手无策，对根本的和全局的问题视而不见；科学技术促进了社会进步，同时也带来了对环境、文化的破坏，造成了新的不平等，以新式奴役取代了老式奴役，特别是城市的污染和科学的盲目，给人们带来了紧张与危害，将人们引向核灭亡与生态的死亡。[①]

---

[*] 本文原载于《广东社会科学》2006 年第 6 期。

① 参见［法］埃德加·莫兰：《超越全球化与发展：社会世界还是帝国世界？》，乐黛云、钱林森、金丝燕主编：《迎接新的文化转型时期——〈跨文化对话〉丛刊（1～16 辑）选编》（第 1 册），上海：上海文化出版社，2005 年，第 202 页。

英国社会学家齐格蒙特·鲍曼在《现代性与大屠杀》①一书中更是强调，在西方，高度文明与高度野蛮其实是相通的和难以区分的。现代性是现代文明的结果，而现代文明的高度发展超越了人所能调控的范围，导向高度的野蛮。

在这个基础上，西方学者提出人类需要的是一个文明开化、多元发展、多极均势的"社会世界"，这是对另一种全球化的期待。从这种认识出发，他们一方面回归自身文化的源头，寻求重新出发的途径；另一方面广泛吸收非西方文化的积极因素，并以之作为"他者"，通过反思，从不同视角更新对自己的认识。

新出版的 J. 里夫金的《欧洲梦——欧洲梦是如何悄悄地使美国梦黯然失色的》②一书提出：我们正处在后现代与正在浮现的全球时代交叉的十字路口，处在衔接这两个时代之间断层的中间地带。他认为 20 世纪和 21 世纪之交，随着经济全球化和帝国主义霸权的出现，世界已显示出对另一个全球化的期待，这就是文化的全球化——建设一个全球多极均衡、多元共生的世界。里夫金所谓的"美国梦"是指每一个人都拥有不受限制的机遇来追求财富，而较少关注更广阔的人类福祉；"欧洲梦"则是强调生活质量、可持续性、安定与和谐。在里夫金看来，"欧洲梦"是一种新的历史观，根据这种历史观，在一个基于生活质量而非个人无限财富聚敛的可持续性文明里，以物质为基础的现代发展观即将受到修正。可持续性的全球经济之目标应该是：通过将人类的生产和消费与自然界的能力联系在一起，通过废品利用和资源的重新补充，不断再生产出高质量的生活。在这样一个可持续的、保持稳定的经济状态下，重要的并非个人的物质积累，而是自我修养；并非聚敛物质财富，而是精神的提升；并非拓宽疆土，而是拓宽人类的同情（empathy）。作为"欧洲梦"两大支柱的文化多元主义和全球生态意识在各方面都是现代思想的解毒剂，它承认每个人的经历和愿望都具有同等的价值，并将人性从物质主义的牢笼中解放出来，而地球本身最值得关怀，这就是可以将力量凝聚起来的未来的蓝图。当然，在我们看来，这一切远非欧洲的现实，而只不过是一些不满现状的美国人对于欧洲想象的乌托邦，但它却代表着一种新的思想和路向、一种追求和谐社会的理想。这种思想和路向与我国最近提出的科学发展观，从"以物为本"转化为"以人为本"正好相合。

二、和谐精神是中国传统文化的核心价值

中国传统文化的核心是强调人与自然的和谐、人与人的和谐，以及个人身心内外的和谐。人与自然的和谐，也就是我们常说的"天人合一"。"天人合一"是指天和人是

---

① ［英］鲍曼著，杨渝东、史建华译：《现代性与大屠杀》，南京：译林出版社，2002 年。
② Jeremy Rifkin, *The European Dream—How Europe's Vision of the Future is Quietly Eclipsing the American Dream*, New York：Tarcher/Penguin, 2004.

一个相互关联的统一体。《易经》认为"天道""地道""人道"三者的道理是统一的，都是乾坤的表现。"易，一物而合三才，天（地）人一也，阴阳其气，刚柔其形，仁义其性。"（张载）既然是相互关联的统一体，"天"和"人"就有一个相通的、共同的道理，所以说"知天所为，知人所为，然后知道"。知"道"就是"知天命"。孔子说："天何言哉？四时行焉，百物生焉。"（《论语·阳货》）"天"的道理要由"人"来彰显。如朱熹所说："人之始生，得之于天；即生此人，则天又在人矣。"也就是说，"人"对"天"有一种内在的责任，人不仅要"知天命"，还要"畏天命"，要对"天"有所敬畏，按照"天命"行事。例如"天"有"盎然生物之心"，人就要体证"天道"，也有"温然爱人利物之心"。（朱熹）总之，"天人一体"，"人"得"天"之精髓而为"人"，"天心""人心"实为一心。"人"有其实现"天道"的责任，人生之价值就在于成就"天命"，故"天""人"关系实为一内在关系。这样一种思维路径，不仅可以使我们走出"天人二分"（天人对立）的困境，而且也为人类走向和谐的人生境界开辟了道路。

人与人的和谐，即人与社会的和谐也很重要。当今人类社会所存在的"人与人之间的矛盾"不仅涉及"自己与他人""人与社会群体"，而且也涉及"国家与国家""民族与民族""地域与地域"之间的种种冲突。儒家的"仁学"对于缓解冲突、造就"和谐社会"具有重要意义。孔子"仁学"的出发点，首先是亲亲、爱人，并推己及人。《郭店楚简·性自命出》中说："道始于情。"也就是说，人与人的关系是由情感出发的，"亲而笃之，爱也；爱父，其继爱人，仁也"，"孝之放，爱天下之民"。"仁学"要由"亲亲"扩大到"仁民"，要"推己及人"，做到"老吾老以及人之老""幼吾幼以及人之幼"，这才叫作"仁"。"推己及人"并不容易，必须把"己所不欲，勿施于人""己欲立而立人，己欲达而达人"的"忠恕之道"作为实现"仁"的准则。其次是克己复礼。把"仁"推广到社会（全人类社会），就是孔子说的："克己复礼为仁。一日克己复礼，天下归仁焉。""克己"（克服私欲）和"复礼"（复兴礼制）不是平行的两个方面，费孝通先生解释说："克己才能复礼，复礼是进入社会，成为一个社会人的必要条件。"一个人进入社会，必须遵守一定的社会规范（礼）；一个国家要进入世界，也必须遵守世界的最基本的"公约"。这就是说，要克服自己的私欲，以使做人行事能符合礼仪制度规范。"仁"（爱人），是人所具有的内在品德（"性生仁"）；"礼"是规范人的行为所必需的外在的礼仪制度，也包括含有强制性的权力、上下等级、尊卑贵贱等统治模式。"礼"的严苛可以用"乐"来"协调"，这就是"礼交动乎上，乐交应乎下，和之至也"（《礼记·礼器》）。总之，"礼"的作用是以共同的规范和秩序来调节人与人之间的关系，使之和谐相处，所以说"礼之用，和为贵"。"仁"和"礼"的根本价值取向都是"和"。"天地之气，莫大于和。"（《淮南子》）"夫和实生物，同则不继。以他平他谓之和，故能丰长而物归之；若以同裨同，尽乃弃矣。故先王以土与金、木、水、火杂，以成百物。"（《国语·郑语》）以相同的事物叠加，不能得到发展，只能窒息生机。中国传统文化的最高理想是"万物并育而不相害，道并行而不相悖"（《中庸》）。"万物并育"和"道并行"是"不同"；"不相害""不相悖"则是"和"。这种思想为多元文化共处提供了取之不尽的思想源泉。

人和自然的和谐，人与人的和谐，归根结底，都要靠个人身心内外的和谐来实现。孔子说："德之不修，学之不讲，闻义不能徙，不善不能改，是吾忧也。"孔子认为做人首先要"修德"（修养道德），要有关怀人类社会福祉的胸襟；"讲学"（讲究学问）不但要求自己提高智慧，而且要负起对社会进行人文教化的责任。"改过"，要能勇于改正错误，才可有助于社会的和谐。"向善"，是说人生在世，应日日向着善的方向努力，以至达到"止于至善"的境地。"修德""讲学""改过""向善"是孔子提倡的做人道理，也是使人自我身心内外和谐的路径。孟子说："存其心，养其性，所以事天也。夭寿不惑，修身以俟之，所以立命也。"如果一个人能修养他的善性，以实现天道的要求，就能达到自我身心内外的和谐。

三、文化自觉是构建和谐社会的根本途径

目前，无论是在西方还是东方，和谐社会都还只是一个尚未实现的梦想、一个前进的方向。在构建和谐社会的蓝图中，文化自觉是至为关键的一环。特别是现在世界面临两大思潮：一种思潮认为世界秩序必须建立在美国军事力量无可匹敌的基础上，也就是要依靠美国的强大力量来统治世界，并在这个基础上，听任他们占领全球资源，覆盖多元文化，推广单一的意识形态。另一种思潮是世界大多数人的所思所想。他们看到事实已证明美国的单边统治不但不可能成功，而且会激起更大的反抗和更多的死亡。因此必须寻求另一种全球化，即一种多极均衡、文化多元共生、各民族和谐共处的全球化，也就是中国当前提出的建设"和平世界""和睦邻邦""和谐社会"的主张。

建设"和平世界""和睦邻邦""和谐社会"，其核心是一个文化自觉问题。没有文化自觉，就谈不上不同文化的多元共生，就没有"和谐社会"。什么是文化自觉呢？文化自觉指的是深刻认识自身文化历史传统的最根本的种子或基因，并为这个基因的发展创造新的条件，同时将这个文化传播于世界，参与全球新文化的创建；没有文化自觉就不会有多元文化的共生，也不会有世界社会的和谐。事实已多次证明，任何想要依靠霸权覆盖或绝灭他种文化的企图都不但不可能成功，而且会激起更大的反抗。只有各民族拥有充分的文化自觉，才能共同建立一个和平共处、各抒所长、共同发展的世界。我国著名社会学家费孝通先生指出："文化的生和死不同于生物的生和死，它有它自己的规律，它有它自己的基因，也就是它的种子……种子就是生命的基础，没有了这种能延续下去的种子，生命也就不存在了。文化也是一样，如果要是脱离了基础，脱离了历史和传统，也就发展不起来了。因此，历史和传统就是我们文化延续下去的根和种子。"主动自觉地维护一种文化的历史和传统，使之得以延续并发扬光大，这是文化自觉的第一层意思。

要延续并发扬光大文化的历史和传统，只有种子还不行，还要创造条件，让种子开花、结果。传统和创造的结合是一个十分重要的问题，"因为传统失去了创造是要死的，只有不断创造，才能赋予传统以生命"。文化自觉应包含过去、现在和未来的方向，这样的文化自觉就不是回到过去，而必须面对现实。费孝通认为我们所面对的现实最重要的特点就是"机械文明"和"信息文明"这两个在西方分阶段发展的文明，在我们这里，却重叠在一起了。我们必须从他们当时的变化来预判我们将要遇到的变化。因此，不能照搬西方经验，还应该走自己的路。传统和创造的结合是一个十分重要的问题。这是文化自觉的第二层意思。

除此之外，我们还要特别关注当前的外在环境，这是过去任何时代都不曾面对的。全球化的现实，需要有一些共同遵守的行为秩序和文化准则，我们不能对这些秩序和准则置若罔闻，而应该自觉地精通掌握它，并在此语境下反观自己，找到民族文化的自我，知道在当前新的语境中，中华文化存在的意义，了解中华文化可能为世界的未来发展做出什么贡献。这是文化自觉的第三层意思。

总之，认知、理解和诠释自己的民族文化历史，联系现实，尊重并吸收他种文化的经验和长处，与他种文化共同建构新的文化语境，这就是我们所说的文化自觉。换句话说，文化自觉提出了一个坐标：纵轴是从传统和创造的结合中去展开未来，找到新的起点，这是一个时间轴；横轴是在当前的语境下找到民族文化的自我定位，确定其存在的意义和可能对世界做出的贡献，这是一个空间轴。任何民族文化都可以在这个坐标上找到自己的定位。显然，只有具备这样的文化自觉，才有可能建设多元共处共生的全球的和谐社会。如果用这个坐标来衡量，我们在文化自觉方面还存在很多问题。

首先是传统和现代的创造结合并不够，也就谈不上以新的观点去展开未来。文化自觉并不是"文化复归"，但是，目前这种完全"复归"的倾向很严重，一部分人寻求的不是对文化的"自知之明"，而是一种势头很猛的夸张的复旧，甚至认为中国一百多年的近代史都错了，走的都是所谓"文化歧出""以夷变夏"的路。这种倒退复古、明显排外的取向当然不是提倡文化自觉的本意。其次是不加质疑地追随西方现代化的取向，对西方理论不加反思地接受，把本土资源作为论证西方理论、实现西方社会思想的工具，无视西方学者已经深刻揭示的现代化危机。此类更深层、更难解决的问题正在引起更多人们的重视，成为进一步推动文化自觉的核心内容。再者，文化自觉的根本目的是"加强文化转型的自主能力，取得适应新环境、新时代文化选择的自主地位"，以建立"和平世界""和睦邻邦""和谐社会"。只有理解多种文化，才有条件在这个已经在形成中的多元文化的世界里确立自己的位置，经过自主的适应，和其他文化一起取长补短，共同建立一个有共同认可的基本秩序和一套各种文化能和平共处、各抒所长、联手发展的世界共同体。唯我独尊，蔑视他族文化的"大国心态"是做到这一点的最大障碍。当国家贫弱时，它会演变成阿Q的精神胜利法；当国家逐渐强盛时，它就滋生为企图覆盖他族文化的东方中心主义。历史已经证明西方中心主义是行不通的，东方中心主义重蹈西方中心主义的覆辙，也不会有好的结果。只有在世界民族文化之林中，找到我们民族文化的自我，找到在新的语境中，中华文化存在的意义及其对世界的未来可能做出的贡献，才有可能向"和平世界""和睦邻邦""和谐社会"的目标迈进。

四、文化自觉与人类未来

如果说当前中国的文化自觉始于百余年来中国传统文化作为弱势文化备受压抑之后，因而带有强烈的文化复兴的愿望，那么，西方的文化自觉则是在数百年来作为强势文化充分发展之后，势必更强调审视自己文化发展中暴露出来的弱点和问题。这两者的不同是几个世纪以来，东西方文化不同的处境使然。以德、法为代表的西方对自身文化的反思使他们对非西方文化采取了和过去迥然不同的态度。

西方学者经过深刻的审视，提出人类需要的是一个"社会世界"，即一个文明开化、多元发展的联盟。要达到这个目的，人类精神需要发生一次"人类心灵内在性的巨大提升"，这就是全球的多极均衡、多元共存的另一种全球化，也就是一个"基于生活质量而非个人无限财富积累"的可持续性的文明。这与中国传统文化坚持的"和能生物，同则不继""少则得，多则惑"的精神是相一致的，中国的和平发展期待在这样的语境中通过沟通、互补、协调、合作（Communication，Complementary，Coordination，Cooperation，即4C精神），和全世界一起，开创一个和过去完全不同的未来。

【作者简介】
乐黛云，北京大学中文系教授。

道德思考与实践智慧的双重逻辑变奏：
伦理变迁的总体性考察*

晏　辉

对伦理变迁进行整体性考察，在方法论上必须坚持两大原则：第一，发生学的原则。所谓发生学的原则指的是，是怎样的哲学追问促发人们反思作为客体性的政策、制度、体制，反思作为主体性的观念、知识（认知）、情感和行动，而反思后的观念、认知和行动又决定着人们对政策、制度和体制的选择。第二，整体性原则。在伦理学的视阈内，美德伦理学与规范伦理学、元伦理学与应用伦理学交织在一起；一般哲学批判与道德哲学批判交互出场，所有这些，都是单一的学科视界所不能涵括的。整体性原则要求我们的是，从基础性、根本性和全局性三个层次，从总体性上把握改革开放以来伦理变迁的内在逻辑，它集中体现为道德思考与实践智慧的双重逻辑变奏，呈现道德观念与实践史的相互交织。

一、当代道德观念史变迁及其呈现方式

当代道德观念史变迁及其呈现方式沿着两条进路展开，而这两条进路并非完全不同的两种类型，其区别只在于自觉性的程度。第一，以自我生成同时也自我反思、自我评价的方式，即从事学术和理论研究的人群亲历着社会变革、转变着自己的道德观念，同时将这种观念的变迁及其形成的内心体验诉诸文字，以一种表面自明的形式公之于世，将"我思"的自我与"我思"的他者自发地结合起来。第二，参与着、生成着道德观念的变迁，但既无意愿也无能力对这种变迁进行反思，由于没有反思和批判，便不能对自己变迁中的道德观念作出明确的判断，其主体是普通民众。第三，无论是通过天赋地位还是通过自致地位而拥有和运用"资本"而在社会场域中取得优势地位的人群。在

* 本文系国家社会科学基金重点项目"转型期中国伦理基础变迁及其重建研究"（16AZX018）阶段性成果。原载于《广东社会科学》2020 年第 6 期。

这三个人群中，随着社会转型而发生的道德观念的变迁，其间虽有共同的方面，但也有明显的差异。对道德观念史变迁的研究决不能写成描述史，而要创制成发生史和批评史。

（1）关于德性类型的讨论。有学者将德性分成两种类型：协调性道德和进取性道德。前者用于调节现有的利益关系，意指在资源和机会给定的境遇下，如何公平地分配之；后者用于激励改革、创新、进取，意指如何通过诸种激励机制激发人们创造出更多的物质和精神价值，如何提升人的道德人格，日进无疆，以求至善。协调性道德与进取性道德既是支撑社会主义市场经济发轫、发展的道德基础，又是这种发展所产生的后果。其实，关于德性的这种划分可以在亚里士多德的德性论中找到思想元素，他把德性区分为理智的德性和道德的德性，前者是拥有和分有逻各斯的能力和品质，后者虽没有但可以分有逻各斯的能力和品质。依照笔者的理解，理智的德性是用以解决理论创新和实践创新问题所需要的德性，表现为理论理性和创制理性；道德的德性是用以解决分配现有资源和处理人际伦理关系时所需要的德性，表现为实践理性，在品质上表现为亚里士多德给出的"德性表"：正义、勇敢、慷慨、友爱……对进取性道德的推崇与张扬恰是对此前的只强调服从、坚守、固守现有社会性状而抑制个性、创新、进取品质之现状的超越。进取性道德的诉求和逐步形成进一步地表现在社会活动的各个领域，首先是在经济领域。中华人民共和国成立初期，如何在单一的计划经济体制下，找到更能体现效率原则的经济组织方式成了实现社会进步和人的发展的第一要务，于是，制度创新、理论创新、观念创新如雨后春笋般发展起来。而20世纪70年代末的以城市为中心的经济体制改革，把这种创新推到了相当高的程度。经济活动和经济关系的"异军突起"引发了经济活动中的诸多伦理问题，于是经济伦理学便应运而生。

（2）经济伦理学与经济哲学。必须预先指出的是，对经济活动中的伦理问题的伦理学和道德哲学的研究，起初就不是单方面的辩护，而是辩护与批判的统一。它沿着两条路径展开，首先是经济学中的观念变革。经济学家和伦理学家先后积极参与经济活动中道德观念的历史变迁的讨论，时至今日，经济伦理学和经济哲学依旧是应用伦理学研究中的重要领域。集中起来，经济活动中的道德观念的历史变迁突出地表现在如下一些方面：第一，回归经济生活本身。只有解放生产力和发展生产力才能更好地发展社会主义的市场经济。国家决策层面的经济观念的转变，也促发了伦理学和经济学开始为发展社会主义市场经济提供伦理辩护和理论支持。第二，对经济活动缺少正当性基础之行为的伦理批判。随着社会主义市场经济的深度发展和空间扩展，各种经济伦理问题逐渐滋生和暴露出来，于是，经济伦理学和经济哲学便由先前的着眼于为市场经济进行辩护而转向对缺少正当性基础之经济行为进行批判：首先，对经济政策和制度的伦理分析。如若一个人因天赋地位而不能在初始性制度安排中收益而导致在后来的制度矫正或修正中持续不能获益，甚至越来越边缘化，如何体现正义公平原则？所谓由于天赋地位而处于不利地位所描述的现象是，因身份、出生、职业等"先天"因素而不能分享和共享经济发展成果。事实证明，国家将会通过改变原有的分配制度而使更多的人从建立和完善社会主义市场经济过程中获益。其次，经济活动中的伦理问题。其中可分为进取性道德和协调性道德两个方面。经济活动中的进取性道德指的是物质财富和精神财富的创造者所应具备的美德，如科学理性精神、拼搏进取品质、分工协作意识、诚实守信美德，类似于亚里士多德笔下的理智的德性；协调性道德指的是，作为一个财富的创造者，除了具备一般公民具备的德性之外，还要有同情心、正义感和社会责任感，后者通常被称为企业的社会责任。

（3）政治伦理学与政治哲学。在某种意义上，中国的社会主义市场经济与西方先发国家的市场经济的发生逻辑似有不同，起初我们就是以政治的方式推进市场经济的，从整个市场经济的原始发生看，它有不可否认的优势，它可以预先防止市场失灵现象；用政治的方式进行生产、分配、交换和消费，可以最大限度地防止由纯粹的资本运行逻辑所导致的严重的社会分化。但政治的方式也存有极大的风险，即有可能出现权力与资本的联盟，特别是在市场经济的初始阶段，权力的作用是极为明显的。权力有可能越出它的合理边界而延展到其他领域。在此种场域下，权力分割和运用的正当性基础和合理边界就成为理论与实践中的重要问题，政治学、政治伦理学和政治哲学在中国的快速产生和迅猛发展，便是人们对政治伦理问题进行理论探索和实践追求的思想成果。这种沉思沿着三条道路深入下去：其一，观念论的方式。在政治伦理学和政治哲学的视阈内，政治观和权力观的变革具有根本性的意义，如果人们依旧坚持政治的技术主义定义方式，即政治是人们获得权力的技术和艺术，那么关于政治的本质主义定义方式即对政治"是其所是的东西"的追问就会被遮蔽，表现在实践活动中便是人们只问如何获得权力，而不问权力何所向与何所为。如果缺失了对政治之目的之善的追问和追寻，即便拥有政治上的手段之善，也不能实现政治的"真理"。其二，制度论的方式。在极为细致的层面上，制度的正义或公正问题可有形式正义和实质正义两种致思范式，其内在的逻辑关系是，形式正义是实质正义的必要条件而不是充分条件。在研究政治制度的伦理问题时，有两种思想资源可资利用，一个是经济学中的"帕累托效率"，一个是罗尔斯的两个正义原则及其平衡问题。在经济发展和政治进步中，从未出现过"帕累托最优"现象，即人们穷尽了各种可能，再也找不到在不使其他人变差的情境下，让任何人变好。相反，人们需要正确处理的是"帕累托相对为优"，即在一个反复交往的人群中，在不使其他成员变坏的情境下，可以让某个或某些成员变好，且是合理的。这个"经济原理"常常被经济学研究者奉为"真理"。而在伦理学或道德哲学看来，则是一个充满疑问和难题的"帕累托效率为优"。其核心问题是，依照什么原则或有何充足理由让某个或某些成员优先变好呢？问题还不止于此，若优先变好的某个人或某些人，会在以后的资源配置中，获得比没有优先变好的成员更多的资源和机会，从而将这些资源和机会变成垄断性的，继而将未能在初始性安排中优先变好的成员排除在进一步的资源配置之外，该怎么办呢？这是典型的微观正义问题。罗尔斯的两个正义原则涉及宏观正义问题，即政策设计和制度安排的终极目的问题，是为着少数人还是让绝大多数人变好，构成了政策与制度之根本的价值取向。毫无疑问，社会主义制度的终极目的是让每一个成员都能够也有意愿过上整体性的好生活。其三，行动的方式。政治行为或政治行动指的是，拥有且行使政治权力和行政职权的人如何运用权力创造公共产品和公共服务的行动。而要做到这一点，就必须具备两个严格的先决条件，即权力拥有者和使用者有足够的意愿且能够创造公共物品，即为人民服务。道德哲学上称之为理智的德性和道德的德性，前者解决了能够的问题，后者决定了意愿的问题。然而这是一个信念问题而不是知识问题，即仅是主观上认其为真而客观上不为真的情形。长期以来，人们都寄希望于权力拥有者和使用者都是拥有理智的德性和道德的德性的人，然而事实证明，这是一个靠不住的承诺。政治伦理学和政治哲学就是要致力于研究权力分割和运行的伦理基础的预设与建构问题，它沿着美德伦理学和规范伦理学两条道路行进：前者致力于解决道德自律问题，拥有权力的人作为有限理性的存在者，既有利己的动机，将权力私有化，又有基本的道德理性知识，能够在理知界和经验界之间作出合理安排；后者致力于道德舆论问题，借助于制度化的法律和部门规章以及社会舆论，尤其是现代传媒，对政治行动进行规定和监督。

（4）公共生活与公民伦理。市场经济的一个鲜明的社会功效就是造成了社会活动领域的分化，在传统的家国二元结构的中间开显出了广阔的社会空间，即介于家庭与国家之间的狭义的社会，黑格尔称之为"市民社会"。狭义的社会可有日常和非日常的社会空间，后者指的是因利益交换关系而建立起来的利益网络，其目的是通过基于平等和互利原则使每一个交换者得其所得。它不是依照政治领域里的权利义务原则，也不是根据私人生活空间的同情和友爱原则，而是根据平等交换原则进行的利益交割。无论是有人称的还是无人称的利益交割，都必须遵守诚实守信原则，否则交换行为将会终止，唯其如此，任何一方的交换行为才都是受着利益相关者的利益约束的。相反，日常生活意义上的社会交往，乃是出于行动者的个人动机（购物、休闲、旅行）而在公共生活空间所进行的行动，通常情况下，与其行动有关的他者都是具有与他相似或相同目的的人，各自的利己动机决定了每个交往者的行为都是向我和为我的。于是，如何遵守公共道德规范就成了维持公共交往的伦理基础。然而，当人们从他们所熟知的熟人社会进入这个陌生的社会公共空间时，极有可能出现两种行为倾向：在熟人社会里"迷失"了自己，难以形成自己的意志和判断。在陌生的社会公共空间中"消灭"了他人，似入无人之境，任意妄为、我行我素，毫无公共意识，更无公共规则意识；缺少或根本就没有公共理性知识，更加没有契约意识：我遵守公共规则，我断定别人也同我一样遵守公共规则；相反，他者必须遵守公共规则，而我却可以例外。致力于公共规则意识和公民伦理问题的研究，构成了当代中国伦理学的一个重要领域。公民伦理理念、公民道德观念构成了当代中国道德观念史中的主要方面，它同样面临着旁观者和当事者的道德观念的重构。

二、当代中国道德实践史变迁及其呈现方式

对当代中国道德实践史的研究，至少可有两种研究方式，即描述史的方式和生成史的方式。毫无疑问，前者属于描述伦理学的方式，后者属于建构伦理学的方式，在此，我们将着力于后者。

这里的"原始发生"不是指时间概念，不是要描述始自20世纪70年代末的改革实践如何引发了道德观念和道德实践的转型，也不是指按照断代史的标准描述40多年来在这种转型中突出来的"节点"；而是要用发生学的方法分析和论证人们在转型中是如何实现道德观念和道德实践之转变的。我们试图借助布尔迪厄的"场域"理论来分析和论证当代中国道德实践的原始发生。"从分析的角度来看，一个场域可以被定义为在各种位置之间存在的客观关系的一个网络（network），或一个构型（configuration）。"①场域是被构成的，是不同群体在各自所处的位置上依据自己掌握的权力（资本）相互嵌入、相互影响而形成的有形和无形的语境、境遇。人们可以无人称式地分析和论证场域的内部构成及其生成逻辑，这可能是社会学的学术旨趣，而我们要做的工作是一个有人称的当代中国人在40多年的时间里所构造成的场域。布尔迪厄在谈到"一个场域运作和转变的原动力"时说道："一个场域的动力学原则，就在于它的结构形式，同时还特别根源于场域中相互面对的各种特殊力量之间的距离、鸿沟和不对称关系。正是在场域中积极活动的各种力量——分析者之所以将这些力量筛选出来，把它们看作对场域的运作关系重大的因素，正是因为这些力量造成了场域中至关重要的差异——确定了特定资本。只有在与一个场域的关系中，一种资本才得以存在并且发挥作用。这种资本赋予了某种支配场域的权力，赋予了某种支配那些体现在物质或身体上的生产或再生产工具（这些工具的分配就构成了场域结构本身）的权力，并赋予了某种支配那些确定场域日常运作的常规和规则，以及从中产生的利润的权力。"②处于特定场域之中的个人或组织皆拥有一定的位置，这个位置相应地匹配着一定权力，拥有各种位置和权力的个人或组织相互合作又相互竞争，他们既在各自具有相对清晰边界的域限内活动着，如艺术场域、宗教场域、经济场域、政治场域，遵循着各自特有的运行逻辑，他们之间又相互嵌入、相互影响，既像是游戏又像是争斗。

在起始于20世纪70年代末的场域构建中，个体与个体之间、个体与组织之间的伦理关系沿着三条道路展开，即人与自然的关系、人与人的关系和人与自己的关系。依照

---

① ［法］布尔迪厄、［英］华康德著，李猛、李康译：《反思社会学导论》，北京：商务印书馆，2015年，第122页。

② ［法］布尔迪厄、［英］华康德著，李猛、李康译：《反思社会学导论》，北京：商务印书馆，2015年，第127页。

布尔迪厄的"场域动力学原则"，在初始的意义上，决定这个场域的核心要素或核心资本是国家组织及其各个职能部门，它以政策和制度的形式开启了以城市为中心进行体制改革的大幕。以城市为中心进行体制改革，其实质是借助国家及其各个职能以市场为导向进行资源配置，这种配置是在先富与共富的理念支配下进行的。这种配置涉及两个质料方面的内容，一个是对未来财富及各种机会的预先分配，一个是对现有资源的当下分配。而对现有资源的分配就决定了对未来资源的分配。政府通过确立优先发展的特区，给予政策和税收方面的政策和制度支持，这是符合"帕累托相对为优"原则的，也被认为是合理的。而这种合理性主要体现为历史合理性，因为只有通过优先发展特定的区域和人群，社会财富的增长和经济总量的提升才有可能。但与此同时，人们也对这种历史合理性提出了道德思考。其一，历史合理性并不意味着它具有现实合理性，但没有黑格尔意义上的"凡是合理的都是现实的"历史合理性，便不可能有现实的合理性，于是，"凡是现实的都是合理的"就获得了合法性。其二，如何证明先富与共富的逻辑关系，其间不是充分条件关系，而是必要条件关系，即康德所说的，只是主观上认其为真，而客观上不为真。而真正复杂的伦理和道德关系则是如下一种情形。

40 多年的改革运动，基本上是以这两种资本为轴心而进行运转的，虽然人们在名义上获得了罗尔斯正义论意义上的两个正义原则，即每个人都有运用、使用和享用同一种政策和制度的权利，即改革开放向每个人开放，但很多人由于在天赋地位（出身、身份、地位）上处于不利地位，因此在初始性的制度安排中就处在弱势和边缘状态。如若以政治权力和行政职权为核心的政治始终贯彻正义和平等原则，经济活动坚持效率公平原则，两种资本之间必须保持相对清晰的边界，避免二者之间相互嵌入，那么历史合理性就会逐渐变成现实合理性。但事实并不像人们所预期的那样，两种资本之间出现了一定程度上的相互嵌入，致使两种资本的运作超出了各自的合理边界，生产资料和生活资料、社会机会、社会地位朝向少数人群积累，贫富差距具有被拉大的趋向。当拥有两种资本的人群在持续进行的改革运动中不断强化其优势地位，而阻止其他人群进入场域的核心位置时，出现了布尔迪厄所说的"作为各种力量位置之间客观关系的结构，场域是这些位置的占据者（用集体或个人的方式）所寻求的各种策略的根本基础和引导力量。场域中位置的占据者用这些策略来保证或改善他们在场域中的位置，并强加一种对他们自身的产物最为有利的等级化原则"① 这一情形。于是，政治伦理和经济伦理问题在整个场域的解构与建构中日益突出，不同人群在场域中的不同位置促发了他们产生了对政治和经济之伦理性质的立场、态度和判断，然而他们的态度和判断并不相同，甚至相反，这取决于他们在场域中的不同位置："他们的策略还取决于他们所具有的对场域的认知，而后者又依赖于他们对场域所采取的观点，即从场域中某个位置点出发所采纳的

---

① ［法］布尔迪厄、［英］华康德著，李猛、李康译：《反思社会学导论》，北京：商务印书馆，2015 年，第 128 页。

视角。"① 反复进行的合作与竞争、博弈与争夺促使人们开始用科学的态度、理性的精神反思场域的解构与重构、政治和经济行为的正当性基础，形成了初步的道德理性知识，并运用这些知识对各种社会行为进行道德判断和推理。从道德理性知识及其运用的原始发生看，可有三种主体形态：理论家或思想家的，它以理论的方式，用范畴、话语和逻辑对在场域解构和重构过程中产生的诸种伦理问题进行分析和论证；政治家的，它以领袖话语和政策、制度形式即意识形态的方式表达它的道德立场和理性分析；一般民众的，他们以意见、情绪和常识的形式表达他们的道德态度。将三种主体形态之道德判断和推理呈现出来的有权威媒体和社会舆论，后者以日常意识和日常生活的方式进行。但必须指出的是，对实际进行的政治活动和经济活动而言，政治家、思想家和一般民众对政治和经济伦理的认知、判断和推理都是旁观者和言说者，而不是行动者，因此，政治和经济伦理的核心问题是，拥有权力和货币资本的行动者，如何形成对自身行为之伦理性和伦理基础的理性认知和判断，从而以自律的方式界定和规约自己行为的正当性，从知止到行止，践行"明明德、亲民、止于至善"。只有行动主体自身养成了康德道德哲学中的善良意志、法则意识和实践理性，经历了知止而后有定，定而后能静，静而后能安，安而后能虑，虑而后能得的心路历程，方能正其心、诚其意，而前提是格物、致知。

在当代场域的解构与重构中，道德思考与实践智慧的双重逻辑变奏，不仅表现在政治活动和经济活动之伦理性质的反思和伦理基础的重建之上，它还以社会伦理（人与人的关系）为轴心向两个向度拓展：向下的方式便是重新思考人与自然的关系，逐渐形成了关于生态的理性认识和判断，这便是生态伦理或环境伦理；向上的方式便是重新思考人与自身的关系，开始深度沉思心灵之序问题，因为只有绝大部分有理性存在者养成了并能够正确运用道德理性知识的时候，一种真正的道德思考与实践智慧的双重逻辑变奏才能真正出现，而这必须奠基于每个人对当下场域中伦理状况的整体性把握。

三、直面当下场域中的伦理状况

当下场域既是人们解构原有场域而依照重新建构的或改变原有的价值原则重建起来的社会空间，又是人们走向未来所必须依归的客观基础。当下生活世界中的伦理状况，就是人们于当下场域中在处理人与自然、人与人、人与自身之复杂关系时所生成的具有伦理性质的观念结构和行动结构。它以累积的方式将 40 多年的道德观念和道德实践发生史所取得的"业绩"以"此在"的形式呈现给我们，对此一种"业绩"而言，我们既是旁观者又是当事人。整体性、复杂性、生成性是我们把握这个伦理状况的基本原则。

① ［法］布尔迪厄、［英］华康德著，李猛、李康译：《反思社会学导论》，北京：商务印书馆，2015 年，第 128 页。

1. 整体性把握当下场域中伦理状况的理论模型

为了准确把握这个正在生成和变动中的伦理状况，必须预先给出一个具有整体性特征的理论模型，可由两个核心知性范畴来构架这个模型：德性（道德）与伦理。德性是个体在社会化过程中、在与他者相互交往过程中逐渐培养起来的道德人格，德性作为源初性的主体性力量直接决定着个体的道德感知、判断、推理和行动。而由道德人格所决定和推动的行动以及由行动所造成诸种活动结构和关系结构便是伦理，伦理概念所描述的是具有伦理性质的作为社会事实存在的关系结构和观念结构，即布尔迪厄所说的"场域"。德性具有逻辑上在先的属性，而对未成年人而言，伦理具有时间上在先的特征，在实际的社会运行中，德性与伦理则是相互嵌入的过程。德性或道德人格乃是人们所拥有的一种能够令自己幸福并出色地完成他的活动所需要的能力和品质，包括前面曾多次指出的理智的德性（进取性道德）和道德的德性（协调性道德），道德中国与伦理世界的建构全部仰赖于这个道德人格。伦理概念所规定的对象可有两种，即可描述的对象和可规范的对象，前者是作为事实性的存在，即人们现实地生存和生活于其中的这个现实世界，可称为伦理环境；后者是人类欲求的理想的善的世界，可称为伦理世界。关于后者，康德在《道德形而上学原理》的第二章以"目的王国"的形式描述了它的内部结构及其道德性质：平等、尊严、责任。黑格尔则在《法哲学原理》中把伦理规定为："伦理是自由的理念。它是活的善，这活的善在自我意识中具有它的知识和意志，通过自我意识的行动而达到它的现实性；另一方面自我意识在伦理性的存在中具有它的绝对基础和起推动作用的目的。因此，伦理就是成为现存世界和自我意识本性的那种自由的概念。"① 作为理想的善的原型，它是主观之善和客观之善的统一，缺少了主观之善，客观之善就是自在的、没有生命力的善，只有被主观意识到，变成善良意志，成为良心，才会被把握在意识中，呈现在表象里，只有主观化才会"消灭"善的自在性。相反，作为主观意志的法，善良意志只有把意识到的善、把握到的善变成实际的善，只有实现了主观性和客观性相统一的善才是现实的善，因为主观性和主观性的有机统一就是现实性："主观的善和客观的、自在自为地存在的善的统一就是伦理。"② 然而，理想的伦理世界和当下的伦理世界总是不同的，前者是完满的、自足的，是人类始终向往的"理想类型"，它是终极目的，也是评判当下伦理世界的根据和标准；后者是当下，具有此在的性质，却是有缺陷的、不完满的，是人们时时处处与之打交道的"场域"。两种伦理世界具有同等重要的作用，我们试图依照理想的伦理世界辩护与批判这个当下的伦理世界。

2. 作为主体形态的伦理状况

用道德人格来规定和呈现德性，乃是一种用以把握主体形态之伦理状况的知性原

---

① ［德］黑格尔著，范杨、张企泰译：《法哲学原理》，北京：商务印书馆，1979 年，第 164 页。
② ［德］黑格尔著，范杨、张企泰译：《法哲学原理》，北京：商务印书馆，1979 年，第 162 页。

则。道德人格是一个由信、知、情、意四个要素组成的有机体，我们将根据这四个要素描述作为主体形态的伦理状况。

（1）意见、情绪、常识、知识、理论。在道德人格中，"知"是最充满理性色彩的部分或元素。知在道德人格中的作用集中体现在道德判断和道德行动中。在道德哲学的视阈中，知的对象可有道德规范和道德事实两种，对道德规范的认知在于对规范之含义的理解和领会，而对道德事实的认知在于对社会事实和精神事实之道德性质的感悟和领悟，前者需要的是智力，后者需要的智慧。就知的表现形态而言，可有活动和成果两种形式，前者为认知行为，后者为知识。人的道德认知活动并不具有先天的实践类型，即是说，这种认知是在不断进行的道德教化和自我反思过程中养成的。之所以说道德认知是充满理性的，乃是由于任何一种认知都必然伴随着愉快或不愉快的体验，但它本质上不受情绪和情感的决定，而是依照基于事实逻辑呈现价值逻辑，这种价值逻辑是可以得到正当性基础论证的。道德认知由感性、知性和理性三个元素构成。感性作为感知、感觉、感受，为认知主体提供了具有道德性质的事实；知性表现为认知主体运用已经理解和领会了的道德规范、道德语言，对具有道德性质的事实进行或善或恶的判断；理性表现为在道德事实基础上，对一个事实何以是善的或恶的进行道德推理，即为善或恶的结论提供正当性基础的证明。可见，在感性、知性和理性之间，充满了由具体到抽象再到具体的运行逻辑。在德性论的意义上，充分且公开运用道德认知乃是明智、自治、理智的行为，它们是自足的能力和良好的品质。

道德认知虽然如此重要，但人们并不一定真正具有道德理性知识并时刻运用这种知识，道德认知的形成和运用取决于人所创设的场域以及场域对人的道德要求。假若人们处于这样的场域中，在这里人们接受的教育和教化是对过往的、既成的道德规范、箴言、故事的认知、背诵和记忆，其道德判断和道德选择是他者预先规定好的，他们可以对这些箴言、警句整段背诵、全篇诵读，显得满腹经纶，颇具道德形象，然而根本没有道德感性、知性和理性元素并运用这些元素进行道德判断和推理的能力，更没有作出正确的道德选择的能力。"假设某一代人——我将把他们称之为第一代人——从他们的父辈那里承袭了非常固定的原则。又假定这些原则已经像是他们的第二本性那样固定下来了，以至于一般说来，这些人都是在不加思索的情况下依这些原则而行事的，他们作出深思熟虑的原则决定的能力已经退化。他们总是按书本行事，并且平安无事，因为在他们那个时代里，世界的状态与那些原则确立之时几乎没什么两样。但是，他们的儿子，即第二代长大以后却发现，条件发生了变化（例如，经过一场持久的战争或一场工业革命），先辈们教给他们的那些原则已经不适用了。因为在他们所受的教育中，更多的是强调客观原则，而极少强调作出这些原则最终所依赖的决定，所以他们的道德失去了根基，成了完全不稳定的道德。人们再也不写，也不再读'人的整体义务'这样的书了。事情常常是，当他们按照这些书本所说的去做时，紧接着又会为他们的决定后悔不已。由于这样的事例太多，人们对那些古老原则的信心从总体来说就维持不下去了。无疑，在这些古老的原则中间，肯定有某些非常普遍的原则，除非人的本性和世界的状态发生根本性变化，否则，这些原则仍将是可以接受的；但是，第二代人由于没有受到过作原则决定的教育，而是被教养成按书本行事的一代，因而他们当中的绝大多数人都将不能作出这样一些关键性的决定，即：决定该保留哪些原则，修改哪些原则，摈弃哪些原则。……从总体上看，这些人可能比其他人更幸运些，因为有某些原则毕竟要比道德上的漂浮不定更好些，即使这些原则会导致一些使我们后悔的决定。大部分第二代人，也许更多的是第三代人，将不知道哪些原则该保留，哪些原则该摈弃，所以，他们将日益接近生活——这并不是件坏事，因为这可以训练他们作出决定的能力。但这样过日子总是不愉快的、危险的。他们中的少数人，即少数叛逆者，将会公开宣布一些或所有旧道德原则毫无价值；有些叛逆者会鼓吹他们自己的新原则；而另一些叛逆者则提不出任何新的东西。尽管他们增加了不少混乱，但这些叛逆者却发挥着一种有益的作用，这就迫使人们在他们所面临的两种对立的原则之间作出抉择。而且，倘若他们不仅仅是鼓吹新的原则，而且真心实意地按照这些原则而生活，那么，他们就是进行一种道德实验。对于人们来说，这种道德实验可能具有极大的价值（在此情况下，他们将作为伟大的导师而被载入史册），或者可能相反，给他们和他们的信徒带来灭顶之灾。这种灾难可能要延续好几代人才能结束。当普通人重新学会为他们自己决定赖以生活的原则，特别是学会决定用什么原则来教育他们的孩子时，道德便会重新获得其生命力。"[1]

在人们尚未形成基本的道德理性知识，充分具备这些知识进行道德判断、推理和选择的能力时，人们只能依据情绪、意见和常识进行意志表达。道德理性知识的形成奠基于公共理性之上，而人们实际具有和运用的通常是实用理性和技术理性，而不是以公共善为对象、以追求公共价值为目的的知识体系和判断力。根本出路在于道德教育和教化的理念与路径，从以知识教育为主转向以能力培养为主，独立思维能力（批判性、反思性）的训练和独立选择能力的培养乃是根本的出路。

（2）从自然情感到社会情感。道德情感乃是道德体验和道德态度的有机统一，前者是由外到内的向度，是由于作为的对象的道德现象对某个人产生的内心感觉，即体验，这种体验的形式有理智感、同情心和正义感；后者是由内向外的向度，是一个人基于这种理智感、同情心和正义感而对特定观念和行为表现出来的态度和立场。在以家庭、家族和村社为基本单元的熟人社会，其道德情感是建立在血缘、地缘关系之上的，移情和同情是道德情感的主要形式，而理智感和正义感则是隐而未发的潜能。在现代场域下，除了血缘和地缘关系之外，基于业缘和友缘甚至政治共识之上的社会关系被广泛地建构起来，这就需要将原有的道德情感中隐而未发的理智感和正义感开显出来，然而这却是一个十分艰难而复杂的过程，需要经过长期的公共生活的磨砺。

---

① ［英］理查德·麦尔文·黑尔著，万俊人译：《道德语言》，北京：商务印书馆，1999 年，第 71－72 页。

（3）从意志到行动。我们可以在两个意义上使用意志，一个是于动机而言，一个是于意志力即实践理性而言。为着个人利益，起于心意以内的由己性而采取行动，这种意志就是一般意志；为着实现先天实践法则，为着公共善而选择行动，这种意志就是特殊意志。最大化地实现行动者的利益和快乐，所需要的是实用理性和技术理性；实现公共善所需要的是实践理性。当在一个行动者的选择阈限已被他者规定好的情形下，其行动的道德价值是被规定的；当在出于、合于、反乎责任反复出现的情形下，他者的规定已经弱化甚至不存在的条件下，行动者要完全依靠自己的法则意识、善良意志和实践理性作出决定时，其行动的道德价值就是自主的。此种境遇下的责任才会成为真正意义上的道德责任，因为行动者对自己的行动的道德价值是自明的，是可以自己作出决定的，这样的选择也才是自律的。现代场域的责任类型就是自律的实践类型。

当我们把信、知、情、意四个要素整合在一起，形成完整的道德人格时，我们可以清楚地看到，也有充足的理由说，在现代场域的建构中，最需要转型的恰是传统道德人格的转型，其根据就在于外部世界之价值逻辑的必然要求。只有心灵之序与世界之序之间构建起来一种对称关系，一种好的社会和整体性的好生活才会到来。

3. 作为客体形态的伦理状况

所谓客体形态的伦理状况指的是社会各领域的伦理状况以及由此形成的社会的整体性状况。我们试图从目的之善和具体领域之善的角度分析和论证各自的伦理状况。

（1）从手段之善到目的之善。目的之善的预设具有逻辑上在先的意义，任何人类社会都是为着这个目的之善而构造起政治、经济组织方式。这个共同的目的之善有三个内容，它们共同构成了好的社会的价值基础，也是评价一个社会好坏的依据：财富的快速积累与合理分配；社会自治力得到整体性的提升，每个人都以公共理性为基础追问和追寻公共善；每个人都有意愿也有条件过一种整体性的好生活。在现代性场域下，资本主义与社会主义是实现目的之善的两种基本方式。不可否认，在建构现代社会的道路上，资本主义为人类贡献了许多正确的价值观和有效的国家治理、社会管理模式，然而就像任何一种制度和体制，当它的内部可能性空间被耗尽之后，在世界化和全球化进程中便日益显示出它的自身缺陷；相反，中国特色社会主义建设却彰显出生机勃勃的势头。在实现目的之善的道路上，中国贡献出了中国道路、中国经验。中国的改革开放愈来愈具有了世界意义和人类价值。

（2）平等的逻辑、正义的领域。起始于 20 世纪 70 年代末的改革运动，无疑是把财富的增长和分配作为第一要务确立下来，于是平等的第一个领域便是经济平等。比经济平等前端的是社会平等，这是一个出于个人目的而由若干熟悉的、陌生的人群组成的公共交往空间。在这个充满流动性的空间里，下端的财富资本和上端的权力资本都会聚集于此，同时也会把身份、地位、名声汇聚于此，甚至会发生错误的身份迁移，造成人格货币化和资本化的后果。如何让社会向每一个人开放，形成人人平等的语境，对于营造好的社会环境极为重要。而决定人人平等的最为根本的基础是政治平等，它蕴含着两种价值诉求：一个是每个人在充分且公开运用道德理性知识的基础上，正确和正当地进行政治表达和表达政治；另一个是国家通过政策和制度形式依照最小差别或最大多数原则分配财富、机会。而为人们所追求的经济平等、社会平等和政治平等提供最可信的论证的是人格平等。人格平等论证同时也是道德平等论证，其论证方式已由康德给出。[①] 在一个反复交往的人群中，每一个有理性存在者都自在的是目的，而不仅仅是手段；而每个人只有做其应为之事才能获得尊严，从而拥有人格。一个好的政治和好的社会就是最大化地消除因天赋地位和自致地位所造成的社会差别，使每一个有理性存在者都拥有自尊、获得尊严，使每一个成员获得最大限度的财富、机会和社会地位，使每一个人都有条件获得有尊严的好生活，这恰是社会主义制度的最大价值。

一如罗尔斯在《正义论》开篇所说的："正义是社会制度的首要价值，正像真理是思想体系的首要价值一样。一种理论，无论它多么精致和简洁，只要它不真实，就必须加以拒绝或修正；同样，某些法律和制度，不管它们如何有效率和有条理，只要它们不正义，就必须加以改造或废除。"[②]

用辩护与批判的态度和精神从总体性上把握当代中国道德观念与道德实践的发生史，指明一种好的、可能的发展路向，是当代中国道德哲学和伦理学责无旁贷的理论任务。我们从反思、批判与建构三个致思维度，从人与自然、人与人、人与自己三个层面的伦理关系梳理了当代中国的伦理状况，借以看到当代中国道德观念与道德实践的演进逻辑。更为深层的、复杂的伦理道德问题，尚需作更加细致而深入的分析和论证，对此，我们将在后续的专题研究中一一给出。

【作者简介】
晏辉，上海师范大学哲学与法政学院教授、博士生导师。

---

① 晏辉：《建构与践行可普遍化的道德法则：可能性及其限度》，《湖北大学学报（哲学社会科学版）》，2016 年第 1 期。

② ［美］约翰·罗尔斯著，何怀红、何包钢、廖申白译：《道德语言》，北京：中国社会科学出版社，1988 年，第 1 页。

论信息时代的生态城市*

孙伟平　刘明石

"生态城市"是联合国 1971 年"人与生物圈计划"中提出的一个名词。自这一概念提出至今，人类社会经历了"第三次科技革命"的飞速发展阶段，并正在迈入一个神奇的信息时代。随着信息化进程不断提速，特别是智能手机、移动互联网、物联网、大数据、云计算等新事物的出现，生态城市建设呈现出许多不同的内涵和特征，并且导致城市发展格局、生产方式、生活方式等发生重大变化。客观分析这些变化的利与弊，寻求一种适合信息时代的生态城市建设的发展路径，是生态城市建设必须面对的课题。

一、信息时代的生态城市及其基本特征

所谓信息时代的生态城市，是指依据生态文明理念，充分利用信息资源和信息技术手段，完善城市规划设计，提升循环经济水平，促进市民绿色消费，改善生态城市的生态环境，提升城市管理水平和宜居程度，在生产力高度发展的基础上建设的人与自然、人与社会、人与人和谐的现代城市。[①] 它旨在环境优美的基础上，将信息化与生态化有机结合起来，充分利用信息化带来的各种便利条件，有效解决经济增长与自然环境承载力之间的矛盾，实现人与自然更高层次的和谐统一。

首先，信息时代的生态城市是信息化的"信息城市"。在信息时代，信息化已经渗透到生态城市的各个领域，遍布生态城市建设的每一个角落。从宏观上看，信息化使生态城市的规划和管理建立在更加科学的基础上，使生态城市升级为"信息城市"。电子

---

* 本文系教育部人文社会科学研究青年基金项目"马克思自然观视域中现代生态意识构建研究"（13YJC710060）阶段性成果。原载于《广东社会科学》2016 年第 1 期。

① 刘举科、孙伟平、胡文臻主编：《中国生态城市建设发展报告（2015）》，北京：社会科学文献出版社，2015 年，第 421 页。

政务、远程教育、远程医疗等让城市管理变得更加精确、更加智能高效。从微观上看，信息化给市民带来从未有过的全新体验。智能手机、智能可穿戴设备、智能家电等智能化的家用设备随处可见，市民时时刻刻都在接受来自四面八方的信息，被各种信息科技提供的产品和服务包围着，享受着高新技术带来的乐趣。

其次，信息时代的生态城市是智慧化的"智慧城市"。信息化使我们周围的一切变得"聪明"起来，越来越"善解人意"。智慧交通、智能路灯远程控制系统、城市绿化智能喷淋系统、空气质量智能检测系统等智能化的城市基础设施真正做到了对城市的全天候监控和智能响应，使生态城市运行变得更加顺畅。电子政务大幅度提升了政府工作效率和市民对政府的满意度。手机、平板电脑等信息产品精致小巧、功能齐全，互联网络提供的信息服务高效贴心。各种智能机器人应用的领域越来越广泛，高科技的智能家居舒适安全。信息化提高了办事效率，使人们不需要为传递一个消息而奔波于两地之间，移动存储设备的广泛应用把广大市民从枯燥的手工抄写中解放出来。电子书的出现随时随地能满足人们学习的愿望，而且能满足读者的个性化需求。借助于各种远程监控设施，市民可以在千里之外遥控家中的电脑、洗衣机、热水器等家电。

最后，信息时代的生态城市是虚拟和现实相结合的城市。信息时代的生态城市将实现虚拟和现实的结合，"虚拟城市"闪亮登场。在各种电子时空平台上，人们可以运用虚拟技术，开展形式多样的虚拟实践（虚拟交往）活动，建设虚拟企业、虚拟社区、虚拟城市乃至虚拟国家。信息时代的生态城市是信息科技创新应用与城市经济社会发展深度融合的产物，通过将现实的生态城市和虚拟的生态城市建设相结合，满足城市居民的不同需求。

信息时代的生态城市建设，要从现实生态城市和虚拟生态城市两方面同步推进。现实生态城市建设主要是通过城市基础设施的信息化和智能化，促进生态城市的科学规划和管理，提升城市运转效率，更好地为城市居民提供优质便捷高效的服务，创造山清水秀、生态宜居的城市环境，保证生态城市的快速健康发展。虚拟生态城市建设主要是通过泛在的互联网络，满足居民的交往、购物、参政议政等需求，强调运用信息科技为市民的"虚拟实践"创造条件，满足市民的各种精神文化需求，在生态城市的绿色发展中实现市民的自由全面发展。这两个方面不可能截然分开，也不能相互代替，它们互相影响，互相促进，相得益彰。只有两个方面齐头并进，才是生态城市建设的康庄大道。

二、信息化重构了生态城市的生产生活方式

人类怎样建设自己的城市，他们就怎样生活。信息时代的生态城市建设不仅仅是市容市貌的变化，从本质上看，它更是一种文明的转型，即从工业文明向生态文明的转型。它将使城市各个领域发生革命性变革，给市民的生产、生活等带来颠覆性的影响。

1. 信息化给生产领域带来革命性的变革

生产工具是社会进步的尺度，在人类有文字记载的历史中，生产工具始终是衡量社会发展阶段的标志。马克思说过，手推磨产生的是以封建主为首的社会，蒸汽磨产生的是以工业资本家为首的社会。迈入信息时代，生产工具的信息化和智能化导致有形的生产资料在生产中的地位正在被无形的信息所取代，信息资源正在成为一种重要的生产要素、无形资产和社会财富。信息技术把市民从繁重的体力劳动和脑力劳动中解放出来。单调或繁重的体力劳动、危险或有害环境的劳动，甚至对技术要求较高的工作都逐渐由智能机器人完成，工人主要从事机器不能做的创造性的活动。劳动不仅仅是谋生的手段，更是市民自我实现的途径，在各种创造性的劳动中，实现劳动者的自由和全面发展。

信息化导致城市中产业分工的深化和经济结构的调整。与信息化密切相关的新兴产业，成为信息时代生态城市发展的主要方向和政府财政的主要来源。新兴产业是指因电子、信息、生物、新材料、新能源等信息技术的发展而产生和发展起来的一系列新兴产业部门。与传统产业相比，新兴产业具有占地面积小、科技含量高、经济效益好、环境污染少等优势，符合生态城市建设理念，在产业发展中日益占据主流地位。运用信息技术还可以对传统产业进行优化升级，如改造现有生产设备和生产工艺，淘汰落后产能，引进先进技术，使传统产业重新焕发青春和活力。

迈入信息时代，高新技术产业所占比例越来越大，生产过程的信息化、智能化水平越来越高，生产更加集约高效。各种高端智能传感器遍布产品制造的各个环节，电脑和互联网络成为工厂的基本生产工具之一，生产设备占地面积越来越小，生产效率却越来越高。生产企业在空间上把各生产部门分散到城市的各个角落，再通过发达的信息传递手段实现综合统一，通过"个性化定制"实现用户的最满意化。在产品的销售环节，工业时代的产品以实体店铺销售为主，辅以遍布全国或者全世界的销售人员，面对面地进行企业品牌的推广和产品的营销。信息时代的产品销售以线上交易为主，线上和线下相结合，实体店铺也通过网络营销的方式扩大销售渠道。

由工业化导致的环境污染、资源浪费等一直是困扰企业发展的瓶颈，但这些问题也会随着信息化的到来而得到解决。信息时代主要生产工具是计算机和互联网络控制下的大型机械设备，主要燃料是清洁能源和可再生能源。大数据、云计算在工厂生产中广泛使用，通过科学计算分析，达到原材料利用率最大化，边角废料循环利用，循环经济和绿色生产成为企业生产的主流模式。信息化使工业"三废"（工业生产中产生的废水、废气、固体废弃物）通过排放前预先处理、能源回收、循环利用等方式变废为宝，成为生态城市建设的新型能源和新兴生产资料。

2. 信息化带来生活方式的革命

人类进入 IOT（Internet of Things）时代，"万物互联"成为信息时代生态城市的一大显著特征，给市民带来了全新的生活体验。我们周围的一切物品都与互联网相连接，成为我们"免费的仆人":忘记眼镜放在哪里,只要呼唤一声,眼镜会自动应答;室内空气污浊时,空气质量检测设施会提醒主人开窗换气;出门忘记锁门,智能门锁会提醒主人把门锁上……

信息化帮助市民享用更加安全和绿色的食品。工业时代,科学技术迅猛发展,各种人工色素、添加剂等作为能够提高食品味觉感受度、延长食品保质期的措施,化肥、农药等作为能够增加粮食和蔬菜产量的措施被广泛应用到食品生产的各个领域,由此导致了"三鹿奶粉"事件、"苏丹红鸭蛋"事件之类严重的食品安全问题。信息时代,各种视频跟踪技术和食品质量智能检测技术被引入食品生产领域。食品生产企业为了吸引消费者,主动在生产车间安装能与互联网络连接的监控摄像头,消费者只要登录食品生产企业的官网,就能够随时"检查"生产的各个环节。城市食品安全追溯体系的建立,使企业生产更加透明。食品生产企业从原料采购、生产加工到产品销售的所有环节都在企业诚信档案中详细记录,并且发布到专门网站,顾客只要在网上按照商品的生产批号进行查询,所有生产信息一目了然。

随着虚拟企业、虚拟城市的建设,一种全新的工作模式——居家办公不再是梦想,并且日益成为部分白领和自由职业者的生活常态。计算机远程控制技术让白领在家中就可以对办公室的电脑和打印机进行远程控制,完成公司交给的各项工作,并且可以通过视频、音频等即时交流工具随时与领导和同事进行沟通。居家办公有很多优势,例如,工作时间自由,不用考虑复杂的人际关系,可以在家做自己喜欢的饭菜,可以留出更多时间照顾家人……而且,居家办公减少了通勤出行的次数,缓解了交通压力,减少了汽车尾气排放,客观上促进了节能减排、绿色交通,为城市环境保护做出了贡献。

市民的学习方式发生了革命性的变革。图书馆不再是成年人学习的主要场所,只要连接网络,生态城市的任何地方都可以获得知识。教师也不再是学生获得知识的主要来源,只要把问题上传到网络,就会有无数的热心人从不同角度提出各种各样的解决方案。每一位市民都可以担当教师的角色,把自己擅长的知识传授给别人,获得一种成就感和满足感;每一位市民都可以作为学生向任何人请教问题,迅速获得自己想要的知识。在教与学之间,传承的不仅是知识和技能,更重要的是在互相帮助的过程中形成的人与人之间和谐的氛围。

人们的交往方式也在发生变化。在农业时代和工业时代,市民之间的沟通以面对面交流为主,远距离的沟通主要靠纸质信件、电报等方式来进行。用这些方式传递信息,不仅费时费力,信息反馈慢,而且信息传递过程中容易遗失,有些偏远地区甚至因为信件无法送达而成为信息"盲点"。信息时代,这种古老的信息传递方式已经基本淘汰。现代化使人与人之间的地理距离越来越远,信息化把人与人之间的心理距离重新拉近,地理距离不再是人与人之间交流和沟通的限制条件。只要交往双方有交流的意愿,电子邮件、网络电话、网络视频、手机电话、手机短信、微信、QQ 等交流工具足以满足各种条件下人与人交流的需求。

3. 信息化带来休闲娱乐方式的革命

工业时代，文化娱乐产品匮乏，人们的休闲娱乐方式比较单调、趋同。信息化打破了工业时代的宁静，市民的休闲娱乐方式也随之变化。各种电子产品对市民的休闲娱乐产生了巨大的影响。放学、下班回到家中，人们所做的第一件事往往就是打开电脑、手机连上 Wi-Fi，网络聊天、网上购物、网络游戏等令人们的生活更加丰富多彩。旅游的信息化令旅游不再是一件奢侈的事情。各种旅游攻略和信息服务令自助游更加方便，网络旅游使游客不出家门就可以饱览祖国大好河山，参观世界的名胜古迹。

网络购物作为一种新兴商业模式，正在成为一种时尚。网络购物不仅是购买行为，还更多地表现为一种休闲娱乐方式。网络购物的特点是不受时间、地点的限制，只要登录购物网站，市民可以随时随地购买自己喜欢的商品，通过快递直接送到手中，省时省力。从购买前对多家网店产品的质量和价格对比、查看网友评价，到付款、收货、对卖家进行评价，再到朋友圈"晒图"展示"血拼"成果，整个过程充满了快乐。如果网络购物中遇到无良卖家，不少网友会选择维权、索赔：先写一段评论，历数卖家的种种"罪恶"，然后追评，告诫网友不要上当，大有网络警察的责任感和使命感。

在"大众创业、万众创新"的信息时代，在网上开店也成为一种休闲娱乐的方式。目前，中国实体店铺数量在减少，网店数量在增加。一般只要上传商品照片，制定价格和交易方式，就可以开张营业。网店经营者可以把自己用过的家用电器在二手市场出售，也可以做批发零售生意，规模大小随意，没有房租水电的压力。甚至，对一些网店经营者来说，是否赚钱并非最重要，关键是获得了一种特别的经历和体验。

三、信息时代生态城市建设面临的挑战

信息化在变革人们的生产、生活方式的同时，就像打开了的"潘多拉的盒子"，也带来了很多始料未及的问题。

首先，"数字鸿沟"越掘越宽。"数字鸿沟"又称"信息鸿沟"，即"信息富有者"和"信息贫困者"之间的鸿沟。穷人与富人的界定不再单纯地以财产的多寡来区分，拥有的信息量和获取信息能力的差异成为新的"分水岭"。

由于市民的年龄、教育背景、文化水平、职业等不同，拥有和驾驭信息的能力不同，直接决定了其经济和社会地位的差别。迈入信息时代，无论是新兴产业还是传统产业，无论是生产还是生活，都面临信息化的冲击，信息化、智能化是大势所趋，这对市民提出了更高的要求。受过高等教育的市民，尤其是 IT 工作者，在就业、医疗、出行等方面占据优势，不但收入高，而且能够尽情享受信息社会带来的各种福利，充分运用各种信息技术为自己的生产和生活服务。而受教育程度较低的市民，则只能从事对知识和信息掌控能力要求较低的体力劳动，不仅可能工资低、工作时间长、个人财富增长缓慢，还会因为不会使用信息化的生产工具、信息消费品而导致结构性失业或被排斥。这

些"信息穷人"很少有机会参与以信息为基础的经济活动，非但享受不到信息化带来的便利，反而可能被主流社会边缘化。而且，"信息鸿沟"造成两极分化呈现出一种加速度：社会财富向"信息富人"积累的速度越来越快，"信息穷人"不能有效利用各种信息资源，失去越来越多的创造财富的机会。

其次，社会交往方式与人的异化。伴随信息时代的来临，人与人之间的交往方式发生了巨大变化，由原来的以面对面为主的交流（"人—人"交流）变成了以手机或电脑网络为主要媒介的人与人的交流（"人—机—人"交流）。这种交往方式的变化给人际关系带来巨大影响。作为社会性动物，沟通与交流是人的本性。迈入信息时代，生活节奏变快，生活压力越来越大，一方面，每个人都忙于自己的事情而无暇与他人交流；另一方面，人们又有释放自己压力的需求，有表达自己愿望的想法，虚拟空间的出现满足了人们的这种需求。由于生活节奏不同，人与人之间很难找到共同的时间进行交流，只能通过留言或者网上交流的方式来进行沟通，时间长了，人们习惯于在虚拟的空间中表达自己的思想，反而不愿意在现实世界中与人交流。"电脑综合征""手机综合征"等都是信息时代异化的表现。

信息化使一些市民处于一种物质丰富、精神空虚的处境当中。面对快速发展的社会，人们显得有些茫然，甚至不知所措。在没有实现信息化的时候，面对贫乏的信息，人们除了信服别无选择。在信息化时代，面对海量信息，人们却又不知该如何选择；信息化使人变得浮躁，习惯于短词短句，很难静下心来读一本经典著作，却对各种"文学串烧"情有独钟；人们不愿意思考，只愿意接受，每天接受大量信息，却越来越觉得自己信息贫乏；人们在信息面前失去主动性，在一个又一个链接的点击中失去自我，忘记搜索的初衷；电脑、电视、手机等本是传递信息、休闲娱乐的工具，却变成了生活的主宰，占据了市民绝大部分业余时间，一些市民一离开网络便无所事事，不知所措；一些市民宁愿在网络上与陌生人讨论天下大事，甚至为了证明自己的观点而引经据典，也不愿意与家人交流、陪爱人和孩子聊天；不管走到哪里，都要把手机带在身边，只要有空余时间，第一件事情就是刷微信、刷微博，人变成了信息技术的奴隶，在寻求所谓自我解放的同时失去了真正的自我。

再次，信息化造成了新的污染与新的浪费。在信息化过程中，城市基础设施中的信息设备、家用电器、作为动力系统的电池等，都有一定的使用寿命和保质期，经过一段时间的使用，就会损坏或者报废，变成电子垃圾。电子垃圾主要由各种废旧塑料、金属组成，在自然状态下降解时间长，部分材料含有对人身体有毒的成分，如果处理方式不当，会严重污染空气、土壤、地下水等自然环境，危害居民的健康。

随着手机等移动终端系统的普及，各种公用移动通信基站的数量大幅增加，遍布城市的各个角落。移动基站和移动终端系统对人体的电磁辐射早已引起科学家的重视，移动基站建设与市民之间的矛盾和冲突屡见不鲜。因使用手机过多导致的头痛、恶心等症状，很多市民都曾经亲身经历过，无线 Wi-Fi 的使用更是雪上加霜。信息化越是发展，辐射越严重，整个城市被笼罩在看不见的电磁辐射的网络中，让人无处可逃。

网络购物在给市民带来方便的同时，也带来了过度消费、异化消费等问题。在浏览商品的时候，被"最后一天促销"等字眼打动，冲动购物，买了一些短期内用不到的东西；只比价格不比质量，因贪恋低价而买到假冒伪劣商品；为了买到便宜的商品往返于实体店和网店之间，在网店之间反复比较商品价格、售后服务，耗费的时间成本远超商品本来的价格……

最后，信息科技和"虚拟生存"导致的新风险。信息化给生态城市建设带来传统社会不曾有过的各种风险。例如，每个市民的智能手机、U 盘中都存有大量个人信息，一旦丢失，将可能导致个人隐私泄露，威胁到个人、财产和人身安全。U 盘或移动硬盘等信息存储设备一旦损坏，重要信息丢失，可能会造成无法挽回的损失。手机病毒、电脑病毒屡见不鲜，一旦手机或家用电脑沾染这些病毒，轻则系统崩溃，重则被黑客和钓鱼网站非法利用，远程控制，甚至冒用手机或家用电脑使用者身份，进行违法犯罪活动。电子产品的普及给青少年和儿童的教育带来新的风险。青少年沉迷于电脑、手机网络游戏早已不是新闻，甚至一些儿童也沉迷于手机、平板电脑等电子产品，严重影响了正常的生活。作息时间不规律、视力下降、上课精力不集中等问题在儿童中变得越来越普遍。稳定的电力供应和安全的网络是城市运行的基础，一旦政府网站和城市基础设施出现故障或遭遇网络攻击，电力供应系统出现问题，城市将陷于瘫痪。

"虚拟生存"给市民带来了前所未有的信任危机。网络谣言的传播速度超乎寻常，而且谣言的种类繁多，涉及政治、经济、文化、养生等众多方面。尤其是一些与政治相关的谣言，往往煽动性强，传播迅速，容易误导群众，引发政治事件。"虚拟交往"是信息时代的一个明显特征。但在交往过程中，交往双方的身份难以确定，对方是男人还是女人，甚至是人还是机器都无从确定。一些市民不能正确处理虚拟和现实的关系，沉迷于虚拟世界，甚至宁可生活在虚拟世界而不愿意面对现实世界中的人和事情，结果导致家庭关系和社会关系的紧张……

四、信息时代生态城市建设的思考

面对这些问题和挑战，必须坚持以人为本、生态优先，通过进一步发展和应用信息科技，进一步提升生态城市的建设水平。

首先，运用信息科学技术，加强生态城市的科学规划。信息时代的生态城市规划应该通过 3S（空间遥感技术——RS、全球定位系统——GPS、空间地理信息系统——GIS）技术，对整个城市的自然资源、地理环境、人口数量、企业分布以及各种经济文化资源进行精确统计，形成各个部门的大数据；运用云计算等方式对数据进行分析整理，通过计算机模拟的方式进行沙盘推演，找出城市规划的缺陷，科学预测未来城市建设的走向，减少因不科学规划而导致的不必要浪费；按照去中心化、集约高效的原则重新规划生态城市布局，调整工厂和商圈位置。在精确计算的基础上，创建 5 分钟生活圈和 10 分钟办事圈……此外，为市民居家办公创造条件，减少因通勤造成的城市公交压力，客观上达到减少碳排放、缓解交通堵塞的效果。

其次，运用信息科技提升循环经济、绿色发展水平。应该大力发展基于信息科技的文化产业和信息产业，提高生产要素的优化配置和集成应用，促进经济增长方式从资本密集型、劳动密集型向技术密集型转变。在工业 4.0 时代，智能制造已经成为制造业的代名词，"互联网＋"与"＋互联网"成为制造业发展的主要模式。应将物联网技术全面渗透到生产领域，利用安装在生产环节的各类精密传感器，获取生产环节的大数据，上传到云端，在云计算的基础上精确设计生产流程。通过对生产过程的精细管理，充分发挥原材料的使用价值，杜绝"跑、冒、滴、漏"等浪费现象，节约成本，并且把生产过程中产生的工业"三废"在排放前进行无害化、减量化、再利用和资源化处理，提高资源利用率。真正的循环经济还包括企业间的合作，如通过建筑企业与建筑垃圾再生公司之间的合作，变废为宝。

再次，运用信息科技提升绿色消费水平。充分利用各种信息传播手段（如网站、微信、微博等），宣传绿色消费理念和具体实现方式。运用大数据对市民的消费行为进行分析，用数据说话，通过图表或者漫画等比较直观的形式，指出哪些消费行为符合生态环保理念、哪些消费行为会对生态环境产生消极影响，为市民指明"绿色消费"的路径。当广大市民对自己以及对周围的世界的了解更加透彻，对自己消费行为可能引起的后果更加了解时，人们就会对违反生态原则的行为更加敏感，就会更自觉地选择"绿色消费"方式。

最后，运用信息技术提升生态城市管理水平。迈入信息时代，城市管理水平也要与时俱进，运用信息手段，让电子政务发挥服务群众的功能。当城市建设面临重大决策的时候，可以通过调查问卷的方式，通过电脑、电视、手机等信息传媒征集民意，作为决策的重要依据。同时，设立"市政举报"免费电话，市民若发现城市管理中的问题可以随时向相关部门举报，监督相关部门和企业及时解决问题。建立各种激励机制，调动市民参与城市建设的主动性、积极性，为自己居住的城市建设献计献策，这既可能是市民的乐趣所在，也能够增加市民的成就感和归属感。引入智能交通管理模式，令有需要的各方共享即时交通状况，选择最佳交通工具和出行路线。利用各种信息科技普及环境保护知识，鼓励市民积极参与城市绿化、垃圾分类以及废旧电子产品的回收利用。

信息化是城市化、工业化加速发展的科技手段，生态化是信息化持续发展的有力保障，是城市持续发展的长远战略目标。信息化和生态化的目标指向一致，都是为了使生态城市规划科学化、城市管理智能化、城市运转高效化、资源利用率最大化、城市生态宜居化，促进城市与人的和谐发展。巴巴拉·沃德和雷内·杜博斯指出："人类的生存有赖于整个体系的平衡和健全。"① 信息时代的生态城市建设，就是要在生态文明理念的引导下，充分运用信息科技成果，在市民与城市之间找到一个合适的契合点，使之既能满足市民的合理需求，又能保证城市的可持续发展。

【作者简介】

孙伟平，中国社会科学院哲学研究所研究员、博士生导师；刘明石，哈尔滨师范大学马克思主义学院讲师，中国社会科学院马克思主义学院博士生。

---

① ［美］巴巴拉·沃德、雷内·杜博斯主编，国外公害资料编译组译：《只有一个地球：对一个小小行星的关怀和维护》，北京：石油工业出版社，1981年，第275页。